# 日本仏教福祉思想史

吉田久一
長谷川匡俊
著
Kyuichi Yoshida
Masatoshi Hasegawa

法藏館

# まえがき

本書は一九九九年秋から、二〇〇〇年夏にかけて執筆された。二十世紀の終わりの四半世紀は、社会福祉にとって幸せな時期ではなかった。一九七三年からのオイルショックを契機とするスタグフレーション、一九八六―一九九〇年にかけてのバブル、そしてその後の十年に及ぶ平成不況。その中で「市場原理」のグローバリズムを背景とするネオ・リベラリズムの展開。社会に閉塞感が充満し、そして社会福祉にとっては引き締め時代である。一方、一九八九年一月ベルリンの壁が崩壊し、一九九一年ソビエト連邦が解体し、東西冷戦に終止符を打ったかにみえたが、しかし世界では依然民族戦争や宗教戦争が続いている。

このような混迷の中では、社会科学もまた「ゆらぎ」の中におかれざるを得ない。このような時期にこそ、思想が一定の役割を持つ。そして仏教もまたその責任の一半を持つ。

二十世紀終末期の社会的混迷に対応する思想は「社会的公正」「社会的共存」「寛容」などであろう。仏教は「社会的公正」にあまり発言できなかったが、「共存」や「寛容」には、その教義である「縁起共生」や、「不殺生《アヒンサー》」、「いきとしいけるものへの無量の慈悲」のたてまえから、平和や環境汚染・破壊、そして「共存・共生」などに発言する現代的使命を荷うものである。本書は思想史の書物であるが、またそのような現代的意識を持って執筆したものである。そして仏教福祉思想が「世界福祉」思想に何が提供できるかが、執筆中たえず頭から離れなかった。

もともと本書の企画は吉田にとって、すでに六十年前、故矢吹慶輝・谷山恵林・長谷川良信ら諸先生のいわば遺託であった。そして昨年（一九九九年）物故された、『慈悲』（サーラ叢書）の著者であり、「仏教にとって最も重要なことは、人々に対して慈悲の心を生かすということでなければならない」（『吉田久一著作集』推薦文より）と強調され、ご自身体現されて世を去られた中村元先生への感謝の書である。ただ近現代社会福祉の専攻である吉田にとって、難解な仏教学や仏教史に関する知識不足のために、思わぬ誤解もあるかと思う。この点、研究者の訂正を待ちたい。

共著者の長谷川匡俊氏は、長谷川良信先生のご子息であり、現淑徳大学の学長であるが、それよりも日本史、とくに江戸時代の研究者（『近世浄土宗の信仰と教化』その他の著述あり）であることが、共著を容易にした。

本書は学術書としてより入門書として、仏教福祉系大学の基本的テキストを意図して執筆した。引用文献のページ数や出版社名及び注を略し、人物についても生没年を入れていない場合が多い。年号の表示や文体もあえて統一していない。また歴史書の性格上、歴史的用語もそのままにしている。

両者の分担は、吉田は「まえがき」「序章（仏教思想と社会福祉）」「第一章（飛鳥・奈良）」「第二章（平安）」「第三章（鎌倉新仏教）」「第四章（鎌倉伝統仏教）」「第七章（明治）」である。長谷川の分担は、「第五章（室町）」「第六章（江戸）」「第八章（大正）」「第九章（昭和）」「第十章（現代）」「あとがき」である。

出版は仏教書の老舗法藏館から出版してもらい、とくに上別府茂編集長にお世話になった。感謝したい。

二〇〇〇年九月十日

吉田久一しるす

日本仏教福祉思想史　目次

まえがき……i

**序章　仏教思想と社会福祉**

一　宗教と社会福祉……3
二　仏教福祉思想の「現在的」境位……7
三　原始仏教の福祉思想……9
四　原始仏教と現代福祉……18

**第一章　古代の仏教福祉思想**（飛鳥・奈良時代）

一　古典に見える福祉意識……21
二　『三経義疏』に現われた仏教福祉思想……22

三　国家仏教と民間仏教―その福祉思想―……26
四　行基の福祉思想……27

## 第二章　古代の仏教福祉思想（平安時代）

一　最澄の仏教福祉思想……31
二　空海の仏教福祉思想……33
三　空也の仏教福祉思想……35

## 第三章　中世鎌倉新仏教の福祉思想

一　新仏教の福祉思想……39
二　法然の福祉思想……40

三　親鸞の福祉思想……45
四　道元の福祉思想……57
五　日蓮の福祉思想……64
六　一遍の福祉思想……70

**第四章　中世伝統仏教の福祉思想**

一　勧進聖型福祉思想＝俊乗房重源……81
二　仏教福祉思想の純粋化＝明恵高弁……82
三　西大寺派戒律の福祉思想＝叡尊……84
四　慈善救済思想＝良観房忍性……88

## 第五章　室町時代の仏教福祉思想

一　夢窓の「仏法為本」の福祉思想……94
二　蓮如の「同朋的平等」の福祉思想……99
三　真盛の「無欲清浄型」福祉思想……104
四　願阿弥の「勧進型」慈善思想……108

## 第六章　江戸時代の仏教福祉思想

一　江戸時代の仏教と福祉的実践……113
二　黄檗僧の福祉思想―鉄眼・了翁―……114
三　念仏聖の福祉思想―浄土宗捨世派と無能―……117
四　貞極の称名即施行の福祉思想……125

五　天台律僧の福祉思想―法道―……130
六　看取りの思想の継承……135
七　在家信者の福祉意識の形成……141

**第七章　明治仏教の慈善・救済思想**

一　明治初期の仏教慈善思想……147
㈠　明治初期社会と仏教……147
㈡　明治初期の仏教慈善思想（一）……149
㈢　明治初期の仏教慈善思想（二）……154
二　明治中期の仏教慈善事業思想……157
㈠　明治中期社会と仏教……157

㈡　明治中期の仏教救貧思想……161
㈢　仏教慈善事業思想の起点……164
㈣　明治中期の仏教慈善事業思想……166
三　明治後期の仏教慈善事業思想……171
㈠　仏教の社会思想と社会運動……171
㈡　仏教慈善事業思想とその組織化……176
㈢　仏教感化救済事業思想……181
㈣　明治後期の仏教的慈善救済施設の思想……189
**第八章　大正期の仏教社会事業思想**
一　大正期仏教界と社会事業……197

二　椎尾弁匡の仏教社会事業思想……203
三　矢吹慶輝の仏教社会事業思想……208
四　長谷川良信の仏教社会事業思想……213
五　佐伯祐正の仏教社会事業思想……217

## 第九章　昭和戦前期の仏教社会事業思想

一　昭和戦前・戦時期の社会と仏教
　　―寺院社会事業をめぐって―……223
二　昭和戦前期の仏教社会事業思想……227

## 第十章　現代の仏教社会福祉

一　戦後混乱期の仏教社会事業……241
二　高度成長・減速経済期の仏教社会福祉……245
三　経済大国・バブル崩壊期の仏教社会福祉……252

あとがき……263

# 日本仏教福祉思想史

装幀——小林　元

# 序章　仏教思想と社会福祉

## 一　宗教と社会福祉

### 宗教と社会福祉

社会福祉の政策的プログラムは、社会科学の任務であるが、宗教の役割は主として、その内面的価値的なものである。現在についていえば、「モノ化」にともなうエゴイズム、主体的人間や人権に対するシニシズム等々に対する宗教的価値の提起である。福祉についていえば、往々みられる「福祉の浮遊化」や、福祉的人間における実存認識を欠いたオプティミズム等々、社会福祉の内面的荒廃に対する宗教的価値の提起、そして福祉政策に対する緊張や、ある場合にはその是正の運動であろう。

宗教はそれが持つラジカル性から、社会変革の原動力となったことは、ヨーロッパの宗教改革や、そこまでいえなくとも、日本の鎌倉仏教もそれに近い。そして社会福祉実践における、福祉の日常性の絶えざる革新性の糧となってきたことは、社会事業史が証明している。

宗教と社会の関係について、二、三の研究者の見解をあげてみよう。日本でもなじみの深い社会学者R・N・ベラーは、『社会科学の宗教的意義―社会科学における非合理的要素―』（葛西実・小林正佳訳）で、人間経験の変革を宗教に期待している。

宗教と社会の関係は、宗教的観念論でもなく、宗教と社会の単なる妥協でもない。宗教的リアリズムは、社会的実践を媒介とせざるを得ない。法哲学者宮田光雄は、『政治と宗教論理』で、終末的批判と醒めた社会認識とは、相互の緊張関係の中で、実り豊かな「対話」へと導かれる。信仰と事実認識は対立するものでなく、「相互補完」の関係にあると述べている。

キリスト教社会福祉研究者嶋田啓一郎は、「キリスト教と社会福祉の接点」（嶋田著『基督教社会福祉学研究』）で、終末論的社会行動に身を挺する「宗教的リアリズム」を自己の立場としながら、恩師中島重や賀川豊彦の「社会的キリスト教」を批判した。嶋田は終末論的社会行動を、資本主義社会の危機にある「隣人」の中で考えようとした。

私は宗教的価値を社会福祉変革や、福祉サービスを実践する日常生活に、根源的エネルギーを提供するものと考えたい。道元がいう「自未得度、先度他」や、『大無量寿経』の「仏心とは大慈悲これなり」が、仏教福祉の眼目である。社会福祉政策のプログラムは社会科学の任務である。社会福祉『実践』の中で、利用者の「仏性」を発見することこそ仏教福祉の本領である。そして『実践』の中で、政策と宗教の緊張関係が展開するわけである。それにしても、仏教はあまりにも「歴史社会性」、現代でいうなら資本主義への理解が乏しかった（拙著『近現代仏教の歴史』筑摩書房）。

**仏教福祉と生活者**

私は社会福祉は、社会福祉の利用者を、歴史的社会的矛盾から生じた生活を背負い、その打開に悪戦苦闘するに考え、共にその解決に当たる存在と考えてきた（拙著『日本の社会福祉思想』勁草書房）。

生活者＝「生きた人間」が、社会福祉の対象である。正しくいえば、「社会福祉問題の担い手」であるとともに、「主体者としての生活者」である。別の言葉でいえば、歴史的社会的に「生きた人間」こそ社会福祉の利用者である。社会福祉問題は、社会問題の一翼であり、その現われ方や比重は、時代・社会によって異なる。「生きた人間」は歴史社会の規定を受けながら、主体的に生きている。その理論的説明は社会科学・人間科学の両分野にわたり、両者にはある種の「深淵」がある。社会福祉は説明概念でなく、実践概念という性格から、両者は有機的に関連しているとみるのが現実的である。

ところで現在往々にして「利用者」を「消費者」と規定する場合がある。しかしこれは新自由主義的規定で、「利用者」も生活者の一翼と考えるべきである。それは生産力の多寡や、既往、将来の生産参加にかかわらず、また日常生活の茶飯な工夫や創造にも及ぶ。「利用者」はその時代社会の矛盾の一典型であるが、またその矛盾を切り開くことによって、歴史の創造に参加していると考えるべきであろう。それを「生きた人間」と考えるわけである。

次に欧米社会福祉の粋であるケースワークの「主体」と「客体」であるワーカー・クライエントと、仏教の「主体」と「客体」関係について一言したい。欧米社会福祉全体も両者の関係がはっきりしているが、ケースワークで著名なE・P・バイステックは、『ケースワークの原則』（尾崎新他訳）で、人は神との関係で生まれながらの尊厳と価値を備えており、その尊厳は個人の弱点や失敗によっても損なわれないと、キリスト教的影響を述べている。ケースワークの展開をみても、自由主義と人格《ペルソナ》の尊重を前提とする「自己決定」が主流となっている。

しかし仏教では「対象」と「主体」の関係は、「自他不二」にみえるように、相関関係にある。そこには「対象」への「寛容」と「共存」が特色となっている。日本の国民生活の深層には仏教のこの性格があり、それが一つの原因となり、ケースワーク導入以来すでに八十年の歴史を経過しているが、必ずしも国民化していない。ケースワークも、国民生活に定着を望むなら、「自立」や「自己決定」に、この「寛容」と「共存」を吸収しなければならない。それがとくに二十一世紀の社会的要請でもある。そして仏教もまた仏教教義に乏しかった「自立」や「人格の尊厳」を学習しなければ、仏教福祉の将来的展望は困難になろう。

## 福祉思想について

西洋社会事業史と日本社会事業史を比較してただちに気づくことは、西洋社会事業史には連続性が濃厚であり、日本社会事業史にそれが稀薄なことである。その責任の一半を仏教も担わねばならない。西洋では社会的条件とともに、それを内面から支えるキリスト教がある（吉田・岡田『社会福祉思想史入門』勁草書房）。日本では古代・中世には仏教がその役割を果したが、近世・近代にはそれを欠いた。その大きな理由の一つに、仏教が近世・近代に宗教改革を欠いたことがあげられる。

各論を展開する前に、本論で述べる福祉思想の選択について一言したい。福祉思想の選択基準は、㈠社会的普遍性が重要であるが、その思想が福祉実践にどれだけ浸透したか、㈡福祉実践の感性が豊かでも、それが社会的論理性を持ち、思想にまで上昇したか。この点仏教はとくに弱い。㈢時代の変動の中で、どれだけ主体性を護持し、それを持続したか、である。この点も仏教福祉は弱い。

福祉は実践が中心で、体験が先行しがちである。いかに生活感情が豊かであっても、それが「タコ壺」化し、普遍性を持っていなければ、社会福祉思想とはいえないであろう。逆に経済学その他隣接分野からの緻密な論理性をもった思想でも、実践に浸透ができなければ、単に説明に終わり、社会福祉思想とはいえない。

さらに二、三の留意点を指摘しておきたい。社会福祉思想は社会問題解決の一つである以上、社会批判をともなうのは当然であろう。しかし社会福祉思想研究の蓄積が乏しいこともあって、とかく社会福祉思想を「保守」か「進歩」かで判別しがちである。しかしそれはたてまえ論や、結果論に流れる。思想の動機や形成過程等に目配りをしなければならない。とくに宗教福祉思想の場合、その時代には保守的にみえても、次の時代には進歩的役割を果たす場合がある。

次に日本の福祉思想は千五百年近い歴史を持つ、世界でも稀な例である。儒教・仏教・キリスト教・自由主義・マルクス主義・プラグマティズム等々が出揃っている。しかしそれは、それぞれの思想の先進国から受容したもので、日本には主体的に日本福祉とした座標軸はない。その結果、いわば「受け身」となり、「模倣」か、逆に実体がない「日本的回帰」になりがちである。「主体的選択」が問われる理由である。

最後に、吉田は近代以前の記述では「社会福祉」と呼称せず、「福祉」としている。そしてこの「福祉」はwell-fare ばかりでなく、well-being も含ませている場合が多いことをつけ加えておく。

## 二　仏教福祉思想の「現在的」境位

### 世紀末と仏教福祉思想

本書の執筆は一九九九年十月からはじめた。あと一年少しで二十世紀は終了する。そして二十世紀の最後の十年の終末期には社会的諸問題が集積している。この終末期は日本資本主義社会の「成熟」、ないし「爛熟」期で、社会的には消費社会・情報社会・管理社会・物象化社会等々である。「豊かな社会」神話も崩壊しはじめた。

いつ果てるともない「平成不況」、環境汚染・破壊、阪神・淡路大震災に続く災害、地下鉄サリン事件等々、社会的事件が連続した。国民生活には「閉塞感」が充満し、シニカルな空気が蔓延している。自殺者が年間三万人を超え、ホームレスも二万人前後に達した。加えてかつての植民地や侵略地への贖罪もまだ済まないうちに、年を越えようとしている。この終末的状況は鎌倉時代の末法感を彷彿とさせる。

このような状況の解決は、本来社会科学の任務であるが、現在のように混迷している社会では、社会科学も「ゆらぎ」の中にさらされる。そしてこのような末期的状況は、本来の人類にとっては、「虚構の世界」である。このような時代に、迂遠な存在として斥けられてきた「思想」や「宗教」は、逆にリアリズムの鍵を握り、「転轍手」(大塚久雄『社会科学の方法』岩波新書)の役割を果たす。かつて鎌倉仏教の祖師たちは「末法」を背景として、「宗教改革」を行い、人類の福祉を考究した。現在の仏教福祉思想に期待をかけるのも、その点からである。

**仏教福祉思想の「現在的」境位**

私は常々「市場原理」に基づくグローバリズムと社会福祉は、「緊張関係」にあると考えてきた。「自立」のみを強調する制度は、必ず社会的弱者を生ぜざるを得ないからである。一九八七―九〇年のバブル時代、そして九一年三月から現在(二〇〇〇年十一月)まで、あしかけ十年の不況は、「公正」を生命とする社会福祉に、絶えず「見直し」や「引締め」を迫ってきた。

一九九一年のソビエト連邦解体は、冷戦構造の終幕とみえたが、あれから十年たっても民族戦争・宗教戦争は続発し続けている。

この現状の中で、新しくモラルとして要求されはじめたのは、新自由主義に対する緊張原理としての「平等」や「公正」である。そして仏教の「共存原理」と「寛容」が問い直されてきた。一九九八年ノーベル経済学賞受賞のケンブリッジ大学のアマルティヤ・センもその一人である。ベンガル生まれのセンは、経済学者であるが、同時に哲学者である。われわれはその原理を原始仏教の中に探求してみたいのである。

## 三　原始仏教の福祉思想

**原始仏教にみえる福祉思想**

仏教福祉思想で、世界や宇宙の福祉思想に提起できるものは、原始仏教福祉思想と、久しく顧みられなかった後述の鎌倉新仏教の福祉思想であろう。むろん私は原始仏教は専門外（とくにその語学）であり、先行研究に頼るより仕方がない。

通常原始仏教（三枝充悳「初期仏教」）とは、釈迦生誕（前四六三年頃、別説前五六四―四八五年）から、龍樹（後一五〇―二五〇年頃）を経て、初期大乗経典成立頃を指している。

原始仏典に見える福祉事項の索出は、拙稿「覚書、社会福祉における宗教的価値―キリスト教と原始仏教―」（『吉田久一著作集』7、川島書店）、あるいは『原典仏教福祉』（北辰堂）のインドの部（清水海隆ほか）に譲り、現代的貢献を念頭におき、福祉思想に焦点をしぼることにしたい。

㈠慈悲―菩薩。慈悲はすでに中村元の名著『慈悲』（サーラ叢書）がある。慈悲は仏教福祉の根本思想である。

「慈 maitrī」は「いつくしみ」を意味する友愛。「悲 karuṇā」は他者の苦に同情し、それを救済しようとするものとされる。

最古の仏典『スッタニパータ』（中村元訳『ブッダのことば』、岩波文庫）の「慈教」の項には、「慈しみと平静とあわれみと解脱を喜び」とある。「悲」は他者の苦しみに耐えられない心性であり、「呻《うめ》き」であり、他者の苦悩に対する共感である。『維摩経』の「一切人病是故我病」は著名であるが、一切衆生のために「不請の友」となり、「我」を超えるのが特徴である（『勝鬘経』摂受正法章第四）。他者を自己のうちに転回せしめて、自他の対立を否定する「自他不二」で、とくに大乗仏教では「如来の空とは、一切衆生の中の大慈悲心これなり」（『法華経』）と、仏教の中心思想となっている。

「慈」は愛憎の対立を超えた理想であるが、人間を超えながら、しかも人間の愛のうちに実現さるべきものである。ペックはこれを「哀れみと慈しみの福音」（渡辺照宏訳『仏教』上）と表現している。

龍樹は三種の慈悲をたてた。「衆生縁」は衆生に対する慈悲で、凡夫にも実践できるもの。「法縁」は法を対象とする慈悲で、声聞等のもの。「無縁」は「空」の理を対象とし、いかなる対象も持たない絶対平等の慈悲で、最上の意義が与えられ、大乗菩薩の慈悲とされた。

慈悲はむろんギリシャ的フィリア（友愛）とも、またキリスト教的アガペー（愛）とも異なる。中村元は慈悲を次のように説明している。

悲《カルナー》の原意は呻きであるが、同時に「あわれみ」を意味する。自己の呻きを知る者は、他人の苦悩にも共感できるし、苦悩する者に対して同情を持ち、親近感・友情をもつようになる。これが慈である。慈は「友」からつくられた抽象的名詞で、「真実の友情」を意味する（「『愛』の理想と現実」『愛』）。

原始仏教では、人間の愛と慈悲は不連続でなく、他者の苦悩に対する共感である。人間の愛は慈悲によって否定されるが、否定を通じて慈悲の本質がみえてくる。中村元のいう「愛を通じた愛の超越」（『慈悲』五五章三節）である。

それは他者を愛することによって真実の自己が輝き出る「永遠の凝視」（紀野一義『法華経の探求』サーラ叢書）であり、『大無量寿経』でいう「大願」と同じである。そこでは小慈小悲的慈善や、自愛のともなった同情は否定されるものの、また人間の愛と切れてはいないとされている。

慈悲は利他行で、「浄仏国土」を指向する菩薩行にイメージされ、とくに大乗仏教で重視された。もともと菩薩 bodhisattva は仏智 bodhi と友情 sattva の合成語であり、生死輪廻の現実にあって、一切衆生が「仏性」を得なければ、「正覚」をとらないとされている。『スッタニパータ』に「ボーディサッタ（菩薩、未来の仏）は、もろびとの利益、安楽のために人間世界に生まれたもうたのである」とある。

菩薩行の「自利利他」は、自他の対立ではなく、他によって自己を否定し、それによって真の自己を生かす「相即」である。他者との「共歓同苦」で、愛する側の優位と、愛される側の負い目が消滅している。「上求菩提下化衆生」も矛盾的弁証の実践である。福祉に即していえば、対象を客体とみるのではなく、主体と位置づける。恩恵的救済は否定され、同朋・仲間としてのアイデンティティを基盤とする。菩薩の衆生済度は、現実社会の「浄土化」も役目である。

菩薩は文殊・普賢・弥勒・勢至・観世音・地蔵・虚空蔵等々さまざまであるが、慈悲心と文殊菩薩は、名称は異にするが、「体は一つ」といわれた例もある。

日本仏教が流伝後、早々と菩薩思想を重視したことにも興味がある（井上光貞「三経義疏の菩薩観」『日本古代の国家と仏教』)。

(二)縁起相関関係。原始仏教の根本思想は「縁起」で、とくに十二因縁が著名である(水野弘元『原始仏教』サーラ叢書)。「縁起」は相関関係で、対立が否定され、遠い昔から、また現在も「相依相待」で成立しているとみる。三枝充悳は初期仏教の思想として、関係性・因果性・論理性の三点をあげている(『初期仏教の思想』岩波新書)。また平川彰は「無我」を、主観・客観の対立した自己を否定し、「相互依存」「重々無尽」の「縁起」においてよみがえる状態としている(「無我と主体」、中村元編『自我と無我』)。

原始仏教では実相を「縁起」相関とみて、「我」を否定した「自他不二」で、他者の不幸を自己の不幸とみ、「慈悲」の根拠も「縁起」説に求めている。この複雑多様な「縁起」関係の現実は、相互矛盾で、否定をはらみつつ、依存し合っている状態である。

「縁起論」は世界(宇宙)における種々な差別現象はもとより、社会における人間も因果の理性によって、生々流転するものであり、人間自体も、時間的空間的に相依相待の相互作用により、成立するものであるとされる。

仏教福祉は、絶対平等性に基づく「因縁和合」である「共存」「共生」を特色としている。それは個を中心に発達した西欧福祉と相違する。仏教福祉が提示する「共存」「共生」は、個が問題をはらむ時代における、問題解決の一つのように思う。絶対神を持たず、人間の「真実性」を基盤としている仏教福祉は、その相互的な「共存」「共生」の中で、自他の価値を高めながら、その「共存」「共生」関係を維持し拡充するところにある。

(三)戒律・修行。原始仏教は形而上学的思考を排し、「方便はこれ菩薩の浄土なり」(『維摩経』)といい、信仰は実践行為の中にあるとされた。中村元は「慈悲の実践はひとが自他不二の方向に向って行為的に動くことのうちに存する」(『慈悲』)といっている。多くの教典に修行方法が重視されているのは当然である。

戒律は戒 sīla と律 vinaya との合成語で、戒は修行規則を守ろうとする自律的自発的精神である。律は集団の規則で他律的な規則である。大乗仏教が興ると、利他の精神に基づいて大乗戒が説かれ、最初は十善戒が主張され、のちに『瑜伽師地論』で、三聚浄戒、すなわち律儀戒・摂善法戒・饒益有情戒等により、他者救済が説かれた。

戒律は膨大であるが、一般になじみ深く、在俗者の保つべき五戒につき一言したい。五戒は不殺生戒・不偸盗戒・不邪婬戒・不妄語戒・不飲酒戒で、在家信者の戒の代表的なものである。このうち福祉で最も重要なのは不殺生戒 ahiṃsā で、五戒・八斎戒・十戒の第一にあげられている。不殺生戒は殺さないというだけでなく、生命をより良く生かしきるという意味で放生会が行われ、東洋福祉の一特色となった。

殺してはならぬ、殺さしめてはならぬ……生きとし生ける者に対して暴力を用いない人こそ〈バラモン〉とも〈途の人〉とも〈托鉢・遍歴僧〉ともいうべきである（「ダムマパダ」、中村元訳『ブッダの真理のことば』岩波文庫）。

こうした例は枚挙にいとまがない。不殺生《アヒンサー》は八正道にも説かれているが、仏教福祉の最重要なテーマの一つである。

㈣ジャータカ。釈尊が前世において菩薩であったとき、生きとし生ける者を救ったという、善行を集めた物語で、日本では『本生譚』等と訳されている。捨身供養譚をはじめ慈悲・布施・恩・扶助等のテーマをモチーフにした物語が多い。慈しみなどは、のちに四無量心として体系化されている。たとえば「慈しみの心によって、あらゆるものを憐れみ、上と下と四方と、すべてが無量［の心］によって」（『原典仏教福祉』）などとある。

㈤社会・国家。仏教の社会的表現は次のようなものであろう。仏教の特色の一つは「衆生観」にある。「有情」ともいう。「生きとし生けるもの」で、人間にとどまらず、生命あるもの全体を指す。「生きとし生けるものを憐れんで」（『サンユッタ・ニカーヤ』II、中村元訳『ブッダ悪魔との対話』岩波文庫）、その上に「仏性論」が展開された。生あるもの全体が「仏性」を持つという発想は、福祉に今日的意義を与えている。

仏教の「世間」とは、事象がその中で生起し、壊滅する空間である。迷いの衆生が生起する場所で、否定すべきもの、移りゆくもの、空虚なものなど、業《ごう》の共有の場である。

仏教の世界は「衆生」の住む場所で、仏教の世界観では、須弥山を中心とした四大洲を一世界とし、三千大千世界によって全宇宙が構成されるものとする、それが一仏国土である（『岩波仏教辞典』）。

僧伽 saṃgha は出家・出世間・沙門釈子が四姓平等に生活する共同体で、社会的階級・地位等を超えた和合平等の世界である。

大乗仏教に「浄仏国土」「成仏国土」等の語が見受けられる。「浄仏国土」は般若経典以来大乗菩薩行の一つで、「成仏国土」は世界の浄土化を意味した。とくに出家は在俗生活を離れて、修行者の仲間に入るため、仏法は王法より優れ、世俗国家権力より高次のものとされた（高崎直道『仏教入門』岩波新書）。後年中国では「沙門不敬王者論」等も生まれた。

仏教のシンボル的国王は阿育王 Aśoka（前二六八―二三二）で、「法《ダルマ》」により国を治めた王である。戦いや殺生を禁じ、道路に植樹し、井泉を掘り、休息所を設置し、人間と家畜のための療病院を建て、薬草や薬樹を栽培し、福祉立国を試みた（塚本啓祥『アショーカ王』サーラ叢書）。日本の「和」を立国の基礎とした聖徳太子の福祉も、それに近い。

仏法にとって社会の身分や階級は、何の意味も持たない。

王族でも、バラモンでも、庶民でも、シュードラでも、チャンダーラや下水掃除人でも、精励してつとめ、熱心であり、つねにしっかりと勇ましく行動する人は、最高の清らかさに達する（前掲『サンユッタ・ニカーヤ』Ⅱ）。

釈迦は最後の遊行で、遊女アンバパリや鍛冶工の子チュンダの食を受けている（『大パリニッパーナ経』、中村元訳『ブッダ最後の旅』岩波文庫）。

階層や地域を超えて人類・生物全体を志向した仏教は、インドのようなカーストの強固な国では容れられず、滅亡の道をたどることになった（水野前掲書）。

**福祉関連事項**

日本の福祉になじみの深い五つの事項につき説明しておきたい。

㈠布施 dāna。仏教福祉の基本である。初期般若経典以来、利他の菩薩道として六波羅蜜が最重要視されたが、その筆頭が布施であり、そこから仏教福祉が流出したことはよく知られている（勝又俊教「大乗仏教徒の社会的活動」『仏教と社会の諸問題』）。布施には衣食などを与える財施、教えを与える法施、怖れを取り除いてやる無畏施の三施がある。布施は施者・受者・施物を三位一体の「空」と観じ、執着心を離れて行うべきものとされている。施者・受者の上下関係や、施物の貴賤が取り除かれている「無我」の実践である。

求道者はものにとらわれて施しをしてはならぬ。……菩薩は一切衆生を利益せんがために、まさにかくの如く（筆者注「色に住して布施すべからず」）布施すべし（中村元・紀野一義訳注『金剛般若経』岩波文庫）。

あるいは「布施は解脱に等し」（『大般若経』）などといわれる。布施には、第一に「波羅蜜」の方面からの「布施行」としての利他があり、第二に戒律の方面からの「十善行」としての利他がある。

㈡四無量心、四摂法。古くから小乗・大乗が共に重んじた四つの徳目である。「四無量心」(四梵住ともいう)は、四つの計りしれない利他行で、慈・悲・喜・捨で、その「無量」の意味は深い。「喜」は随喜で、他者がよいことをするのを、わがことのように喜ぶ。「捨」は好き嫌いで差別せず喜憂苦楽を超越する平和な心である。「般若波羅蜜、慈悲喜捨を満足す」(木村清孝本『華厳経』)とある(小川一乗「菩薩の大悲について」『菩薩観』など)。「四摂事(法)」は在家信者の代表的徳目であり、出家修行者の実践徳目である。人びとを引きつけ、救済するための四つの徳―布施・愛語(慈愛の言葉)・利行(他者のためになる行為)・同事(他者と協力する)である。「四摂法はこれ菩薩の浄土」(『維摩経』)、「四摂の光円満にして、群生の類を饒益」(『華厳経』)などといわれた(藤田宏達「初期大乗経典にあらわれた愛」『愛』)。

㈢福田。善き種子を蒔いて功徳の収穫を得る田地の意。『サンユッタ・ニカーヤ』I(中村元訳『ブッダ神々との対話』岩波文庫)に、

この生ある者どもの世において、施与を受けるべき人々に与えたならば、大いなる果報をもたらす。良い田畑にまかれた種子のようなものであると言われている。

とある。原始仏教では仏陀や聖者を尊敬して、自らの福徳を得る意に使用されたが、それとともに施物福田の思想の意もある(早島鏡正「福田思想の発達とその意義」『初期仏教と社会生活』岩波書店)。大乗仏教では菩薩の利他行として、仏教の代表的用語である。布施の対象を田にたとえたもので、根底には「縁起」(相依相待)と「慈悲」の精神原理がある。日本では敬田・恩田・悲田の三福田がよく知られている。

㈣無財の七施。眼施・和眼悦色施・言辞施・身施・心施・床座施・房舎施で、財物を損せず大果報を得るとされる。無財の七施は、物質的経済的に余力がなく、財施が困難な者でも布施が可能とされたのである。他者との良好

な関係から布施がはじまるというわけである。

(五)捨身供養。ジャータカの「捨身飼虎」もこれである。「捨身」は仏に供養し、他者を救うためにわが身を捨てて布施することで、『法華経』の「焼身供養」もその例である。大乗仏教では、「捨身」という自己犠牲的行為は、「上布施」とされた。「捨身求道」ともいわれる。

このほか大乗仏教の多元主義は「寛容主義」として、世界の平和に寄与している。

**日本仏教福祉に関係の深い初期大乗仏典**

初期大乗仏典はすべて日本人になじみが深いが、そこに現われる実践思想としての福祉思想を、日本がいち早く取り入れた点が注目される。そのいくつかを紹介してみたい。

『般若心経』。「五蘊皆空なれど照見して、一切の苦厄を度したまえり」。

『華厳経』（木村清孝本）。「作す所の善業たる布施・愛語。利行・同事、是の諸の福徳は、皆仏を信ずるを離れず」。

『浄土教』（中村元・早島鏡正・紀野一義訳注）「われ、無量劫において、大施主となりて、あまねくもろもろの貧苦（の者）を済わずんば、誓って正覚を成せじ」（『大無量寿経』）。

『法華経』（坂本幸男・岩本裕訳注）。「われは衆生の父なれば、応にその苦難を抜き、無量無辺の仏の智慧の楽を与え、それに遊戯せしむべし」（譬喩品）。

『唯摩詰所説経』（大正蔵経巻一四）。「用一切人是故我病。若一切人得不病者、則我病滅」。

『勝鬘経』（大正蔵経巻一二）。「普為衆生作不請之友。大悲安慰哀愍衆生、為世法母」（摂受正法章第四）。

『理趣経』(宮坂宥勝・福田亮成本)。「義利他の故に、一切の意願の満足を得る。法施を以ての故に、一切法の円満することを得る。資生施の故に、身・口・意の一切の安楽を得る」(正宗分)。

このほか『般若心経・金剛般若経』(中村元・紀野一義訳注)、『大品般若経』(平井俊英本)その他にも、多くの福祉事項が見える。

初期大乗経典の福祉思想は、日本仏教福祉に豊かな水脈を提供し、また一般福祉の内面思想の一つとなった。『法華経』『唯摩経』『勝鬘経』は、早くも聖徳太子によって取りあげられ、『浄土経』『法華経』は、鎌倉仏教の母胎となり、『般若経』『華厳経』は通仏教的に親しまれ、『理趣経』は真言系の所依の教典となった。

## 四　原始仏教と現代福祉

原始仏教が現代福祉に提起できる七つの点をあげてみよう。

㈠　仏教は古くから「成仏国土」「成就衆生」を志向した。この「国土」とは一国を指すものでなく、世界を指すものであろう。「成仏国土」とは現実的には「福祉社会」を志向し、宗教的には「宇宙福祉」と考えてよい。

㈡　仏教福祉は「無我」といい、「因縁」といい、「生きとし生けるもの」に対する「無量の慈悲」を特徴としている。この場合慈悲は、とかく「慈善」が予想する救済の上下関係は全くない。すべてが因縁無我によって生起すると考えるので、西欧で考える「カリタス」や「自立」とは大きく異なる。

㈢　現在「共生」が流行している。しかし仏教の「共存」「共生」は、既述のように「縁起相関」で、「無我」である。

㈣　仏教は人間に限らず、「山川草木悉皆成仏」で、「生きとし生けるもの」すべてに及ぶ。宇宙や生物全体の「仏性」を保証している「宇宙福祉」である。一国ではいかんとも成しがたい原爆の禁止や、二十世紀最後の四半世紀、とくに問題となった宇宙環境の保全にも発言している。

㈤　仏教の「不殺生《アヒンサー》」「非暴力」こそ、福祉社会の基本的前提を提起している。その思想はヒンドゥーのガンジーやタゴールばかりでなく、キング牧師等にも影響を与えている。

㈥　仏教は実践の宗教である。「関係性」が主題で、「他を愛することによって自己が輝く」ことを生命としている。

㈦　現在市場原理によるグローバリズムが世界を席捲し、東西の冷戦状態は終わったが、世界では民族の対立や、宗教による戦乱が跡を絶たない。この中で仏教の「寛容」や「共存」が問われはじめている。

以上と同時に、いくつかの問題点がある。

㈠　仏教福祉に「歴史的社会的」視点の、薄弱さがあげられる。とくにそれは資本主義社会についていえる（拙著『近現代仏教の歴史』）。仏教は反福祉的な社会にも、その抑止力や批判力になり得なかった。

㈡　仏教福祉は感性的実践には優れていたが、社会的普遍性や論理性に弱かった。社会福祉実践は、その感性に普遍性や論理性がともなっていなければならない。

㈢　仏教福祉の「縁起相関」や「共存性」が、現在とくに重要であるが、近代人は「自立」が特色で、ケースワークその他もそれを生命としている。仏教福祉にとっては「共存」のグランドの上に、「人権」「人格」「自立」性をいかに吸収していくかが、課せられた現代的テーマである。

# 第一章　古代の仏教福祉思想（飛鳥・奈良時代）

## 一　古典に見える福祉意識

私は神話的世界や原始時代の精神を、村岡典嗣の整理をかりて、簡単に「現世的」「楽天的」（『神道史』日本思想史研究一巻）に「行動的」を加え、儒仏の福祉思想を受容する以前の福祉意識をうかがってみたい。和辻哲郎はかつて神話的世界を、「清明心」「清さ穢さ」「和らかな心情」「湿やかな情愛」「協和と公正」でとらえた（『日本古代文化』日本倫理思想史上巻）。それはいわば楯の一面であって、神話的世界の「冷酷軽薄」の史実をも正直にみておかねばならない。福祉意識としては、むしろ和辻のいう「穢」の意識を、いかに克服するかというテーマから発生している。重要なことは、いかに原始的禁忌や「自然的」感情から、「道徳的」義務や、「宗教的」倫理としての「福祉」思想を創出するかにある。

原始宗教では、「福祉」をもたらす神は、また同時に災いをもたらす神でもあった。福と災いは相互関係にあった。その災いを整理すれば、㈠災害、㈡流行病、㈢心身障害、㈣行旅病者・死亡者で、それは『古事記』『日本書紀』『風土記』にも多く見えるところである。原始社会では「天ツ罪」「国ツ罪」として、「大祓」等の対象となっている。行旅病者・溺死者も救済より「祓除」の対象となっているケースが『日本書紀』に見える。また『古事記』の垂仁天皇の項には、「唖」は言霊《ことだま》信仰が宿されている大国主神の祟《たた》りとする説話さえ生まれ、神話的世界の福祉シンボルと見られた大国主神が、また「祟りは、出雲大神の御心なりき」でもあった。

社会事業史では、原始社会では「相互扶助」が中心であったと、しばしば説明されてきた。しかし津田左右吉が指摘するように、それは自然発生的なもので、道徳的義務として意識されたものは少ない（『上代日本の社会及び思想』）。そして自己の住む土地とよそ者が住む土地には厳しい区別があった。よそ者である諸種の役民《えきみん》、共同体を離れることを余儀なくされた飢餓者、共同体から排除された悪疾者、ほかいの群等々である。「同情」や「他者を愛すること」が意識的に形成されない以上、福祉思想は発生しないのである。

私は神話的世界における福祉意識のイメージとして、「常世《とこ》の国」を考えたい。そこには現世的・楽天的・行動的な福祉願望がみえる。現世の福祉願望と理想郷としての「常世の国」が接続しているのである。たとえば『常陸風土記』の「総説」などがそれであろう。

神話的世界の福祉イメージを代表する神は、五つの名を持つ大国主神である。この神は、現世的世界の福祉意識がもつ楽天的行動的な性格をよく示している。

この福祉願望や福祉意識を体系化、昇華したのが、すでに世界的文化を持つインドや中国から渡来した儒教や仏教である。

## 二　『三経義疏』に現われた仏教福祉思想

聖徳太子の仏教関係史料として、現段階で妥当と思われるのは、推古天皇十二年（六〇四）の十七条憲法（『日本書紀』）、天寿国繡帳の「世間虚仮、唯仏是真」（『上宮聖徳法王帝説』）、舒明天皇期の「諸悪莫作、諸善奉行」（『日本書紀』）くらいしかない（『日本仏教史』古代篇）。実証史家坂本太郎は、福祉になじみ深い四箇院（辻善之助編『慈善救済史料』）さえも、自著『聖徳太子』に入れてはいない。しかしその坂本も「三経の義疏が太子の親作」としているし、岩波版『日本思想大系』2も『勝鬘経義疏』は収録しているので、本稿もそれに従いたい。

日本仏教福祉思想の発生を『三経義疏』に求めようとする私は、まずその国際的契機を尋ねたい。インド・中国・朝鮮半島その他の国の仏教福祉活動、仏教福祉思想の発展については、先学の業績が多い（道端良秀『中国仏教と社会福祉事業』ほか）。次に国内的契機としては、「世間虚仮、唯仏是真」は崇峻天皇の悲劇をはじめ、太子自身悲惨な「虚仮」の経験を持っていた。宗教的福祉にとっては、「常世の国」の現世幸福主義に立つ肯定的人生観、その上に立つ福祉意識を否定した「真」の世界の発見でなければならない。

坂本太郎は、太子仏教の目指したものは、菩薩道実践であり、「世間虚仮」認識も現実逃避ではなく、自行とともに外化行である慈悲行実践にあったとしている（『聖徳太子』）。また井上光貞も、「三経義疏の菩薩観」（『日本古代の国家と仏教』）を執筆している。菩薩の発見こそ日本仏教福祉思想の基本的前提である。『三経義疏』に現われる太子思想は、菩薩的実践的慈悲観であり、この慈悲観は現実社会と厳しい緊張を保ちながら、現実社会と切れていないところに、その仏教福祉の特色がある。

太子福祉を日本福祉の始祖と考えたのは古いことである。そして「世間虚仮」の思想的重みを媒介としなければ、その福祉思想は成立しないものである。仏教福祉思想は厳しい否定感や緊張感なしには、現実の福祉にはつながらない。「世間虚仮」があったればこそ、太子の福祉思想は成立したのである。

十七条憲法の全体の原理とみられる「以和為貴」の「和」には、儒教的解釈と仏教的解釈の両様がある。「儒教的道徳」（津田左右吉『文学に現われたる国民思想の研究』）、「倫理的法家的」（井上光貞『日本古代の国家と仏教』）、それに対する「慈悲の立場」（和辻哲郎『日本倫理思想史』上）、あるいは仏典の中から「和」を索出した中村元の立場（『聖徳太子と飛鳥仏教』）等々である。私は、仏教思想と断ずることに疑問を持ちながらも、道徳律だけで解釈することは不可能で、背後に仏教的無我があるとする井上光貞（『日本古代仏教の展開』）の意見に近い。何より仏教全体が「和」の思想に近いのである。

従来一般的に信じられてきた、五九三年（推古天皇元）の四箇院（たとえば和辻哲郎『日本精神史研究』）の史実も、高橋梵仙が指摘するように「疑はしい」（『日本慈善救済史之研究』）ものである。また片岡山飢者伝説も伝説であり、菟田野《うたの》の薬狩《くすりがり》も福祉事蹟としては、認められないかもしれない。

私はこれらの事蹟がなかったとしても、太子を日本福祉の始祖的地位に置くことに変わりはない。第一国際的に、インド（たとえば中村元「国家統一における政治理想―アショカ王」『宗教と社会倫理』）、中国（道端前掲書）その他で、四箇院類似の施設は早くから行われている。とくに仏教福祉思想は、多くの経典を通じ一般化してもいた。太子に即していえば、著名なエピソードがある。太子は異国の、しかも異形の白癩者を、海中に捨てようとする議論の中で白癩者を重用している（『日本書紀』）。白癩はむろん神話的世界では「穢」であるが、この神話的思想の否定にこそ、日本福祉思想の発生をみたいわけで、その転換点に「世間虚仮」があるのである。

聖徳太子の福祉思想の中心は、むろん『三経義疏』である。その制作順序は『勝鬘経義疏』『法華義疏』『唯摩経義疏』である。『勝鬘経』は、在家女性信者である勝鬘夫人が、仏陀の前で成仏の可能性を考究することが主題で、大乗菩薩の慈悲の実現が中心である。『法華経』は二乗作仏と久遠実成を明らかにした経典で、自ら大衆の中で慈悲を実践しようとした経典である。『唯摩経』は唯摩居士が世俗生活にありながら、弘法利生に尽し、仏土は衆生に即して存することを説く経典である。そしてこの三経は福祉の点でも深い関係を持つ。

私は『三経義疏』に福祉思想を求めようとする際、成立史としては、井上光貞による、空間的には東アジア諸国、時間的には国内諸状況の理解が必要と思う（『聖徳太子と飛鳥仏教』）。同じく井上の「十七条の憲法と三経義疏」（『日本古代仏教の展開』）、「三経義疏の菩薩観」（『日本古代の国家と仏教』）が参考になった。井上は十七条の憲法と『三経義疏』の間に、仏教観・社会観・世界観が共通してみられると指摘し、仏と衆生の間にある菩薩を重視し、この世に仏国土を建設しようとする点で共通しているといっている。そして、大乗仏教の慈悲の実践者としての菩薩への関心が、三経を貫き、勝鬘夫人の理想が『義疏』作者である太子の理想になったと断じている。さらに、仏国土における菩薩の役割を具体的に述べているものとして、『唯摩経』の「仏国品」をあげている。私は前述のように、現世否定の仏国土と現世の十七条憲法の間には、それを連結する宗教的説明が必要と思うが、福祉思想の説明としては一つの見解であろう。

私は上述の理由なら、聖徳太子の福祉を次の三点から特徴づけたい。㈠国際的契機、㈡平和思想に凝縮、㈢菩薩＝利他的実践。この三点は日本福祉の始祖として、誠にふさわしい。

そして『三経義疏』に流れる福祉思想を次の五点で考察してみたい。

㈠　衆生（十七条憲法では「凡夫」）→菩薩→仏は悟りへの実践過程であり、その実践には「六度」の筆頭「布施」をはじめとする仏教福祉用語が多く使用されている。

㈡　「一切衆生病むをもって、このゆえに我病む」という『唯摩経』中の言葉は、如来蔵思想の、穢土の中の永遠の浄土という絶対平等性を意味し、日本仏教の基調思想である。久しく「穢」として神話的世界で差別された障害者その他も、ここではじめて救済対象とされる。

㈢　仏教教理に含まれる福祉思想・福祉対象、そして福祉方法なども、『義疏』に出揃っている。とくに「布施論」は頻度が高いが、六度・四摂法・四無量心・福田・捨身、そして「対象」としては「孤」から「苦」に至るまで、いろいろあげる繁に堪えない。

㈣　物心一如をとる仏教の「財施」と「法施」の関係も見える。「財施」は「法施」と対立するものではなく、「財施」は「法施」に弁証的に含まれ、その点キリスト教と相違する。

㈤　福祉思想の発生にとって大切なことは、儒教的仁愛的福祉思想と仏教的慈悲的福祉思想との対比である。㈠対象論。凡夫→菩薩→仏の平等性と、儒教的仁政や仁愛の上下関係的視点。具体的には仏教の「十苦」対儒教の「鰥寡孤独……」等々。㈡実施論。儒教の仁愛＝「怵惕惻隠の心」対仏教の「捨身（身命財）」等々である。

『義疏』で福祉思想として最も重要な部分は、『勝鬘経義疏』（日本思想大系2）の「正説、第二・十大受章」の第二摂生戒の「四受」である。そこでは「慈心与楽」「悲心抜苦」が説かれ、「不二自為レ己。受二蓄財物一。凡有レ所レ受。悉為三成二就一。貧苦衆生」（第六受）とある。このほか『法華義疏』『唯摩経義疏』の福祉事項もあるが、ここでは一々あげない。この日本最初の三経の注釈書は、国際的ハイレベルの仏教理解により、菩薩思想を通じ、実践的福祉思想を展開していることに驚かされる。

## 三　国家仏教と民間仏教―その福祉思想―

欽明天皇七年（五三八）百済から仏教が伝来し、八世紀半ばには東大寺大仏が完成、九世紀初頭に最澄・空海らの仏教思想家を生んだ。古代は仏教福祉の黄金時代である。帰化人の果たした役割が大きかったが、その受容のスピードも誠に速い。

律令仏教は国家仏教であった。したがって仏教福祉もおおむね国家が背景となっており、個人の自発的信仰に基づいた福祉が主流ではない。その典型的事例は光明皇后の施薬院である（『続日本記』）。施薬は皇后の主観的意図としては仏教に関係が深いが、しかし本院は皇后宮職《しき》におかれた公的機関であった。膨大な経常費がかかり、光明皇后が相続した藤原不比等の庸《よう》物もそれに充てられている。その薬物の価も、細民にとっては近づき難いものであったと思われる（林陸朗『光明皇后』人物叢書）。

直接福祉とは関係がないが、私度《しど》僧出身の景戒が著した『日本国現報善悪霊異記』（日本古典文学大系七〇）には、官僧でない私度僧の活躍事例が多く、民間における福祉意識をうかがわせるケースもある。それを整理すれば、㈠貧困ケースにみえる因果関係にも、生活的現実感覚が濃厚である。㈡そこに示された「現報」には、天皇・皇后から乞食に至るまで「因果の理」が、仏教的平等観をもって語られている。㈢貧窮者・障害者・罹災者等「社会的弱者」への同情が濃厚である。㈣霊異・功験・奇蹟等も著しく現実的である。

## 四　行基の福祉思想

行基は聖徳太子、鎌倉時代の忍性と並び、日本社会事業史上最も著名な人物であるばかりでなく、古代史研究にとっても、興味ある人物である。行基をマルキシズムの視点で研究したものも石母田正（『日本古代国家論』）ほか多い。また行基の社会的活動を社会事業としてより、農業生産の関係で説明したものも井上光貞（『日本古代の国家と仏教』）ほか多い。

行基もまた、父が渡来系の出自であり、渡来系の先進知識（土木技術等）を身につけ、「僧尼令」が僧侶と民衆の接触を警戒する中、村落の荒廃の救済、人民の生活向上を図った。本稿は行基の福祉活動を述べることには本意がなく、行基があまり語ることのなかった福祉思想をうかがってみたい。

行基に影響を与えた人に、同じ帰化人の子孫、法相宗の道昭がある（『続日本紀』）。道昭は社会事業史上著名な人物で、その宇治橋架橋についても諸説がある。ここでは玄奘訳の瑜伽戒本の招来に注目したい。この自利利他の菩薩戒は、仏教福祉思想の基本を提供する、六波羅蜜と不可分の関係にある。道昭でいま一つ注目したいのは、「周遊天下」しながら福祉実践したことで、施薬院・悲田院などの施設福祉と異なり、直接多様な個々の民衆の困苦と接したところにある。まさに行基―空也―一遍と続く福祉の先駆である。行基の出家は十五歳、この年道昭五十四歳。道昭・行基の子弟関係にはなお研究の余地が残るが、多くの研究者（井上薫『行基』ほか）は、行基に道昭の影響を認めている。福祉という観点からみてこの師弟関係は誠に似つかわしい。

井上光貞は行基の教説・慈善救済・社会土木事業に、三階教の影響を想定することは困難でないという（『日本古代思想史研究』）。道昭が在唐九年玄奘に師事した頃は、唐は三階教の隆盛期であり、三階教の経籍収集も容易であったと推定される（吉田靖雄『行基と律令国家』）という。三階教を開いた信行（五四一―五九四）は、山林修行を否定した街頭の活動家で、具足戒を捨て、労役に従事し、得たものを悲田・敬田に施与し、往来の道俗を仏として礼拝した（矢吹慶輝『三階教の研究』）といわれる。

行基仏教の出発点は、道昭に就いて瑜伽唯識論を学んだことである。瑜伽唯識論は大乗戒の菩薩行を強調し、世俗世界とのかかわりが深い。行基の思想的裏付けには『梵網経』があったといわれる（石田瑞磨『日本仏教における戒律の研究』）。しかし奈良仏教の特徴である諸学諸宗も兼修したことであろう。さらに二葉憲香は「行基の実践の仏教的基礎」（『古代仏教思想史研究』）で、瑜伽論と行基の行動の関係を検証しつつ、瑜伽唯識の立場と、律令国家の宗教的立場とは相容れないものとして、行基に反律令的仏教の立場を与えている。

行基には、このような根本的教理とともに、福祉思想として福田思想がある。唐にもこの思想のもとに、悲田養病坊の施設がすでにあった（道端良秀「大乗菩薩戒と社会福祉」『行基・鑑真』日本名僧論集）。福田思想として八福田には生産事業も入っており、行基の事業には農業生産のための灌漑・交通も入っているし、とくに注目されるのは布施屋である。布施屋はむろん仏教用語で、運脚夫や役夫に利用された。

行基福祉の特徴は、施設よりも、まず民衆のニーズがあり、その結果施設ができたということであろう。代表例は蜫屋《こや》（昆陽屋）で、布施屋・施院・惸独田（『日本後紀』）等が見える。それは聞法する人びとのニーズが種々の施設をつくったのであり、とくに四十九院は行基施設の特徴である。

しかし行基思想の特色は、何といっても律令国家との関係であろう。日本仏教にとって最も困難なテーマは、国家との関係で、仏教福祉も例外ではない。行基はその困難なテーマ打開の可能性を示したよい例である。元正天皇養老元年（七一七）四月二十三日の詔（『続日本紀』）は、律令の僧尼令、民間布教の禁止、呪術による病気治療の取締りを含む、行基名指しの弾圧であった。注目したいのは、行基晩年における律令国家との一見妥協の如くみえるコースよりも、この弾圧は日本社会福祉の珍しい例といえる、この弾圧の中での広汎な行基の福祉活動である。

最後に行基の福祉思想も含めて、日本社会事業史にこれを特徴づければ、次のようにいえる。

㈠民間福祉の始祖的地位にある。

㈡行基福祉は民衆ニーズが基礎になっており、それは光明子の施設にみえる「慈善救済」的性格とは異なり、まさに「福祉」と称すべきものである。

㈢行基集団は信仰集団で、日本福祉としては、はじめての信仰単位の福祉といえるであろう。

㈣施設中心というよりも、福祉に「遊行的」性格を与えたのも行基で、その後の福祉の系譜的存在となっている。

# 第二章　古代の仏教福祉思想（平安時代）

## 一　最澄の仏教福祉思想

仏教一般からみても、仏教福祉思想の展開からいっても、飛鳥・奈良時代の聖徳太子・道昭・行基等の福祉思想を継受発展させ、中世鎌倉仏教思想の母胎の役割を果たしたのは最澄である。

最澄による大戒独立運動は、官僚統制や官大寺支配による国家仏教の凋落を促進したが、それは民衆教化の前線からの要請や、最澄の無垢の求道心が力となった（薗田香融「最澄とその思想」日本思想大系4）。

最澄福祉思想理解の前提として、次の二点が重要である。第一は、仏教退廃の現実に対する、一向菩薩教団建立等の求道的使命観である（『続日本紀』）。第二は、「今時是像法最末時也」（『末法灯明記』伝教大師全集Ⅰ）とする末法観で、身は像法末にありながら、心はすでに末法にあったことである。

最澄の福祉観を整理すれば、㈠「一切衆生悉有仏性」という平等の人間観、㈡「天台法華宗年分学生式」にみえる慈悲観、㈢広済《こうさい》・広拯《こうじよう》両院の施設にみえる社会的実践、である（宮城洋一郎「最澄と空海」『日本仏教福祉概論』）。

このうち最澄福祉思想の中心となるものは、「天台法華宗年分学生式」（日本思想大系4）の弘仁九年（八一八）

の「六条式」である。前段の「国の宝」とは、国家的見地から道心を持ち、「一隅を照らす」人で、学問実践に秀れ、自分を忘れ他人を利する慈悲の極みである大乗の菩薩行である。最澄の教育理念は「国利民福」を祈願する菩薩僧の養成にあった。後段は地方や地域に即した形で、学問に秀れた人は「国の師」、実践に優れた人を「国の有」とした。天台の僧は道心を持ち、太政官の命令で国司・郡司らの地方官を通じて、地方教化や社会の救済に努力することによりその成果も挙げた。求道者最澄にしては、考えられないほどの具体的福祉の展開であるが、そこには入唐沙門としての見聞や、行基らの先蹤も影響していると思われる。

翌弘仁十年（八一九）の「天台法華宗年分度者学生式」（四条式）（日本思想大系4）にも、菩薩行＝仏教福祉が明示されている。災害等から国を護るための大乗僧の養成、像末には真実の大道、すなわち大乗の確信があり、次の時代の日蓮の福祉思想の先駆をなしている。

「天台法華宗学生問答」（『伝教大師全集』Ⅰ）にも明快な仏教福祉思想が展開されており、おのずから求道と福祉の関係の典型を示している。

最澄福祉の教義的基礎は、「化他利生」「抜苦与楽」の大乗教の「慈悲の三願」を修するにある。それを「修善寺決」（伝最澄）（『天台本覚論』日本思想大系9）では、慈悲について菩提心を発して衆生を哀む心としながら、衆生縁・法縁・無縁の三種をあげつつ、無縁の慈悲こそ仏が発するもので、「森羅万象、色心諸法は皆天然に仏覚を具し」と述べている。最澄はこの三縁を別々のものと考えるのではなく、連続しているものとしている。徳一との論争にみえる主著の一つである『守護国界章』（日本思想大系4）では、法施・財施を平等・不平等の視点から論じ、福田思想については「一切衆生之良福田」（「註無量義経」『伝教大師全集』Ⅳ）と述べ、「四摂」（「註仁王護国般若波羅蜜教」『伝教大師全集』Ⅳ）にも触れている。これら仏教福祉の諸思想にも、最澄の福祉への関心の深さが示されているといえよう。

最澄は仏教教義との関連ばかりでなく、具体的に福祉をも語っている。それは「六大講式」（『伝教大師全集』Ⅳ）であり、とくに「薬師如来講式」（『伝教大師全集』Ⅳ）では四百四病をあげつつ、白癩・精神疾患・身体障害にも及び、さらには薬師功徳のケアーにまで及んでいる。最澄に悲田・敬田の知識があったことは、「天台霊応図本伝集」（『伝教大師全集』Ⅳ）によっても明瞭であるが、それゆえにこそ広済・広拯院をも開いたのであろう。この悲敬両田に「資家国」とあるのを見ても、単に最澄個人の福祉ではなく、「国師・国有」意識と共通している。

最澄は先行の聖徳太子・行基からも影響を受けている。求道僧として「世間虚仮・唯仏是真」「諸悪莫作・衆善奉行」はむろんであるが、伝説にせよ、太子の片岡山遊行の際の飢者救済について、求道的視点で、これを叙述している（「伝述一心戒文」『伝教大師全集』Ⅰ）。また行基についても、『顕戒論』（日本思想大系4）で、「行基僧正の四十九院の如きを謂ふ」とある。「国師・国有」、すなわち伝道や、福利利他行に努める人物養成のモデルの一つを、行基四十九院に求めたのであろう。

## 二　空海の仏教福祉思想

空海の満濃池築工その他の事蹟についてはよく知られているので、ここではその実践の思想に焦点を当てたい。

空海福祉思想の特徴は、『三教指帰《さんごうしいき》』（『弘法大師空海全集』六）をはじめとして、その思想は「比較性」「宥和性」および、現実的な「実在性」にあるといわれる。大学での学習、入唐して世界最高の文化や制度を学び、儒・仏・道等の比較検討の上になった普遍主義的傾向である。中村元もその思想を「一致宥和の思想」（「弘法大師の思想の比較思想的考察」『弘法大師と現代』）といっているが、それは空海の福祉思想についてもいえる。儒教的仁愛についても深い関心を持っていたことは、「貧道不才にして仁に当り」（「大和の州益田の池の碑銘並びに序」『遍照発揮性霊集』、『弘法大師空海全集』六）などとあることでもわかる。

空海の福祉思想は観念的なものでなく、庶民信仰の中に溶け込んでいる。空海の主著『秘密曼荼羅十住心論』（『弘法大師空海全集』一）における即身成仏の重要な柱として、四摂・四無量心・四恩・十善等々があげられている。それは鎌倉時代の真言西大寺律の叡尊・忍性、あるいは江戸時代の慈雲以下の福祉思想の源流となっている。

空海福祉の実践思想を文字通り代表するものは、綜芸種智院の「式・序」（「続遍照発揮性霊集補闕鈔」『弘法大師空海全集』六）である。この具体的プランの「綜芸式」について宮城洋一郎は、立地条件の明示、綜合教育、庶民への教育、給費制等の四点にわたって特色づけている（「最澄と空海」『日本仏教福祉概論』）が、「式・序」に流れる福祉思想をうかがってみよう。

「式・序」の意図に、「貧道物を済ふに意有って、窃に三教の院を置かんことを庶幾ふ」と、儒仏道三教を学ぶ学院を建て、衆生済度しようとしたのである。「綜芸」とは「普く三教を蔵めて諸の能者を招く」にあった。それは「大唐の城には、坊坊に閭塾を置いて普く童稚を教へ、県県に郷学を開いて広く青衿を導く」と、唐の実情を見聞熟知していたからである。とくに日本では閭塾が皆無であったので、「貧賤の子弟、津を問ふ所無く、遠方の好事、往還するに渡多し。今此一院を建てて普く瞳矇を済はん」との目的からであった。

竹田暢典は「山家学生式と綜芸種智院式」（『空海と綜芸種智院』）で、十三項目にわたって両者を比較している。「式・序」を福祉思想から見ると、「道人伝受の事」では「法師の心四量四摂に住して、労倦を辞せざれ。貴賤を看ること莫くして、宜しきに随って指授せよ」と、師の資格に「四量四摂」を置き、貴賤の別なく、仏性の持つ平等性の視点で教育しようとしている。「俗の博士教授の事」には、「絳帳先生、心慈悲に住し、思忠孝を存して、貴賤を論ぜず貧富を看ず、宜しきに随って提撕し、人を誨へて倦まざれ。三界は吾が子なりといふは大覚の師吼、四海は兄弟なりといふは将聖の美談なり、仰がずんばある可からず」とある。「道入伝受」の三界の「吾が子」と、「俗の博士」の「四海兄弟」とは項を区別されておかれている。しかし、種智院がこの両者を学ぶところであったことは、「式・序」の末尾に「師資糧食の事」がおかれており、

> 夫れ人は懸瓠に非ずといふは孔丘の格言なり。皆食に依って住すといふは釈尊の所談なり。然れば則ち其の道を弘めんと欲せば必ず須く其の人に飯すべし。若しは道、若しは俗、或いは師、或いは資、学道に心有らん者には、並びに皆須く給すべし。然りと雖も道人素より清貧を事として、未だ資費を弁ぜず。且て若干の物を入る。若し国を益し人を利するに意有り、迷を出で覚を証することを志求せん者は、同じく涓塵を捨て此の願を相済へ、生生世世同じく仏乗に駕して共に群生を利せん

という、空海の面目躍如たる大文字がある。前は師資の糧食、後は篤志の勧めである。「生生世世に同じく仏乗に駕して共に群生を利せん」は、仏教福祉の真髄であろう。金岡秀友は、この項と最澄の「衣食のうちに道心なし」とする「山家学生式」の孤高性とを対比している（「空海の人生と思想」『講座密教』三）。

## 三　空也の仏教福祉思想

平安後期社会は宗教にとっても、激動時代であった。律令制の衰退、地方豪族名主層の台頭、平将門・藤原純友等による戦乱、加えて地震・大風・洪水・旱魃・火災・流行病等々が続いた。まさに「曠野古原口《マヽ》有委骸堆之一処。

灌油而焼。留阿弥陀名焉」（「空也誄」『続群書類従』）の現実があり、その社会不安に対し、信仰や救済が要求される時代であった。

また仏教史からみれば、鎮護国家的僧尼令的仏教が破綻し、また貴族的天台仏教では、体制崩壊があり、人心不安下にある庶民に対応できなかった。このような社会を体感できるのは、官製でない聖《ひじり》の宗教であった（井上光貞『新訂日本浄土教成立史の研究』）。

念仏聖たちは、市井生活を送りながら、空也を先頭に民衆への念仏の道を開いていった。『日本往生極楽記』（日本思想大系7）に、「口に常に弥陀仏を唱ふ。故に世に阿弥陀聖と号づく」とある。その井戸は「阿弥陀井」と称されるなど、不断念仏系譜の念仏聖であった。空也時代の阿弥陀観や念仏観は、阿弥陀は我が身に代わって苦患を受ける仏であり、念仏は罪障消滅の行である。念仏は社会的に働く時は、鎮魂呪術的機能を持ち、個人的に働く時は罪障消滅の機能があったために、往生の行となり得たといわれる（伊藤唯真「阿弥陀の聖について―民間浄土教の一視点―」『藤島博士還暦記念・日本浄土教史の研究』）。阿弥陀聖の呼称は空也にはじまる。空也は市井の間に口称念仏を鼓吹しながら、遊行的民間教化と福祉的菩薩行を行った。念仏を民衆が求め、社会不安に悩む民衆が福祉を求めた。両者は不離の関係にあった。

この空也の行った菩薩行実践の基礎にある戒は、その功徳によって天災・疫病等の鎮圧を祈念するもので、系譜的には、行基の「梵網戒」実践（利他救済）が、最澄の円戒思想形成に影響を与え、それを空也は社会活動によって、梵網戒実践の立場で学びとったといわれる（名畑崇「天台宗と浄土教―空也をめぐって―」、前掲『日本浄土教史の研究』）、しかし空也を民間念仏教化者、あるいは民間福祉実践者とのみみることには批判もある。二十余歳で優婆塞を辞め、尾張の国分寺で剃髪し、叡山座主延昌から受戒し、叡山の大勢から離れた存在でもなかったといわれる（菊池勇次郎「平安仏教の展開（その二）」『日本仏教史・古代篇』）。

　空也の福祉的菩薩行については、多くの社会事業史研究者がふれているが、空也自身の記録はない。堀一郎は空也の宗教的社会的機能として、㈠遊行的頭陀、㈡苦修練行と奇瑞霊能（呪術的性格）、㈢菩薩行（社会救済事業）と知識勧進の民衆教化運動、これを維持する道場や結社の組織、㈣沙弥・優婆塞形態の尊重、非世俗性と反権威主義的性格、に分類している（『空也』人物叢書）。多少整理しすぎたきらいはあるが、空也理解には便利である。

　空也の菩薩行的福祉の特徴をあげれば、自由で遊行的な、民衆に密着した福祉である。それを系譜的にみれば、行基を継受し、一遍的福祉に道を開くものである（拙著『日本社会福祉思想史』）。空也伝の根本史料は源為憲の「空也誄」一巻並序である。『扶桑略記』（『新修増補国史大系』）にも簡潔な叙述があり、また『元亨釈書』（新修増補国史大系）には「空也誄」の孫引きのような形で、まとめられている。空也福祉の特徴は、やはり先にあげた「空也誄」の、「曠野古原□《マヽ》有委骸堆之一処。灌油而焼。留阿弥陀名焉」。また市中にあっては「市中乞食、救苦世俗。唱善知識。悪虱離身。毒虵感徳。霊狐病原、□《マヽ》目悦色」等の文字であろう。それは「漂泊」「市陰」等文学的に表現されるものではなく、捨身苦行の苦修練行的福祉であった。社会不安・精神不安の中で、最も「日本」的な福祉思想として、「一切衆生悉皆成仏」という平等性が、口称念仏と菩薩的福祉行として行われていたのである。

　乞食の身形《みなり》をし、錫杖・金鼓・皮裘を携え法螺を吹いて念仏勧進しながら、菩薩的福祉行にいそしみ、貧民や病者に施与する空也に、民族宗教的「エクスタシー」（井上前掲書）を感じ、現世利益を期待したとしても不思議ではない。鴨長明が『方丈記』に巧みに描く飢餓・疫病・戦乱等々の古代末期の貧困、その真っただ中で口称念仏を唱え、福祉活動に当たったことを、単なる現世利益や呪法で解釈すれば、日本福祉の原初的で良質な部分を見失うことになろう。

また空也は「空也誄」に見えるように、「若覩道路之嶮難。預歎人馬之渡頓、乃荷鉀以鏟石面。而投杖以决水脈」、とくに「所無水鑿井焉。今往々号為阿弥陀井是也」と土木や鑿井を得意としたようである。それをいかにして習得したかは不明であるが、具体的な知識も備えていたようである。

空也の事蹟には囚徒教誨や神泉の老孤救済その他の放生説話、あるいは殺生禁断説話が見える。平安期の囚徒教誨には春朝等の事蹟がある(谷山恵林『日本社会事業史』)が、「空也誄」は「東郡囚門。建卆堵姿一基。尊像眩曜兮満月。宝鐸錚兮鏦鳴風。若干囚徒。皆垂涙曰。不図瞻尊容聴法音。善哉得抜苦之因焉」と名筆で描いている。さらに老孤救済等(高橋梵仙『日本慈善救済史之研究』二分冊)も動物愛護といえようが、生物への民族宗教的心情もあったろうし、何よりも天台門を学んだ空也の場合「悉皆成仏」観が働いたのであろう。ここにも仏教福祉の自然や生物との関係がみえる。

# 第三章　中世鎌倉新仏教の福祉思想

## 一　新仏教の福祉思想

鎌倉新仏教は宗教改革といわれる。ヨーロッパの宗教改革、たとえばルターの『キリスト者の自由』(石原謙訳)でも、あるいは『キリスト教界の改善に関してドイツのキリスト教貴族に与える書』(印具徹訳)でも、ヨーロッパ近代社会事業に連続する思想である。しかし鎌倉新仏教は近代を迎える前に、室町・江戸時代の封建制度を経過しなければならなかった。鎌倉新仏教と福祉思想という命題をたてる場合、近代社会事業思想からみれば、かなりの曖昧さが残る。しかしそれが日本の現実であれば、鎌倉新仏教と福祉思想の関係を曖昧にしておいていいわけはない。

ヨーロッパの慈善の典型は、トマス・アクイナスの主著『神学大全』Summa Theologica に現われるカリタス Caritas（神愛ないし愛徳）である。それを鎌倉新仏教の福祉思想と対比すれば、「神の側からの無償の恩寵」、協同社会における職分を行う「分＝個」、「正義と罪」の三点が特徴と思われる（拙著『日本社会福祉思想史』)。

そして、このカリタスこそヨーロッパ社会事業思想の原型なのである。この原型の上に、慈善事業→社会事業→社会福祉も発展した。しかしこの展開は欧米的公準であり、それにならって教義的にせよ、実際的にせよ、鎌倉新仏教の福祉思想を慈善事業思想と呼称するわけにはいかない。その理由は以下の各論に述べるが、ひとまず「社会」を省いて、「福祉」と呼称することにしたいと思う。

## 二　法然の福祉思想

祖師中心に福祉思想を述べることは、必ずしも実態にそってはいないかもしれない。しかし現代社会福祉思想を前におく時、まずそれぞれの教団の祖師の福祉思想からはじめるのが妥当であろう。

宗教の福祉思想は、無理に社会と接合を図ろうとすれば成立しない。私がここで呼称を「社会福祉」とせず、ただ「福祉」とするのもそのような理由からである。「弥陀如来、余行をもって往生の本願としたまはず、ただ念仏をもって往生の本願としたまへるの文」(『選択本願念仏集』『法然・一遍』日本思想大系10)の中にも、福祉思想を採りたいのである。

### 法然浄土教の福祉思想

法然在世の社会状況は、古代末期から中世初期の過渡期であり、それは法然の体験と重ね合わせて「穢土」であった。また「個」の反省からいえば、「十悪五逆の凡夫」「罪悪生死の凡夫」「造悪の凡夫」「罪障深重の凡夫」で、『大無量寿経』(『浄土三部経』上)の「五悪段」が前提にあり、そこにはつぶさに人間悪の反省がある。

西川知雄は「法然の論理は人間的論理であり、親鸞のそれは信仰的体験の論理」(『法然浄土教の哲学的解明』)といい、「苦」より「罪」にそれが「切実に現われている」といっている。その当否は別として、「罪人ナホムマル、イハムヤ善人オヤ」(「黒田の聖人へつかわす小文〈小消息〉」『昭和新修法然上人全集』、以下『法然上人全集』)にも、親鸞の「悪人正機観」への信仰の論理に対し、法然には具体的人間がみえる。

法然浄土教の眼目は『大無量寿経』の「四十八願」中の「第十八願」である。「第十八願」の「念仏往生」を「本願中の王」（「無量寿経釈」、前掲『法然・一遍』）として選択したのである。何故に雑業を捨てて「専修念仏」を選択したかについては、その著述の各所に見える「小善根福徳の因縁をもって、かの国に生ずることを得べからず」で、雑行では浄土に生じ難いからである（『選択本願念仏集』、前掲『法然・一遍』）。

福祉思想の点からみて注目されるのは、念仏の「易行性」で、『選択本願念仏集』の著名な一文を掲げておきたい。

（前略）もしそれ造像起塔をもつて本願とせば、貧窮困乏の類は定んで往生の望を絶たむ。しかも富貴の者は少なく、貧賤の者は甚だ多し。もし智慧高才をもつて本願とせば、愚鈍下智の者は定んで往生の望を絶たむ。しかも智慧の者は少なく、愚痴の者は甚だ多し（下略）。

本文は法然にとって重要な一文であり、類似の文章は他の箇所にもある。この文章はまことに人間くさく、対象にじかに呼びかけている趣さえうかがわれる。「念仏往生の誓願は平等の慈悲に住しておこし給ひたる事にて候へば、人をきらふ事はまたく候はぬ也」（「津戸の三郎へつかわす御返事」日本思想大系10）。

花田順信は「法然上人の菩提心と慈悲観」（仏教大学法然上人研究会『法然上人研究』）で、法然は慈悲を「法体論的側面」と「実践論的側面」から説明し、仏の本願他力の真実相とともに、現実社会に生活する老幼男女、貧富貴賤等一切の人間を摂取救済することが、仏の大慈悲の当体であるとしている。また藤吉慈海が「還相廻向論」（『浄土教思想』）に注目したことも、福祉思想にとって重要であろう。

さらに仏教福祉思想にとって「倶に往生」も注目点の一つである。専修念仏を宗とする法然の支持集団は、「一人して申されずれば、同朋とともに申すべし」(「禅勝房伝説の詞」『法然上人全集』)で、同朋・共行の人たちの組織であった。「太胡の太郎実秀へつかはす御返事」(『法然上人全集』)で、「往生シテ、イソキカヘリキタリテ、人オモミチヒカムトオホシメスヘク候」と、浄土から穢土(此土)に帰り来たることをすすめている。また「正如房へつかはす」(『法然上人全集』)に「オナシ仏ノクニニマイリアヒテ……未来ノ化道ヲモタスケムコト」と述べているし、さらに「津戸の三郎へつかはす御返事」(前掲日本思想大系10)に「先の世のふかき契」とある。「還相廻向」「倶会一処」は、同一の信仰共同体的場所であり、そこでの平等の慈悲からの「還相」である。確かに念仏往生は個々の信仰であろう。しかしその信仰は共同体性を持っている。「慈悲」には「往相」と「還相」は浄土教信仰の両面である。「穢土」からの共同念仏往生、そして再び「穢土」への還相的救済は、浄土教的福祉思想と西欧的宗教福祉思想を大きくわかつ点である。

**法然の生活観**

法然はしばしば生活に言及している。「禅勝房伝説の詞」(『法然上人全集』)にも「衣食住は念仏の助業也」と、位置づけている。「小善根福徳因縁」などの慈善も、否定されているのではなく、念仏の「助業」と位置づけられているとみるべきであろう。

「百四十五箇条問答」(『法然上人全集』)は、日常生活が問答され、婦人に関する事項、殺生に関する事項、人身売買に関する事項が見えている。とくに「消息」には、必死に生きようとしている生活人の日常生活に向かい合う法然の姿がある。

「法然上人御説法事」(『法然上人全集』)は注目されるもので、『無量寿経』の「寿命最勝」にふれた部分は、阿弥陀仏の功徳は光明無量、寿命無量の二義が含まれるが、『無量寿経』と名付けたのは「寿命最勝」のゆえとしている。『浄土三部経』は『観無量寿経』も含めて「寿命無量」という生活に密着した名称が教典の題目となっている。

福祉に直接関係するものに「金剛宝戒訓授章」（『法然上人全集』）があり、そこには「四摂法」の「愛語」に似た部分がある。

法然浄土教は念仏往生が基本であるが、戒律が否定されているわけではない（石田瑞麿「法然の戒律観」『法然』日本名僧論集）。そして、その戒律には福祉に関係するものもある。門人に対する「七箇条制誡」（前掲『法然・一遍』）等である。また念仏の現世利益については直接的ではないが、『浄土宗略抄』（『法然上人全集』）に「念仏を信じて」という前提のもとに、重病者に「このよにいかほとならぬいのちをのへ、やまひをたすくるちからましまさゝらんやと申す事也」と見えている。

法然は親鸞の信仰の論理に対して、多分に生活者くさい面がある。法然は念仏聖《ひじり》の一人であり、聖として生活を送った。専修念仏教団も聖を中心とする同法・同行集団で、伝統仏教に対し、同行者を民衆に置いている。その民衆は「濁世」の社会で懸命に生きようとしている。法然はその中に立っているわけである。井上光貞は、行基の布教と、法然浄土教の念仏布教との対照を「きわめて妙」としている（『新訂日本浄土教成立史の研究』）。

### 室の津の遊女に示されける「御詞」

この「御詞」は『昭和新修法然上人全集』の「対話篇」に入っている。本稿ではその真偽の考証を確かめることはしない。平安末期の戦乱による敗者の子女、度重なる飢饉による遊女群が各地に輩出した。播磨の室の津、摂津の神崎などはその代表的な場所の一つであった。ここに見られる広汎な遊女群、それにともなう人身売買は社会の変革過程や、打ち続く災害が生み出したもので、まさにほかに渡世の道のない貧困の結果である。

法然はむろん遊女が広く存在し、それが時代の変革や、災害の結果であることは承知していたし、また仏教の「不邪淫戒」についてもよく知っていたに相違ない。しかし宗教人法然にとって、物質的救済や「田夫野人」の教化より、業縁が顕著に現われ、その悲惨の極みである死—念仏往生こそが本来の課題であり、それが遊女に表わされていると考えた。したがって室の津の遊女との出会いは、「転落」と見たり、それを上から「教化」しようとしたという一般的図式は当てはまらないであろう。

この「御詞」からうかがえるのは、法然自身にとっては旧体制からの弾圧—四国遠流という社会的事件、しかもすでに老齢の中でのできごとである。遊女についていえば、貧困—遊女という社会的矛盾、そして過去の「宿業」を背負うという遊女生活の実存がある。この両者の邂逅である。共に「宿業」を負う人間であり、念仏往生を願うことに変わりはない。それを「転落」と見、「教化」をする上からの救済と見ては、この「御詞」は解けないであろう。また伝統仏教にみえる戒律—不邪淫戒を振りかざした「業を捨つべし」でもないであろう。

「若又余の計略もなし、身命を捨る志もなくば、たゞその身なから専念仏すべき也」との対話に、「敢て卑下する事なかれ」と続く。むろんこの文章の前に「若此わざの外に渡世の計略あらば、速に此悪縁を離べし」という常識人法然の前提がある。ここには業縁もみえるが、それは法然とても同じで、現世の差別観はなく、「女人はこれ本願の正機也」と述べられている。「その身なからの専念仏」は、キリスト教倫理感とは対比的である。

## 三　親鸞の福祉思想

### 親鸞浄土教の社会的思想的土壌

親鸞ほど現実の社会を土壌としつつ、その絶対否定、さらに否定の否定を媒介として、現実の絶対肯定に還帰した思想家は、他にいない（家永三郎「歴史上の人物としての親鸞」日本思想大系11解説）。まずその社会的土壌の素描からはじめよう。親鸞（一一七三―一二六二）は、律令社会から封建社会への、社会変革の時代に生涯を過ごした。この時代は戦争、言語を絶する飢饉、疫病が続いた（拙著『日本貧困史』著作集2）。

この乱世や天災が親鸞の生活にさまざまな影響を与えている。従来生活といえば、親鸞の妻帯に注目が集まった。しかしこの乱世・天災の中で、多数の家族をかかえ、生活に悪戦苦闘を続けることは、独身であった他の祖師たちの比ではなかったろう。越後国流罪、関東への移住、六十三歳（一二三五＝嘉禎元年）帰洛後の晩年も、生活が苦しく、それは「消息文」や「恵信尼書簡」（『親鸞聖人全集』三）によく表われている。むろん親鸞の家族生活は、その時代としては最下層ではないものの、親鸞の思想に、動的な現実感を溢れさせる理由の一つに、この在俗的な家族生活があったと思われる。

親鸞の門徒層については多くの研究があり、とくにマルクス主義者服部之総（『親鸞ノート』）と、実証史家赤松俊秀（『親鸞』）の論争が興味を引く。恐らく在家農民を中心に、下級武士・漁民・猟師・商人等が、いわば「無教会」的に集まっていたのであろう。とくに最低の生活者といわれた「屠沽下類」、すなわち漁猟師・商人までが、阿弥陀誓願往生の正機とされているのが注目される。

親鸞がこのような現実を、「とても地獄は一定すみかぞかし」（『歎異抄』岩波文庫本）と述べていることが重要である。この中では自己を「愚禿」とし、賀古の教信を生き方のモデルとした。乱世の中で、懸命に生き延びようとする人びとと「共苦者」、さらに「同胞」として、共に救われようとする親鸞に引かされる。

親鸞の「末法」はまさに歴史的自覚であった。『教行信証』（日本思想大系11）の「化身土巻」で『末法灯明記』その他を引用しながら、正像末法を説明している。八十五歳前後の著作『正像末法和讃（草稿本）』（『親鸞聖人全集』二）の巻頭には、「釈尊かくれましまして、二千余年になりたまふ、正像の二時はおわりにき、如来の遺弟悲泣せよ」とある。親鸞は正像二千年説をとり、自己の時代を末法に入る直後と位置づけている。それを歴史認識とともに、「悲泣せよ」と実践認識で受け止めている。末法に現われる「五濁悪世」「末法五濁」とは、劫濁＝時代悪、見濁＝思想の濁り、煩悩濁・衆生濁・命濁＝夭死である。つまり時代の社会苦とともに、精神はむろん物理的生命にまで及んでいる。

末法思想は古くからいろいろに解釈された。歴史家井上光貞は、末法の自覚は古代支配体制崩壊の予兆として、すべての人びとに自覚された社会観であり、社会秩序の崩壊、戦乱の連続、天災地変、いわば「乱世の兆」（『新訂日本浄土教成立史の研究』）によって、自覚が呼び起こされたものとしている。

しかし同時に、親鸞の末法思想は、実践的な解決課題であった。末法に即し末法を超える宗教的現実課題である（石田充之『親鸞教学の基礎的研究』二）。末法乱世下にある民衆が生き延びるためには、「同朋共同」によらなければならない現実がある。彼岸成仏であっても、末世・悪世の「有情」が、「如来等同」となる喜びとなる。『正像末法和讃』の「無明法性ことなれど、心はすなわちひとつなり、この心すなわち涅槃なり、この心すなわち如来なり」と。

また、家永三郎は、親鸞の個人的体験が、平安末以来の末法到来の歴史的変動をくぐり抜けることにより、その思想が、民族的＝人類的精神遺産となったとしている（前掲「歴史上の人物としての親鸞」）。三木清は、「体験的実践や生の現実の上になる親鸞の末法理解は、歴史的な政治動揺、戦乱打ち続いた時代と、人間性の自覚が密接に結びついてる」としている（「親鸞」『三木清全集』18）。

### 「悪人正機」と福祉的人間

「悪人正機」は『教行信証』「信巻」の「屠沽下類」並びに「化身土巻」の「悪人往生の機」補注（日本思想大系11）に詳細に説明されている。とくに著名なのが『歎異抄』である。「口伝鈔」（『親鸞聖人全集』四）にも、「傍機たる善凡夫なを往生せば、もはら正機たる悪凡夫いかでか往生せざらん。しかれば、善人なほもて往生す、いかにいはむや悪人をやといふべしとおほせごとありき」とある。

悪人正機説は家永三郎の「親鸞の宗教の成立に関する思想的考察」（『中世仏教思想史研究』）等から注目され、日本の生んだ世界的思想とみられてきた。

この「正機」の「機」は、「有情」「衆生」を指すが、「悪人」はむろん「如来の本願」との関係で、直接人間の罪悪でなく、「来世の宿業を負った」対象であろう。この「悪人」は『教行信証』の「化身土巻」に見られる「濁世の道俗」「末代の道俗」「穢悪濁世の群生」等々と表現される、末法下の「群生」である。

前述のように「悪人正機」の「悪人」は「煩悩具足の凡夫」であるが、しばしば「屠沽下類」が例として説明されている。「屠」は殺を宰《つかさ》どり、「沽」は酒を売ることで、両者とも仏教の戒律が嫌うところである。また「唯信鈔文意（専修寺本）」（『親鸞聖人全集』三）には、「具縛の凡愚屠沽の下類」と記されている。この「沽」は商人と一般化されているが、『歎異抄』では「田畑をつくりすぐる人も、たゞをなじことなり」と農民も含んでいるから、狭く解釈する必要はない。

時代の変革の中で、生活崩壊に呻吟しながら、懸命に生きようとしている「煩悩具足の凡夫」、しかも現実の差別下で、恩愛や執着のしがらみに生きている社会的現実の背景こそ、「火宅無常の世界」に生きている「悪人」という意味が込められている。

この「悪人正機」はいうまでもなく、浄土の慈悲と弁証的関係にある。『教行信証』「行巻」の「正信念仏偈」に、「煩悩を断ぜずして涅槃を得るなり」と、「煩悩即涅槃」のプロセスが示され、「貪愛瞋憎の雲霧、常に真実信心の天に覆へり」と、プロセスにおける矛盾的存在としての、「悪人」の歎きを示している。

さて「悪人正機」が意味する福祉的人間像とはどのようなものか。「悪人」は具体的表現の場合は、「群萌」「群生」で、社会を指す場合は「火宅無常の世界」で、親鸞の自称「愚禿」もこれに入るであろう。そしてそれらは原始仏教以来、「縁起相関」や「相依相待」で成り立っている。むろん「悪人正機」も信仰的次元での用語である以上、「親鸞一人がためなり」や、限りない人間悪に対する「個」の懺悔がなければ成立しないであろう。しかし、たとえばマルチン・ルター（一四八三―一五四六）の『キリスト者の自由』にみえる「個」の自立と、この「悪人正機」の「群萌」とを並べた場合、その対比は明らかである。この「悪人正機」を福祉的人間像の視点からみれば、次のようになる。

㈠「悪人正機」の人間像は、「如来等同」的平等性にある。それは慈善の対象観である「上下」関係の否定線上にある。

㈡「悪人正機」は、具体的歴史的現実や末法思想という、危機時代が創出したものである。それは現実の日常生活に矛盾的に存在し、その人間像も「往生」への過程的実践的人間である。欧米の福祉的人間像にみえるような固定的、あるいは停止的人間関係ではない。

(三)「悪人正機」は後述するように、「宇宙的」、あるいは「人類的」共生を前提としている。

(四)「悪人正機」の人間像は縁起的人間であるが、日本では珍しいほど、「懺悔」的人間である。

**自然法爾＝親鸞福祉の根《こん》**

「自然法爾」は親鸞晩年の八十六歳にして到達した信仰論理で、「真蹟書簡」「末灯鈔」(『親鸞聖人全集』三)に出てくる。ここでは弥陀世界の徹底した法性法身に同ずる「ハカライナキ」絶対的「ハカライ」を強調する。一切存在世界に関する相依縁起円融の世界である。「悪人」を転成し、「煩悩即菩提無二」の理念を構成させる信仰の論理である。

阿弥陀はサンスクリットの Amitāyus, Amitābha で、前者は無限の寿命をもつ「無量寿」、後者は無限の光明を持つ「無量光」の意味。また如来 tathāgata は修行を完成した者の称で、大乗仏教では諸仏の呼称となっている。

「真蹟書簡」では「みだ仏は、自然のやうをしらせむれう(料)なり」と述べられている。それを明瞭に説明するのは親鸞八十五歳の著作「唯信鈔文意」(『親鸞聖人全集』三)である。この中で説明する報・応・化の論理により、「浄土の慈悲」に到達する。阿弥陀仏の誓願は「大悲の本」(前掲『正像末法和讃』)であり、この誓願こそが浄土建立の根本的誓願である。石田充之の説明に従えば、「浄土はかような無常無我縁起因縁生なる一切の存在を存在の如くあらしめられる所の、自然法爾・真如・法相・実相が具体的に体認され把握されて証悟されて顕現されてゆく世界」（『親鸞教学の基礎的研究』）との定義はわかりやすい。「浄土の大悲」こそ親鸞浄土教の「根《こん》」である。「浄土の慈悲」を最もよく説明するのは『歎異抄』（岩波文庫本）である。それを引用する。

慈悲に聖道・浄土のかわりめあり。聖道の慈悲といふは、ものをあはれみ、かなしみ、はぐくむなり。しかれども、おもふがごとくたすけとぐること、きはめてありがたし。また浄土の慈悲といふは、念仏して、いそぎ仏になりて、大慈大悲心をもて、おもふがごとく衆生を利益《りやく》するをいふべきなり。今生《こんじやう》に、いかにいとをし、不便《ふびん》とおもふとも、存知《ぞんち》のごとくたすけがたければ、この慈悲始終なし。しかれば、念仏まうすのみぞ、すえとをりたる大慈悲心にてさふらふべきと、云々

星野元豊は、浄土は衆生に働きかける法性法身の働きであり、実体論的存在でなく、作用実態的存在であるとしている（『浄土の哲学』ならびに『続浄土』）。浄土は具体的な型であるが、衆生救済のために生きて働いており、無限の「大悲」から生じて、阿弥陀仏の「発願廻向」という実践行そのものと考えられている。『教行信証』の「真仏土巻」は、慈悲の三縁を説明しつつ「この大悲を謂ひて浄土の根とす」と述べている。衆生にとっての「南無阿弥陀仏」の称名は、この仏の働きかけの「大悲」の大行により、「法性一味」の共同体が形成される。それが浄土というわけである。

説明するまでもなく「慈 maitrī＝友愛」「悲 karuṇā＝他者の苦に同情して、これを救済しようとする思いやり」である。そして「慈悲の三縁」とは「一つに衆生縁、これ小悲なり。二つに法縁、これ中悲なり。三つには無縁、これ大悲なり」と説明されている。「衆生縁」は衆生に対する慈悲で、凡夫にも実践できるもの、「法縁」は個体を構成する諸法を対象とする慈悲で、声聞・縁覚二乗の実践を指すもの、「無縁」は空の理を対象とする慈悲で、いかなる特定の対象も持たずに現われる絶対の慈悲とされる。『教行信証』「行巻」の「正信念仏偈」には、「大悲」

を「煩悩眼を障へて見たてまつらずと雖も、大悲倦きことなくして常に我を照らしたまふと」と述べられている。親鸞はこの「大悲」に対し、「小慈小悲」「小善」を否定した。『正像末法和讃』(『親鸞聖人全集』二)には「小慈小悲もなきみにて、有情利益はおもふべき。如来の願船いまさずば、苦海をいかでかわたるべき」とある。私は親鸞の「大悲」に浄土教福祉の「根《こん》」を求めようとするもので、「小慈小悲」的慈善は、仏の「大悲」ではない。しかしこの「小慈小悲」的慈善は、絶対否定されつつも、しかも現世の「慈善」の「根」として、「大悲」に連続しているものと思われる。

涅槃界と無明界は絶対否定的関係にあるが、浄土はこの絶対的矛盾が同一の世界であるとみることからして、親鸞的福祉では、慈善救済＝「小悲」と、信仰的「大悲」は絶対矛盾の関係にありながらも、同一の「法性一味」の関係にあると考えられる。それが「根」の意味である。

親鸞の「自然法爾＝親鸞福祉の根」の歴史的意味は、次のようにまとめられる。

㈠古代天皇制的慈善救済や同時代の忍性等の戒律的慈善、あるいは現世利益的救済に対し、信仰的論理としての「大慈大悲」＝「福祉の根」の提起。

㈡『浄土高僧和讃』(『親鸞聖人全集』二)の「信心よろこぶそのひとを如来とひとしとときたまふ。大信心は仏性なり。仏性すなわち如来なり」。すなわち「如来等同」で、そこには慈善救済のような上下関係の差別がなく、絶対平等がある。

㈢「大慈大悲」は縁起的共同世界であり、対象と主体の関係は for him (彼に対して) でなく with together (大衆とともに) である。

㈣浄土の「慈悲」は動的実践的で、本質と現象が統一される実践の世界である。

## 「還相廻向」＝「大慈大悲」の展開

「還相廻向」はしばしば真宗福祉活動の拠り所とされている。しかし「往相」を前提としない「還相」はあり得ず、また「還相」を予期しない「往相」もあり得ない。煩悩に流転する衆生が仏に転成し、「真如」が応・化身を通じて「還相廻向」するとはどういうことか。もともと如来が如来たらんとするのは、衆生を「利他」せんための出立であるから、仏でありながら仏の位に止住することはあり得ない。

まず親鸞の言葉を聴こう。『教行信証』「教巻」に「謹んで浄土真宗を按ずるに、二種の廻向あり。一つには往相、一つには還相なり」。あるいは「行巻」に「いかんが廻向する。一切苦悩の衆生を捨てずして、心に常に作願すらく、廻向を首として大悲心を成就することを得たまへるが故とのたまへり」とある。さらに「信巻」に「論注」を引用して、

還相とは、かの土に生じ已りて、奢摩他・毗婆舎那・方便力成就することを得て、生死の稠林に廻入して、一切衆生を教化して、共に仏道に向かへしめたまふなり。もしは往もしは還、みな衆生を抜きて生死海を渡せむがためにとのたまへり。

とある。因みに「廻向」とは「廻向の名義を釈せば、謂く、おのが所集の一切の功徳を以て一切衆生に施与して、共に仏道に向かへしめたまふなりと」（「証巻」）と述べられている。

「還相廻向」について親鸞は、各種の『和讃』でその感懐を吐露している。『正像末和讃』（『親鸞聖人全集』二）には「南無阿弥陀仏の廻向の、恩徳広大不思議にて、往相廻向の利益には、還相廻向に廻入せり」「往相廻向の大慈より、還相廻向の大悲をう、如来の廻向なかりせば、浄土の菩提はいかゞせむ」とある。「往相」が「還相」に「廻入」し、「往相」の「大慈」から「還相」の「大悲」を受けていることを明らかにしている。この世における利

他行の実践を、親鸞はすでに「往相」の念仏者に見ていたのである。つまり「往」「還」ともに南無阿弥陀仏の廻向によるのである。さらに『浄土高僧和讃』（『親鸞聖人全集』二）に、「還相の廻向ととくことは、利他教化の果をえしめ、すなわち諸有に廻入して、普賢の徳を修するなり」と、「利他教化の果」を得て、「諸有」に廻入できるのである。

「往相＝大慈」「還相＝大悲」は相関関係であり、共に阿弥陀仏の廻向によるのである。「往相」は「還相」を含み、「還相」は「往相」を縦横無尽に働かせ、往くことは還ることであり、還ることは往くことである。親鸞は『浄土論』や「論注」の豊かな理解と、自己が生きた時代を背景とした「悪人正機」、そして「小慈小悲」もない愚禿親鸞という反省懺悔の心を以て、「有情利益」である社会的救済を単なる否定でなく、「往相」と「還相」相即の上に、「信心為本」の道を拓いたのである。

したがって「還相廻向」の理解は、「往相」の行者の理想境や観念論ではなく、「生死の稠林に廻入」する現実的なものである。真宗福祉とは「還相廻向」が現実社会では成就し難いことを知り、如来の福祉である「浄土の大悲」として、現実社会に働きかけるということであろう。

仏と衆生はいわば逆対応関係であるが、逆対応のまま「即―如」するのである。「還相廻向」を、衆生の単なる理想界としてしまえば、如来の動的実践的存在性は失われる。衆生は自ら「度衆生」となり得ない。念仏を通じて「他力」による菩提心を起こし、もろもろの衆生のために、他力共同福祉が行われる。それが「還相廻向」の意味であろう。

㈠「還相廻向」としての信仰的福祉は、歴史社会の中で試される。信心の名において、社会との交渉を否定する隠遁的な信仰は、「還相廻向」とはいえない。同時に社会に流され、「往相廻向」を失ったものも、親鸞的福祉とはいえない。そして「現世的」ヒューマニズムや単なる相互扶助等も「還相廻向」とは異なる。

(二)　他力的「還相廻向」は、自力的な道元の「自未得度先度他」(『正法眼蔵』「発菩提心」、日本思想大系『道元』下13)と異なる。道元の立場は自力相に立つ衆生救済で、「願作仏心度衆生心」である。『正像末法和讃』(『親鸞聖人全集』二)では「如来の廻向に帰入して、願作仏心うるひとは、自力の廻向をすてはてゝ、利益有情はきわもなし」とうたわれている。しかし、宗門の伝統的解釈は別として、「自未得度先度他」を菩提心とみて、極限まで仏道を追い詰めた道元の福祉思想と、「悪人正機→自然法爾＝浄土の慈悲→還相廻向」の親鸞の福祉思想は、意外に近い気がする。

(三)　「親鸞は、父母の孝養のためとて、一返にても念仏まうしたること、いまださふらはず。そのゆへは、一切の有情はみなもて世々生々の父母兄弟なり」(『歎異抄』)。仏教は原始仏教時代から、自己中心の成仏でなく、「縁起相関」の他者との共同の思想であった。「いきとしいけるものへの〝無量の慈悲〟こそ慈悲の意味であった。時間・空間を包み込んで、宇宙全体としての仏の法《ダルマ》を見出し、それに即して生きるという信であった。「普共衆生」というように、共同共生の浄土建設が如来の「願い」であった。親鸞の指摘する「小慈小悲」の慈善救済と異なり、「諸衆生」の血縁や集団を超える、「大慈大悲」こそ、「還相廻向」の「根」であった。

**同朋同行観と共同連帯**

親鸞浄土教の社会的表現は、同朋同行的共同連帯思想であろう。痛切な時代背景を共にし、「悪人正機」を共にする「すえとおりたる大慈悲」(『歎異抄』)に基礎づけられた民衆である。その「大慈悲」は、前述の「一切の有情はみなもて世々生々の父母兄弟」に及ぶ「大慈悲」である。

『歎異抄』は続いて、「親鸞は弟子一人ももたずさふらふ」と、念仏共同体を主張している。浄土の「大悲」を他者に移し、他者の中に自己を見る「同悲」によって、差別的人間が絶対平等的人間に「転成」する。如来の智慧と慈光の中で、煩悩具足の差別的人間性を洞察し、弥陀の「大悲」により、如来の同行同朋であるとする共生の理念に達する。石田充之はそれを「無我縁起的な同朋相愛の社会的表現」（『親鸞教学の基礎的研究』第二巻）といっている。三木清も「かかる御同朋御同行主義は浄土真宗の本質的な特徴であり、そしてそこに信者の社会的生活における態度の根本がなければならぬ」（前掲「親鸞」）と主張している。このような念仏共同体を寺川俊昭は「無教会的とさえいえるような性格に近い」（『歎異抄の思想的解明』）といっている。

この共同連帯はむろん宗教的なものであるが、また鎌倉時代の社会的動揺、戦乱、災害、そして「末法」到来の中で、共同連帯でなければ生きる安心を得られない現実も背景にしている。そしてこのような「同行」によって、親鸞の生活の資も支えられていたのであろう。

この「同朋同行」は、仏教福祉思想の基本である「同事」であり、同じ信者の縦の人間関係ではなく、人間同士の平等的な横の関係であって、同信の中には「屠沽下類」も含まれている。この「同事」こそ親鸞の目指した社会的表現で、親鸞の「愚禿」も信仰的表現であるとともに、社会的広がりを持った自称でもあった。この「御同朋御同行」の念仏共同体は、むろん相互扶助等を超えている。松野純孝によれば、人間のみならず「有情」である草木等々に及んでいる（『親鸞』）。「穢土」に「浄土」をつくり出すための、阿弥陀仏の努力は、「同朋・同行」の念仏共同体でなくてはならない。この共同連帯については、戸田省二郎の『親鸞と共同体の論理』がある。戸田は末法を背景とする「共同」を述べている。

もとよりこの「御同朋御同行」の念仏者の集団は、個として弥陀の誓願に摂せられた「衆生」の共同である。この個は「如来等同」の存在であり、衆生と仏、穢土と浄土は「不二」として表わされる。

この同朋連帯は「浄土の大慈悲」に対する感謝の報恩業として仏教、とくに真宗の福祉を成立させた。『浄土高僧和讃』(『親鸞聖人全集』二)に「弥陀の名号となへつゝ、信心まことにうるひとは、憶念の心つねにして、仏恩報ずるおもひあり」、あるいは『正像末法和讃』(『親鸞聖人全集』二)は「如来大悲の恩徳は、身を粉にしても報ずべし。師主智識の恩徳も、骨を砕きても謝すべし」とある。新保哲にも『親鸞―その念仏と恩思想』がある。

親鸞の恩思想は、「如来等同」の「もっとも具体的な実感の表現」(広瀬杲「親鸞における獲信と報恩」仏教思想研究会『恩』)としての感謝である。この報恩は前述のように家族的恩などではない。「自然法爾」としての浄土の大慈悲に対する恩である。『歎異抄』の「弥陀の五劫思惟の願をよく〳〵案ずれば、ひとへに親鸞一人がためなりけり」という自覚と感謝である。

今まで述べてきた「浄土の福祉」は社会福祉の「根《こん》」として、社会福祉の内面的存在として、福祉社会を照らし続けるものである。この「根」は単純に昨今叫ばれる「共生」と同一視してはならない。この「根」こそが現在福祉社会に最も重要である。次にその三つの重要点を考えてみたい。
(一) もともと「衆生」「有情」は、歴史社会の矛盾に苦しむ差別的存在である。それが「信」の一念により、「浄土の大慈悲」に摂取され、絶対平等の世界に入る。そこにおいて同朋同行的共同連帯関係が展開される。そして「還相廻向」として、あらゆる「衆生」「群生」を、円融的平等的共同に「転成」しようとする。この「往相→還相→縁起的平等的共同」は、日本社会福祉思想にいかなる意味を持つか。
(二) 同朋同行的共同連帯は、福祉社会にあることが最もふさわしいと思われる。この「浄土の大慈悲」という「根」こそ、キリスト教の「隣人愛」と並んで、宇宙的人類的福祉の「根」としての役割を果たすように思われる。

㈢「浄土の大慈悲」は、日本福祉処遇の「根」としての役割を、無意識のうちに果たしてきた。それはまだ論理的整理をみていないが、将来重要な課題となるであろう。

## 四　道元の福祉思想

### 「無常観」と福祉思想

道元の思想形成期は寛喜二―三年（一二三〇―三一）の大飢饉、仁治二年（一二四一）の鎌倉大地震、加えて戦乱による窮民が郡都に満ち、死屍累々まさに末世の様相を呈する中においてであった。しかし道元は寛喜の飢饉の最中にも、深草の里に閑居していたし、その開宗宣言ともいうべき「普勧坐禅儀」の撰述も、寛喜大地震の直前であった。道元はいかなる時代、地域、智慧機能の者でも、修行すれば必ず悟りを得ると確信し、正・像・末三時の教説のような、固定的な考えをとらなかった（「辨道話」『道元』上　日本思想大系12）。むしろこの末世的状況が、終局的には道元に「無類の潔癖性と永遠なるものへの強烈な思慕」（今枝愛真『道元』）という、高度な宗教思想を持たせることになった。

鎌倉初期は「無常こそが一反って常の態」（唐木順三『無常』）であった。「永平初祖学道用心集」（大久保道舟編『道元禅師全集』下巻）に、「唯観㆓世間生滅無常㆒心、亦名㆓菩提心㆒」、あるいは「無常者仏性也」（「仏性」『正法眼蔵』、前掲『道元』）など。現実世界の諸存在の移り行く無常な姿、そのままが道元の考える「仏性」であった。したがって道元の無常観は「詠嘆的無常観」に対して、「実相的な無常観」（西尾実『正法眼蔵・正法眼蔵随聞記』解説、日本古典文学大系）で、真理探求のための源泉であった。

中世初期の末法的「無常」状況の否定的媒介の上に、人間の尊厳性が強調されたわけで、承久の変の政治的抗争、天災、戦乱等による貧困等の社会的救済ではない。「無常迅速」と観じつつ、自らの生死解脱と正法伝来による衆生済度を痛感したのである（竹内道雄「道元の宗教の歴史的性格」『道元』日本名僧論集八）。

道元には無常観を述べた場が多い（『正法眼蔵随聞記』等）。しかしこの無常観は、また「興法利生」でもある。前掲『正法眼蔵随聞記』に「順二仏道一者、為二興法利生一、捨二身命一、行二諸事一去也」とあり、栄西の福祉事蹟が感激をもって語られている。また『涅槃経』の「自未得度、先度他」もしばしば引用されている。「自受用心」に対し「他受用心」ということであろう。宮本正尊は「道元の思想構造」（榑林皓堂編『道元禅の思想的研究』）で「先度他の初心、世のため人のための仏教」といっている。無常の摂理にさいなまれた衆生を、自己の身命を投げ捨てて助ける「慈悲行継続の原動力もまた観無常心にある」（加藤健一『道元』）というわけである。『涅槃経』の「自未得度、先度他」は「発菩提心」（「発菩提心」『正法眼蔵』日本思想大系13）で、道元にとっては「自利」と「利他」は相即関係で、別々のものでなく、「即一」的認識である。社会救済の如く、ある目的のためにするのではなく、すべて仏法の開顕が目標である。救済も仏法の「現成」にほかならない。仏作仏行としての実践であり、救済自体が仏作仏行である。仏者の社会的実践即仏行なのである。

繰り返していうが、道元は俗世間の救済にはあえてかかわろうとしなかった。その解決は「仏祖の道」にある。和辻哲郎のいう衆生に対する慈悲は「自他」のためではなく、「真理それ自身の顕現」（『日本精神史研究』一九七一年改版）なのである。『正法眼蔵随聞記』に仏意は自身手足を割いて衆生に与え、それによって「悪趣」におちても、衆生の飢を救うとある。「アダナル世」である中世無常の世界には、道元の「利生」観こそ透徹した福祉というべきであろう。

### 道元の福祉思想――主体と客体

道元が福祉思想に言及したわけではない。しかし日本福祉主体性純化の際、そこにそびえ立っているのは道元であり、その「精神的気魄」（中村元「改版に際して」、『正法眼蔵随聞記』）は、何よりも現代社会福祉に欠如しているものである。

まずその主体性を「永平初祖学道用心集」（『道元禅師全集』下）によりあげてみたい。その文中に説かれる「慈悲」は「為二仏法一而修二仏法一」で、救済の「名利」や「果報」のためではない。福祉は仏道のためであり、「福祉実践」という仏道が「現成」することが「慈悲」ということである。したがって「菩提心」を発することも「道元和尚広録」（『道元禅師全集』下）に見えるように、「先発二誓願一済二度衆生一、而抜苦与楽、及二家風一也」である。その「発菩提心」の前提に前述の「無常観」があり、「諸相実相」がある。「変易」する「実相」こそが「慈悲」、そして「利生」理解の前提なのである。

道元の「発菩提心」にしばしば現われるのは、「自未得度、先度他」という文字である。それが「発菩提心」であり、道元的福祉思想の基本である。「菩提心をおこすといふは、おのれいまだわたらざるさきに、一切衆生をわたさんと発願しいとなむなり」（「発菩提心」『道元』下、日本思想大系13）。この「自未得度、先度他」は、くどいほど繰り返されている。そしてその前提となるのは「生死流転」の「無常」である。

道元の福祉思想については、人間味豊かな慈悲の実践行とはいえない（竹内道雄「道元伝に関する二、三の問題」、前掲榑林編『道元禅の思想的研究』）という研究もあるが、道元は慈悲行を「発菩提心」の中心に据えており、まさに「於二坐禅中一、不レ忘二衆生一、不レ捨二衆生一」（「宝慶記」『道元禅師全集』下）である。そして「自未得度、先度他」は「衆生を利益すといふは、衆生をして自未得度先度他のこころをおこさしむるなり」（前掲「発菩提心」）

で、この「発菩提心」こそ衆生のものなのである。整理すれば無常流転生死する衆生→自未得度先度他→発菩提心ということであろう。

道元福祉の特色は捨＝貧学道、とくに「捨身学道」にある。その著名な一文は「行持・下」（『道元』上、日本思想大系12）の「昔人求レ道、敲レ骨取レ髄、刺レ血済レ饑。布レ髪淹レ泥、投レ崖飼レ虎。古尚若二此一。我又何人」であろう。「捨身供養」は古来から仏教福祉の動機として重視されてきたが、それが道元に著しく表われている。家族血縁のためでなく、「名聞利養」のためでもなく、また「現世利益」や「小徳小知」から発したものでもない。「諸仏慈悲」という仏道修行のためであり、「捨身供養」「不惜身命」は欠くべからざるものであった。

次に考えたいのは、「自他不二」という客体対象認識である。むろん道元は現代社会福祉のような、主体と対象を区分することは否定しているわけで、ここで「対象」というのは説明の便宜上である。次項で説明する「菩提薩埵四摂法」にも、「同事をしるとき、自他一如なり」とある。自己と他己は個であるとともに、相依相関であるということである（笠井貞「道元と実存哲学〈一〉――ハイデガー――ヤスパース」『現代思想と道元』、講座『道元』七）。「自利利他相即」「自利利他満足」（玉城康四郎「道元の冥想的世界」『道元思想の特徴』、講座『道元』四）である。いわゆる「感応同交」の世界である。「成仏得道」の要件とは、泥の中の衆生を救うためには、自分も泥にまみれなければならない。つねに相手の身となり、相手と一体となって「同事」の行に励まなければならない。それは主客未分で、相互に慈悲をかけあいながら「現成」することである。道元は現実の差別的あり方は、つねに「我」が中心となっているが、「現成公按」の道を得れば、「自にあらず他にあらず」（「現成公按」、前掲『道元』上）と述べている。現代福祉思想の悩みは、主体者と客体対象の選別・差別をいかに克服するかということである。

むろん道元の「一如」は宗教の世界のことであり、社会科学の世界のことではない。しかし主体者と対象者の出会いという場面に限れば、この「自他相即」は、他者との融和や、ひいては人間の連帯にも問題を提起するであろう。しかしそれは安易な「受け入れ」ではない。そこには厳しい「捨の学道」という前提があることを見失ってはならない。

道元思想の特徴に「悉有は仏性なり。悉有の一悉を衆生という（「仏性」、前掲『道元』上）」がある。従来仏教思想では「一切衆生悉有仏性」を、「悉有仏性」と可能性においてみてきた。道元の場合は、一切の存在が「仏性」ということであり、「悉有」が「仏性」なのである。その「悉有」の中に「衆生」が存在しているわけである。いわゆる「無常仏性説」（高崎直道「道元の仏性論」、前掲『道元思想の特徴』）、「悉有＝仏性＝」は、優れて東洋的平等的福祉対象論であるが、道元はさらにそれを詰めている。それは「悉有仏性」と知って解脱するのではなく、解脱して「悉有仏性」を知るわけで、そこに激しい求道や思索が要請される。

**道元の福祉思想──実践**

道元の宗教では、実践によってはじめて自己が現われる。人は実践によって「仏性」と一体化するのである。「自己放下」の実践によって、「仏性」の「絶対無相」が現われるのである。福祉に即していえば、福祉実践の中に「仏性」が「現成」する。この場合の福祉実践とは「求道」の別名にほかならない。

その実践の瞬間瞬間の「即今」こそ我の絶対的生で、「仏性」が実践の瞬間に現われ、そして彼岸が脚下に現われる（秋山範二『道元の研究』）。徹底的に現実に身を没してその底に死することにより、「無の現成＝絶対的現実的行為的自覚」（田辺元『正法眼蔵の哲学私観』）となるということである。田辺はこの現実を「類」と「個」の統一というが、精神医学者平井富雄は、現象自体は個別的存在の表現としても、「存在自体」が見えざる真理（空と・

無我）であるならば、その時点において、直接的かつ具体的にとらえられたすべてこそ「実践的存在」で、それは個別的現象と普遍的現象の二元的対立を超えた「現存」であるという（「精神医学と道元」『現代思想と道元』）。この「絶対的現実的行為的自覚」、あるいは「現存」、さらに道元の「現成」は、「即今」＝「実践」であり、この実践こそ個別と普遍の二元的対立を超える。

道元の求道的実践の何処かに、鎌倉初期の危機の現実が潜んでいたかもしれない。しかし道元の実践における統一は、あくまでも宗教的なもので、社会的歴史的なものではない。しかしこの「現存」認識は、社会福祉における人間像の設定に参考になる。

**「菩提薩埵四摂法」について**

「四摂法」は古くから『雑阿含』『倶舎論』等にも説かれ、仏教を実践する社会生活上、欠くことのできない四種の徳であった。道元の福祉思想を端的に表現するものとして著名である。

前掲『道元禅師全集』には「拾遺」として入っている。編者の大久保道舟によれば、道元親撰は「疑う余地がない」（『道元禅師伝の研究』）という。寛元元年（一二四三）四十四歳の時（「略年譜」、前掲『道元』下）になったもので、まさに円熟期である。

「四摂法」は慈悲の原理とその実践を明らかにしたもので、「布施」は主題、「愛語」は布施の言語表現、「利行」は布施の方法、「同事」は布施実践の立場とみられる。根本は「布施」であるが、四者は「相即」関係にある。

「布施」は仏教福祉の根本で、「無貪の心を以て仏及び僧並に貧窮の人に衣食等を施与するを云ふ」（望月『仏教大辞典』五）と説明されている。道元は「不貪」を強調しながら、「一句一偈の法」「一銭一草の財」も布施すべしとし、「財も法なるべし」と物心一如観を展開し、「治生産業もとより布施にあらざることなし」と述べる。単なる精神主義論ではない。さらに「受身捨身ともにこれ布施なり」としながら、「得道」のはじめは「かならず布施をもてすべきなり」と述べ、六波羅蜜のはじめに、檀波羅蜜を置いた理由を説明している。

「愛語」は「慈㆓念衆生㆒猶如㆓赤子㆒」の言語的表現をしたもので、「愛心は慈心を種子とせり」と述べるように、この「愛」は「自己愛」や「渇愛」ではない。この「愛語」は「世世生生にも不退転ならん」という徹底したもので、福祉従事者のつねに心掛けるべきものである。

「利行」は、「利益の善巧をめぐらすなり……利他の方便をいとなむ」と、布施の方法を説いている。その範囲は動植物や自然全体に及び、「悉有」を「仏性」とみた道元にまことにふさわしい。

「同事」の「事」は儀・威・態で、「同」はそれを他者と同じくする自他一如の思想である。そこでは対象を客体化するのではなく、対象が主体化している（守屋茂『仏教社会事業の研究』）。「同事をしるとき自他一如なり」は、東洋的福祉の特徴を述べて余りある。そして「やわらかなる容顔をもて一切にむかうべし」と本編を結んでいる。

親鸞は「極悪深重」「愚禿親鸞」とし、「有情利益は思ふまじ」として、浄土の「大慈悲」としての福祉にたどりついた。道元は「只管打坐」を標榜しながら、「打坐」と「世法」の相即不離の関係を解明した。そこでは仏法の必然としての福祉を考えた。仏法を行ずる中に福祉があったのである。

## 五　日蓮の福祉思想

### 災難・「安国」と日蓮

鎌倉新仏教の開拓者は、いずれも「災難」頻発の中にあり、思想方向は異なるが、それが思想形成のモーメントとなっている。日蓮はその最たるものである。「災難」は日蓮が使用した用語であるが、「災異」「災害」より、日蓮の思想にはよりふさわしい。とくにこの用語は「天災」よりも、政治的意味を持っており、政治批判の媒介ともなっている。

日蓮のいう「災難」は、自然界の災害、それに飢饉、さらに戦乱が加わった包括概念である。それらについては『吾妻鏡』その他で詳細に述べられている（拙著『日本貧困史』著作集2）。日蓮はまず「災難興起由来」「災難対治鈔」（『昭和定本日蓮遺文』、以下『遺文』）を草し、後者の冒頭に「国土起大地震、非常大風、大飢饉、大疫病、大兵乱等種種災難知二根源一可レ加二対治一勘文」とあることによっても、日蓮の意味する内容が知られる。

この災難が主著『立正安国論』を生む契機となったことは周知のところである。高木豊（『日蓮』）によれば、「安国論」は著作というより、続出する災害について考えた日蓮の「私的勘文」であるという。『立正安国論』は文応一年（一二六〇）前執権北条時頼に進呈されたが用いられなかった。日蓮は八年おいて「安国論御勘由来」を作成し、さらに進言している。

『安国論』（『遺文』）の冒頭に「骸骨路に充てり」とあるが、「災難」は生活不安ばかりでなく、社会不安をも巻き起こし、それはすでに個人の救済活動などで解決できるものではなく、政治的責任であった。これを『安国論』

にそっていえば、世を挙げて正法に背き、悪法に帰命し、そのため善神がこの国を捨て、悪魔が入り込んで「災難」が続出したというのである。そして『金光明経』『大集経』『仁王経』『薬師経』が引用されている。しかし日蓮は「この土を捨て何れの土を願うべきや」と声を大にしている。そこには宗教改革者とともに、社会の改革者としての日蓮の面目がある。ちなみに日蓮は、この「災難」の連続を契機に「内典五千、外典三千を引見」(「下山抄」『日蓮』日本思想大系14)といっている。

日蓮はこの後も「安国論御勘由来」「顕立正意抄」「聖人知三世事」「瑞相御書」(『遺文』)、「太田入道殿御返事」「中務左衛門尉御返事」「曽谷殿御返事」(『遺文』)、さらに日本思想大系本所収では「顕仏未来記」「法花取要抄」「四信五品抄」「下山抄」その他多くの箇所で「災難」について触れている。日蓮は頻発する「災難」の中で民衆と共に在ることにより、個人の福祉は、社会国家の安穏なくてはあり得ないことを知った。そして「仏国土」をいかに建設するかを考えた。律令的救済はすでにその力を失っていたのである。

日蓮には「守護国家」「立正安国」「正法治国」など、国家にふれた言葉が多い。それが近代で超国家主義者に利用されたことは周知のとおりである。「守護国家論」は「立正安国論」の先行著述であるが、それも打ち続く災難、とくに正嘉の大地震が契機となっている(小松邦彰「守護国家論の一考察」『日蓮聖人と日蓮宗』日本仏教史論集九)。「守護国家論」(前掲『日蓮』)は法然の『選択本願念仏集』に対抗したものといわれているが、本論にも「災難――守護国家」という観点が濃厚である。

日蓮は「正法」を「安国」達成のための手段とし、宗教的権威の下に位置づけた。いわゆる「釈尊御領観」である(佐藤弘夫「初期日蓮教団における国家と仏教」、前掲『日蓮聖人と日蓮宗』)。「波木井殿御書」(『遺文』)に、

我不愛身命の法門なれば、捨レ命此法華経を弘めて日本国の衆生を成仏せしめん。纔の小島の主君に恐れて是

をいはずんば、堕二地獄一閻魔の責をば如何せん。

という著名な言葉がある。「災難続発↓生活不安↓社会不安」に対して、民衆との共受苦、国王の責任追求、そして法華経弘布による釈尊御領観の成立↓仏国土の顕現ということであろう。むろん日蓮の終末期には「他国侵逼」「自界反逆」の二難が問題になる。しかし福祉思想としては、「災難」は単なる自然災害でなく、宇宙大の自然の問題で、その罪として、現実国家の政治批判となった。

## 『法華経』の福祉思想

「仏菩薩の衆生を教化する慈悲の極理は唯法華経にのみ、とどまれりとおぼしめせ」（「唱法華題目鈔」『遺文』）と、日蓮は「慈悲の極理」を『法華経』に見出した。そして歴史意識としては、『法華経』は末法のはじめに最下等の衆生を救済する最上の教えという「法華経末法相応説」を説いた（「如来滅後五五百歳始観心本尊抄」『遺文』）。

永遠の救済仏は、始成の釈迦仏と久遠実成の仏が、一体不二であるという仏陀観の上に説かれた（中村瑞隆「法華経の位置」『日蓮の法華経』）とされ、「永遠の救済仏」と位置づけられている。また社会学者久保田正文は、『法華経』の人間類型は菩薩であり、体は「慈悲」にあるとした（「什訳法華経の社会学的研究」『法華経の思想と文化』）。『法華経』には福祉思想が充ち溢れている。

この『法華経』（坂本幸男・谷本裕訳注）から、福祉が関係する箇所を抜粋してみると、「方便品」「譬喩品」「信解品」「薬草喩品」「化城喩品」「法師品」「提婆達多品」「勧持品」「安楽行品」「如来寿量品」「常不軽菩薩品」「嘱累品」「薬王菩薩本事品」「妙音菩薩品」「観世音菩薩普門品」「妙荘厳王本事品」等が目につく。とくに「譬喩品」の「われは、衆生の父なれば、応にその苦難を抜き、無量無辺の仏の知慧の楽を与え、それに遊戯せしむべし」などの語句が著名である。

『法華経』で重要なことは、本門における仏の久遠実成の開顕により「娑婆即寂光土」、つまり穢土が永遠の浄土に転換されるというわけである。「今此三界皆是我有」、続いて「其中衆生悉是我子」。そして「唯我一人能為救護」で、「成仏国土」の救済体系が完成するわけである。日蓮は自己を、この『法華経』に説かれた上行菩薩をはじめとする、地涌菩薩の流れを汲む者との自覚を持った（田村芳朗『鎌倉新仏教思想の研究』）。

日蓮の宗教の特徴に「共受苦」「代受苦」があるとみて、その結晶の触媒を『涅槃経』に求めたものに高木豊がある（「『涅槃経』と日蓮」『鎌倉仏教史研究』）。「諫暁八幡抄」（『日蓮』日本思想大系14）に「涅槃経云『一切衆生受二異苦一悉是如来一人苦等云々』。日蓮云『一切衆生同一苦患是日蓮一人苦』と申すべし」とある。この「共同苦」「代受苦」は日蓮福祉のキーポイントの一つである。

**日蓮福祉思想の特徴**

日蓮福祉思想の特徴を次の三点に絞って説明してみたい。その一は、仏教思想としての「成仏国土、成就衆生」と、現世肯定である。その前提には思想として天台本覚思想があるわけで、「生死不二」「仏凡一体」、とくに重要なのは「娑婆即浄土」である。そして仏国土建設の歴史的前提としては、時代は末法悪世、人間は劣機鈍根、思想は錯雑混乱、日本を悪国辺土と見て、その社会を変革しようとした点が重要である。「成仏国土」の思想は「平等の大慈悲」（たとえば「御講聞書」『遺文』）、具体的には「悪人成仏」「悪人往生」へと結果する（家永三郎『中世仏教思想史研究』）。

その二は、『法華経』の行者、具体的には本化地涌の菩薩という使命観である。「仏勅」を受け、末法日本に出生したとの自覚であろう。もともと使命観は、仏教思想とはなじみが薄いが、救済を実現する「使命のめざめ」(佐木秋夫「日蓮のポピュラリア」日本思想大系14、月報八)が、日本福祉思想を考える際のポイントの一つである。

その三には、福祉サービスには「摂受」とともに、「折伏」の愛の弁証(田村芳朗「日蓮における愛の弁証」前掲『愛』)が不可欠の前提となる。しかし仏教福祉には「摂受」が優先し、その「折伏」的訓練性は弱い。日蓮における「折伏」は、仏教にとっては珍しい例である。日蓮の膨大な書簡は、福祉における「摂受」と「折伏」を考える宝庫である。これらの書簡を文学史や宗教史だけに任せておくべきではない。生活史における慰藉と激励のケースとして読み取らねばならない。

## 忍性批判とその問題点

忍性は聖徳太子・行基と並ぶ日本慈善救済史の代表者である。しかし、日蓮は執拗と思われるほどに忍性批判、ないし批難を繰り返した。それに対する忍性側の反応史料はほとんど見当たらない。

膨大な忍性批判の文献中、最も重要であり、かつ筋が通っているのは「聖愚問答鈔上」(『遺文』)である。そこでは忍性の取る戒律を小乗の法とし、また忍性の「殺生禁断」への批判がある。また、「布絹財宝をたくわへ、利銭借請を業とす」という忍性の「教行相違」の批判がある。さらに「作道渡橋」に対する「関銭」を課すことへの、民の歎きからの批判がある。

『遺文』一巻に見える忍性批判は、前記のほかに「与建長寺道隆書」に見える「増上慢大悪人」、「与極楽寺良観書」に見える「日蓮讒争」、「行敏訴状御会通」に見える「訴_訟日蓮_」、「開目抄」に見える「偽善を注して」に見える「鳩鴿が糞土を食するが如し」などがある。

同二巻では「種種御振舞御書」に見える「祈雨」、「破良観等御書」に見える「円頓大戒を蔑如」、「下山御消息」に見える「祈雨」、「兵衛志殿御書」に見える「天魔法師」、「崇峻天皇御書」に見える「大科の者」、「兵衛志殿御返事」に見える「法華経のたねをたたんとはかる」、「教行証御書」の「訴状」、「千日尼御前御返事」の「日蓮をあだみ」、「妙法比丘尼御返事」に見える「上へ訴へ」などである。

同三巻では「法華本門宗要鈔下」に見える「祈雨」、「御義口伝」に見える「増上慢」、「断簡」に見える「良観上人身口雖レ似ニ仏弟子一心為ニ一闡提人一歟」、なお「顕謗法抄」（日本思想大系14）には、「不殺生訴戒批判」の一文もある。

仏教改革者としての日蓮は「律無間」を主張し、忍性やその師叡尊の西大寺派の戒律を、すでに最澄らの円頓戒によって否定されたものとし、自己を「無戒の法師」と位置づけて、南都戒律派と対立していた。したがって忍性批判は、「殺生禁断」による民の歎きも加え、殺生しなければ生活できない民衆や、また新興武士層を背景とする、いわゆる「悪人往生」観からの忍性批判であったと思われる。さらに忍性の慈善活動そのものへの批判は、事業拡大による資金の増大、そこからくる俗権力との結合、いわゆる「教行相違」、そして事業経営資金の必要からくる、民からの「関銭」徴収への民衆の歎きに対する共感によるものと思われる。

しかし『遺文』に現われた事実のすべてが、必ずしも確かではないともされている。たとえば忍性が日蓮を「讒奏」したという点や、忍性の「祈雨」の失敗をついた点である。この「祈雨」も古代宗教的テーマというより、失敗・成功という実効に焦点が当たっている。結論からいえば、忍性批判は、その慈善活動への批判というより、慈善の持つ戒律性批判、あるいは「讒奏」という政治的行動への批判が主であろう。

この忍性批判は著名な事件で、古くから多くの研究者によって論ぜられた。忍性側の資料の欠乏もあって、日蓮側の資料が主である。高木豊は『日蓮とその門弟—宗教社会史研究—』における「日蓮の宗教の社会的基盤」で、日蓮による叡尊・忍性の「殺生禁断」への批判は、武士・農民の現実の生活に根ざすものとしている。高木は『鎌倉仏教史研究』の「一部II」に「南都律宗の歴史的性格」を置いているが、忍性批判には直接ふれていない。戸頃重基は「折伏における否定の論理の本質」(『日蓮』解説、日本思想大系14)で、社会事業への言及は別として、「忍性の偽善に対して激しい怒り」「政治権力からの援助」を指摘している。しかしそれより「直情径行型の日蓮が、忍性と相容れなかったのは、思想信条よりもむしろ性格の相違」としたのが的を射ている。

田村芳朗は『日蓮—殉教の如来使—』で、かなりのスペースをこの問題に割いている。忍性側の資料欠乏をも考慮に入れた、冷静な叙述である。しかし「教行相違」「関銭の歎き」「殺生禁断」の論点は見逃していない。

最後に日蓮の伝記としては、最も古い姉崎正治の『法華経の行者日蓮』(現代仏教名著全集七)をあげておきたい。姉崎は大正デモクラシーの旗手の一人で、本書はその期に出された。社会事業に関心を持った姉崎は、デモクラシーの視点で忍性批判を見ているのが面白い。

## 六　一遍の福祉思想

**中世社会と一遍**

捨聖《すてひじり》一遍の、共同体から排除された鎌倉期の非人(乞食)、癩疾患者、そして障害者、総じていえば、中世封建社会の被選別・差別的貧困層と目された人びとに対する福祉を、慈善救済という視点ではなく、「福祉」という観点から問い直してみたい。一遍の「遊行型」、あるいは「捨聖型」もまた、日本が生みかつ人類的に普遍化できる福祉思想である。

最初に基礎史料の略称を示しておきたい。『一遍上人語録』は『語録』、『播州法語集』は『法語集』、ともに校注者大橋俊雄『法然・一遍』（日本思想大系10）から引用した。『播州問答集』は『問答集』、『一遍聖絵』は『聖絵』、『一遍上人縁起絵』は『縁起絵』、ともに時宗開宗七百年記念宗典編纂委員会編『定本時宗宗典』上下二巻から引用した。『宗典』からの引用は『宗典』と記した。

一遍（一二三九―八九）の幼児期は、承久の変によって流された後鳥羽法皇・順徳上皇の死があり、蒙古襲来は三十六歳、再襲来が四十三歳である。鎌倉仏教の末尾を飾る宗教者で、一遍二十四歳の時に親鸞、四十四歳の時に日蓮が没している。

一遍の信徒層については種々説があるが、貴賤老幼男女、山川草木に至るまで、「平等」を徹底しようとしているので、その探求はあまり意味がない。その支持者は農民を主に、一遍が武士出身であったことから武士、そして公家・非人に至るまで、あらゆる人びとを含んでいたと思われる。われわれの注目点は、その中の被差別視され、共同体から疎外された非人等である。

非人は身分を指し、乞食は状態を指している。もともと乞食《こつじき》は、古代では神道・仏教等の信仰に基づく行為であるが、中世になると近世のような身分的位置づけはないものの、一種の賤視を受けた生活手段の一つとなった。現在被差別部落も含めて、豊田武以下による研究が進んでいる（拙著『日本貧困史』著作集2）。また癩は天刑ないし宿業と見なされ、非人中に多数を占めていたことは、忍性その他の救済事蹟によってもわかる。障害者もまた共同体から疎外を受け、放浪を余儀なくされていた者もあった。

『聖絵』の中で乞食が画かれている場面は、四天王寺・信濃伴野・鎌倉相模片瀬・近江関寺・京都市屋・京都桂・

美作一宮・大和当麻寺・淀の上野・淡路天満宮・兵庫観音堂といわれる（長島尚道「一遍と時衆教団における慈善救済活動」『鴨台社会事業論集』）。これに対し高野修「時衆文芸と遊行僧」（橘俊道・圭室文雄編『庶民信仰の源流』）は一例多い十二カ所としている。

しかしこれらの事例を美談にしたり、逆に文芸等の世界等に閉じ込めたりしてはならない。昭和四十九年（一九七四）建立の「熊野神勅命号碑」には「悩める者を助け、病める者を救ひ、民衆に和と慈悲の心を説き、社会福祉、社会教化につとめ」（金井清光『一遍と時衆教団』）とあるが、「在世は無相にして造化なし」と、廟塔を建立することを否定した一遍は、慈善美談など否定するであろう。私のねらいは一遍と非人の間に、どのような福祉的平等関係が展開されたかを明らかにすることにある。

仏教的福祉の持つ平等性、つまり一遍と非人の間に展開される「即」について『法語集』は、「身心を放下して無我無人の法に帰しぬれば、自他彼此の法なし。田夫野人・尼入道・愚痴・無知までも平等に往生する法なれば、他力の行といふなり」とある。

次に、俗衆・結縁衆は当然であるが、遊行の同行者に非人をともなっていたかどうかである。今井雅晴は、美作一宮の例に「一遍が非人を連れていたかにみえる」（『時宗成立史の研究』）といっている。遊行は短期のものもあろうが、いわば遊行自体生死を賭けるほどの修行であるから、余程の信仰的覚悟がいる。しかし捨聖一遍にとって、共同体から捨てられ、市や宿に寄生し生きている、この人たちを見捨てていたとは考えられない。それは行基—空也の聖のあり方でもあるし、また武士出身者一遍の剛直な気性からくる現実でもあった。『聖絵』にも、一遍の遊行集団が乞食集団として扱われたこともしばしば見える。この点、栗田勇のいう、共に「業を負える者」「死の相の下での文化」（『一遍上人—旅の思索者—』）という表現も納得できる。武士出身の一遍が「捨る」ことに徹しながら、何処までも乞食以外に生きる手段を持たない群集に「即」したのである。

一遍福祉思想には行基—空也の系譜が継承されている。とくに市聖空也について、『語録』には「空也上人は吾先達なりとて、彼御詞を心にそめて口ずさび給ひき」と述べられている。

空也は一遍福祉の先達であるが、これに対し、非僧非俗で無名のまま終わった加古の教信は、むしろ「追慕」の対象であった。市井の労働生活の中で民衆と同一化を実践し、生涯を終わった教信について、『聖絵』には「いなみ野の辺にて臨終すべきよし思（ひ）つれども」とさえ見えている。そこでは信仰は「観念」としてでなく、遊行の体験の中で自覚しようとしているのがわかる。その行為は市井の個別の日常性を除いては不可能である。そこには慈善の持つ「傲慢」性への反省がある。

## 一遍浄土教の福祉思想

時宗念仏は浄土宗西山義の延長上にある（河野憲善「一遍教学における一念の意義について」『一遍上人と時宗』）。したがって「煩悩即菩提、生死即涅槃、事即理、凡聖不二、生仏一如」のように、二元分別思想を超越しているのはいうまでもない。しかし同時に一遍の宗教については、古くから真言密教の「即身成仏」、とくに重源との関係が論じられてきた（大橋俊雄『時宗の成立と展開』）。そしてその称名は禅定にも通ずるようにみえる（浅山円祥「一遍における名号と帰命について」『一遍上人と時宗』）。それは一遍にあっては、教学体系の樹立などよりも、信仰の実践に重点を置いた結果である。

しかしわれわれが、教学問題より福祉的視点で注目しておきたいことは、一遍の一が、一切を捨てた「孤独独一」を意味するということである。それは争乱・飢饉・災難に悩む人びとの実存に迫る実践の背景の思想となり、行基―空也を継受する重要点である。『播州問答集巻下』（『宗典』）に、「生而独也。死而独也。然則與レ人倶往尓復独也。無下可二副果一人上故。唯無心無我而行二念仏一是則云二死―底一也」とあるのを見ると、道元の「発菩提心」（『正法眼蔵』）の福祉的視点にも類似してくる。道元の「貧」の学道の強調は一遍の「捨聖」に相通ずる。しかしいうまでもなく一遍の信仰は「本願念仏による他力救済」（河野憲善『一遍教学と時宗史の研究』）である。「我等は下根の者なれば」（『法語集』）という反省、無常遷流の現実こそ、その他力救済の前提であろう。

一遍は文永十一年（一二七四）熊野本宮証誠殿において、神託を受けて成道したといわれる。『聖絵』に、

「阿弥陀仏の十劫正覚に一切衆生の往生は南無阿弥陀仏と決定するところなり、信不信をえらばず、浄不浄をきらはず、その札をくばるべし」としめし給ふ。

とある。ここで注目したいのは「浄不浄をきらはず」である。今井雅晴は、非人乞食を賤視する武士階層の出身者である一遍が、その差別観を解消するのが、熊野参籠のこの神託ではなかったかと、仮説を提起した（『時宗成立史の研究』）。俗に「蟻の熊野詣」といわれるように、庶民の男女はむろん、障害者、癩等の疾患者、乞食なども熊野大権現の神力にあやかろうと参詣が続いた。熊野は女人に対しても解放的であった。

武家社会形成の過渡期にともなう内乱、大地震、飢饉、流行病の中で、野に死屍累々と続くのは一遍の短歌によっても明らかである。またわずかに生き続ける非人の群集も各地にいる。律令国家もすでに救済の力なく、貴族仏教はこの現実に目を覆い、各地の共同体はこの人びとを排除していた。この中で一遍の「浄不浄をきらはず」は重い言葉である。また一遍は民衆が民俗信仰に頼り、賦算に招福除災の期待をしていたとしても、それを「迷信として片づけてしまうのは正しくない」（金井清光『一遍と時衆教団』）。むしろそこに、観念上の信仰の論理追求より、「浄不浄をきらはず」という信仰実践者の面目があると考えるべきである。そして賦算にも「護符」（大橋俊雄『一

遍』）の期待があったとしても、一遍自身はそれに拘泥しなかったであろう。

一遍は「南無阿弥陀仏決定往生六十万人」札を配り、念仏勧進の遊行に旅立った。その熊野の「神託」の確信を「頌（六十万人頌）」（『聖絵』）に「六字名号一遍法　十界依正一遍体　万行離念一遍証　人中上々妙好華」とうたっている。そこでは信仰心を持っていない衆生凡夫が正客であり、それに賦算するのが遊行である。

念仏の教えから漏れ、魂や肉体の救済を求めている人が、国中に充満していた。一遍のそれは都で頭の中で考えてできることではない。一遍の宗教の特徴は、教義性の深さという静的なものではなく、きわめて動的であった。それは一切を捨てることが前提であった。その遊行は西行や芭蕉のような文学や、あるいは「旅の思索者」から想像されるものとは異なり、生死を賭けた厳しい修行者のそれで、乞食と同一視されても当然のことであった。「身を観ずれば水の泡、消ぬる後は人もなし」ではじまる「別願和讃」（『語録』）も、一見厭世観や無常観がうたわれているようであるが、「和讃」全体に流れるものは、永遠なる信仰を求めて、しかも得られない人間実相の深刻な内省である。

遊行の所持品は引入・箸筒・阿弥衣・袈裟・帷・手巾・帯・紙衣・念珠・衣・足駄・頭巾の十二道具に定められている（『語録』）。食は乞食、宿所も市・宿・野宿である。遊行の絶唱は著名な、「百利口語」（『語録』）である。徹底した「捨」と「無教会」的方向と、その武士らしい剛直さは臨床の時に鮮やかに表われている（『語録』）。

法師のあとは跡なきを跡とす……法師が後とは、一切衆生の念仏する処これなり……わが門弟子におきては、葬礼の儀式をとゝのふべからず。野に捨て獣にほどこすべし

## 一遍福祉思想の特徴

一遍福祉思想の特徴として平等性、個別性、遊行＝捨の三点をあげたい。それは一遍浄土教を無理に福祉思想と結びつける必要がなく、あえてこじつければ、おそらく一遍が嫌う慈善救済に堕することになろう。まず平等性、あるいは「即」である。一遍の「弥陀の本誓」(「百利口語」『語録』)による平等性は、「小慈小悲」などの慈善ではない。「穢国の済度」(「別願和讃」『語録』)は、阿弥陀仏の「慈恩」への報謝であり、平等性は他力称名の行である。

この平等性は「口語」に見えるように、小善根などが否定、ないし止揚されて他力の行に包まれている。「時衆制誡」には「専起平等心、莫作差別思」「専発慈悲心、莫忘他人愁」(『語録』)と定められている。廓龍は『播州問答頌解鈔』(『宗典』)に、無縁の慈悲を「大慈」としている。一遍は「小恵」や「衆生縁」に対し、無縁の大慈悲に立っているのである。この場合も、慈善など第一義的なものではなく、むしろ「大慈」に包まれているとみるべきであろう。そしてこの平等性が、宗教的実践となるために、おそらく武士出身の一遍にとって、きびしい内面的相剋があったであろうことも見失ってはならない。

次に個別性である。遊行を通じて、鎌倉時代の社会的矛盾や、さまざまな天災が生み出す個別的な人間の実存に迫っていることである。しかしこの実存は「百利口語」(『語録』)の「妄境既にふりすてゝ、独ある身となり果ぬ曠劫多生の間には　父母にあらざる者はなし」という思想と重なっているのである。現世の父母への「小慈小悲」より、「百利口語」(『語録』)の「普く衆生に施す」ことにより、「小慈小悲」をも包む立場が表われるからであろう。したがってこの「普く」はまた「別願和讃」(『語録』)の「独ももるゝ過ぞなき」に相違ない。そこに無我・縁起の世界観が背景となっていることを知る。遊行の中で個々別々の民衆に接するわけであるが、その民衆こそ縁起や業《ごう》の世界に沈潜しているわけであり、この個々別々の民衆は、中世期社会の矛盾が生み出したものである。縁起平等の世界は宗教の世界であるが、ここでは個々の民衆の社会的困苦と鋭く対立しているのである。

最後に「遊行―捨」である。それは慈善にともなう「名聞利養」の否定である。伝統仏教の栂尾明恵も「心に全く名聞利養の望みなし」（『明恵上人集』）といっているが、一遍のように在俗生活の中での「名聞利養」の否定は、いっそう困難であったろう。しかしこの「捨」があったればこそ、非人大衆等に限りなく近づくことを可能にしたのである。

**遊行と福祉**

本節は一遍の福祉思想を主題にしているので、若干の事例をあげるに止める。まず、文永十一年（一二七四）四天王寺に参籠し、乞食、癩疾患者、障害者に触れている（金井清光『一遍と時衆教団』）。一遍が生涯に三回も四天王寺に参籠したことは興味が深い。四天王寺は熊野街道上に位置し、共同体から排除された人びとが集まる格好の場所である。また真偽は別として、聖徳太子四箇院は仏教福祉のシンボル的聖地として、鎌倉時代にもよく知られていた。一遍が衆生済度に出発する場所としてまことにふさわしい。

建治二年（一二七六）九州遊行がある。「一遍上人年譜略」（『宗典』）は修飾が加わっているが、長島尚道は前記論文で「温泉治療活動」を紹介している。温泉は病者・癩疾患者ばかりでなく、蒙古襲来等の合戦の戦傷者の治療にも効果があったと思われる。

弘安二年（一二七九）春都に上り、因幡堂に宿した。堂の薬師は病気平癒の祈念が盛んであった。はじめ一遍の風体を見て、寺僧が止宿を断わったので、一遍は乞食とともに寺の縁の下で宿した。

この年八月信濃善光寺に参詣し、佐久郡伴野の市場で別時を修したが、ここにも乞食や癩疾患者が見える。小田切の里では空也の先例に従い、踊り念仏をはじめた。それは政治や社会不安に悩む民衆にとって、宗教とともに娯楽であった（大橋俊雄『一遍』）。

弘安五年（一二八二）、一遍は鎌倉入りを阻まれたため、片瀬の地蔵堂に止宿した。少し離れたところに乞食小屋がある。鎌倉にも乞食や癩患者が多く、一遍も同様に扱われ、打擲されている。しかし、そこでの毅然たる態度が、一遍の人気を沸騰させた（今井雅晴「一遍智真の鎌倉入りの意義」『一遍上人と時宗』）。

弘安六年尾張甚目寺で行法が行われた。そこでは一遍を中心に、時衆・庶民・乞食・癩患者と思われる人びとが輪となって、食事をしている様子が描かれている。それが布教の絵解きに利用されたという（長島前掲論文）。この遊行中、一遍は民衆の「野捨」のさまを詠んでいる。近江関寺の門前にも非人・癩患者が見える。

弘安七年入京し、悲田院その他を巡礼し、空也の遺蹟を訪ね、桂に移った。四条河原・桂川原には非人等が多く、空也の市場道場にも乞食小屋が並び、そこでこの人びとに結縁した。亀岡隣りの篠村でも乞食が多く集まった。念仏礼を受けた人の中には、「畋猟漁捕を事とし為利殺を業とせる」（『聖絵』）者もいた。

弘安八年山陰遊行が続いた。伯耆大山中川神社に参詣したが、乞食小屋が並び禰宜は一行中に不浄の者がいるという理由で、楼門外の踊り小屋にとどめた（金井清光『一遍と時衆教団』）。

弘安九年、天王寺・当麻寺・石清水八幡・印南野教信寺等を遊行した。当麻寺は一遍の生涯中の重要な場所で（梅谷繁樹「中世の時衆と大和」『一遍上人と時衆』）、また石清水近くの淀の上野にも踊り小屋を設けたが、傍らには乞食小屋もあった。

正応二年（一二八九）、兵庫和田岬大和田の泊の観音堂は参詣者が多く、門前に乞食や癩疾患者が群がり、一遍はここで法説を続けつつ、八月往生した。

上述の事例は『聖絵』や『縁起絵』が中心となっており、絵の解釈によっては意見が相違するであろう。また一遍が土木開拓工事に従ったかどうかについても、肯定（長島前掲論文）、否定（栗田勇『一遍上人』）がある。

本稿は忍性的慈善の対極として、一遍の平等的な「遊行＝捨」的福祉思想をみてきた。政治権力や共同体から疎外された被差別的貧困層に、捨聖一遍の福祉思想がどこまで差別を克服したか、それはまた仏教福祉における平等の可能性を探ることでもあった。

# 第四章　中世伝統仏教の福祉思想

古代社会で形成された仏教には、旧仏教という称し方もあるが、福祉思想では、伝統仏教にもみずみずしい思想もある。私は新・旧と区別せずに、伝統的仏教として、その福祉思想をうかがってみたい。

## 一　勧進聖型福祉思想＝俊乗房重源

重源（一一二一―一二〇六）の時代は、源平合戦などの内乱、打ち続く災異など、社会不安下にあった。それは崇徳院十八年間に、改元が四回も行われていることでもわかる。この政治不安、飢饉、疾病等により、人身売買や農民流亡が続き、飢民が国中に雲集していた（小林剛編『俊乗房重源史料集成』）。

重源は若くして真言密教を修得、のち高野山に参籠、次いで華厳を学び、時には源空に従って往生を希求するなど、雑然たる教義を学習した。重源最大の事業が東大寺再建である。その慈善は高橋梵仙著『日本慈善救済史研究』等多くの著述が明らかにしている。

重源の勧進とは、本来人に善行を督励することから勧化ともいわれ、仏教修行の方法の一つであったが、それが転じて勧財勧募の意味ともなった。重源の慈善・作善の特徴は勧進にあった。五来重はこれを、同じく庶民を対象とするものの、法然のような学僧でもなく、行基に見ならって街に出た「教化僧」であり、物質的な勧募など、造寺的作善を行い、併せて慈善救済的作善を行う優婆塞、聖の性格を持つ、雑然たる信仰の持ち主と規定している(「高野山における俊乗房重源上人」『重源・叡尊・忍性』)。この方向の先達には行基・空海・空也があるが、その基礎史料にも『南無阿弥陀仏作善集』と命名されたように、勧進を通じての作善である。遊行僧一遍の場合は、精神不安に満ちた鎌倉時代の宗教人として、非人その他との出会いが特徴であるが、重源は東大寺再建という造寺的作業があり、その一翼としての大湯屋等の慈善である。小柴木輝之は重源の事業を社会福祉とみることに疑問を呈している(「俊乗房重源について」『仏教と福祉』)。

## 二　仏教福祉思想の純粋化＝明恵高弁

明恵(一一七三―一二三二)は宗教的天才で、その学問信仰は華厳・真言に基づいている。福祉思想の特徴は、名聞利養の否定と、「仏性」の平等性にあった。伝統仏教を代表する人物であるが、政治等から離れ、その福祉は純粋な信仰から出ている。明恵は鎌倉の新仏教の祖師と同じように、僧侶のあり方(明恵のいう「有るべき様」)の実践者であり、とくに「布施の授受」については、物欲と根本から離れることにあった。辻善之助は「名利に拘らず、権勢に慣れず」(「明恵上人」『明恵上人と高山寺』)といっている。「栂尾明恵上人遺訓」(久保田・山口校注『明恵上人集』)に、

心に全く名聞利養の望みなし……乞食・癩病なりとも、我を侮るなんぞ思はれん事は、心うき恥なり。人の信施は内に叶ふ徳ありて受くるは福なり。(中略)亡者の為に懇なる作善をなせども、或るひは名聞利養、有所得に心移りて、不信の施をすれば、功徳なくして、只労して功なし。

と名聞利養を否定し、乞食・癩患者に至るまで「侮るなんぞ思はれん事」は「心うき恥」と、そこでは救済対象との純粋な関係に基づいた、内的な深さが溢れている。一方建礼門院受戒の際には、「釈門持戒の比丘は神明をも拝せず国王・大臣をも敬せず」という、権勢を恐れぬ言葉を発している。

明恵の福祉思想を著しく特色づけるのは、生類すべてに貫通する平等性である。それは衆生と仏を同体とみるからである。「光言句義釈聴集記」（『明恵上人資料』第二）に、「事相ニ約スレバ仏ハ大慈アリ、衆生ハ所救トナル。即チ能所ヲ別スレハ事理ノ二ツ、是ヲ合スレハ終ニ一ツ也」とある。田中久夫が紹介した「随意別願文」（『鎌倉仏教雑考』）に見えるように、「自他彼比、身心二法、同在二縁起法性海中一、発二起大願一、証二得果報一、一切一切、々々即一」の世界であり、それは諸仏の慈悲平等にして、差別を持たない信仰から出ている。これを福祉思想に即して説明しているのが「栂尾明恵上人遺訓」である。菩薩の四摂法行を説きながら、わずかな福祉でも無上菩提まで貫き通すとされている。それは人間的愛の慈善が、衆生界における限界、すなわち権勢などとの妥協を超えてみごとに宗教的範疇である「慈悲」と連続している。

明恵は八歳の幼い日に母を失い、その憧憬思慕の熾烈な感情が、釈尊に対する帰依の念に昇華したといわれる。したがって、女人成仏や母性保護が、その行実に美しく表われている。善妙寺は尼寺で寺域は高山寺の別院であるが、承久の乱に官軍の責任者の一人として刑死した中御門宗行の夫人が出家して、夫の菩提を弔うために建立したものであり、ここに集まった尼の中には、承久の乱の戦争未亡人が多かったといわれる（田中久夫『明恵』）。また江口の遊女と、舎利を見た明恵を巡る説話もある（奥田勲「明恵説話についての基礎的諸問題」『明恵上人と高山寺』）。

しかし、明恵を著しく特色づけるのは、諸仏の慈悲が、生物すべてに貫通するという平等性であり、それが「不殺生」となって表われていることである。かなり信憑性があり有名な説話に、承久の乱に官軍の逃亡者が栂尾山中に逃れたが、明恵が「不殺生」「怨親平等」の立場からこれを保護し、六波羅で北条泰時に説諭した話がある（奥田勲『遍歴と夢』）。それは『栂尾明恵上人伝記』巻下にも登載されている。この『伝記』（喜海選、寛文五年〈一六六五〉）の原本は、明恵随一の高弟喜海による『高山寺明恵上人行状』であり、多少説話的要素が加わっているとしても、明恵の純粋で当代最高の福祉思想を述べて余りがある。

明恵の仏性平等に基づく不殺生戒が、鳥獣草木に及んでいたことは『伝記』巻上等に記されている。「明恵上人歌集」（『明恵上人集』）にも、「父母と思ひなぞらふしるしにや　山の鳥までなれむつぶらむ」とある。明恵最後の旅は、施無畏寺の本堂供養である。そこも四至のうちの殺生禁断の地である（景山春樹「高山寺の明恵上人、遺跡、附紀州に明恵上人の遺跡を尋ねる」『明恵上人と高山寺』）。

北条泰時の明恵に対する帰依は著名である。明恵が泰時に教えたのは「寡欲」である。それがその時代としては稀に見る泰時の救済政策の原動力の一つとなっている（上横手雅敬『北条泰時』）。明恵は泰時に、政治的救済を説いたわけではない。明恵の信仰が泰時を動かし、それが外面に発動して泰時の救済事業となったものであろう。そこに宗教的福祉が、政治的救済を動かす典型の一つがみられる。

### 三　西大寺派戒律の福祉思想＝叡尊

叡尊（一二〇一―九〇）は西大寺派の派祖で、密教を流布した。弟子忍性とともに日本社会事業史上の著名な人物として、すでに和島芳雄・吉田文夫らの業績をはじめ、多くの研究がある。叡尊の福祉思想理解には、七歳にして母を失い、貧困の中で成長したこと、戒律を三学の根本と悟り、自誓受戒したことが重要である（「金剛仏子叡尊感身学生記」『西大寺叡尊伝記集成』、以下『集成』）。

叡尊の戒律は奈良時代の律宗と異なり、利他行に赴く戒律である。元来戒律の実践は持戒・授戒が主で、社会性に乏しいが、叡尊は文殊信仰の導入により、社会的な活動をした。それは『梵網経』などの戒律に裏付けられながら、戒律の実践としての慈善行となった。日本の戒律的慈善は叡尊・忍性が代表している。

叡尊には仁治三年（一二四二）、四十二歳の時の「叡尊発願領文」（『西大寺勅謚興正菩薩行実年譜』、『集成』）がある。この前後が叡尊福祉慈善行の出発期である。そこには「布施・愛語・利行・同事」の四摂事の項目があり、それは「興正菩薩御教誡聴聞集」（『鎌倉旧仏教』日本思想大系15）でも説明されている。

叡尊は九十歳の長寿を全うしたが、晩年八十二歳の時（弘安五年〈一二八二〉）、「興法利生表白」で「専二上求下化之誓一。発二戒律於法界塵沙一。励二興法利生之心一。授二浄戒於貴賤男女一。」「各々勇二興法利生一。面々進二六度四摂一」（『集成』）と、晩年とも思われない福祉的信念を告白している。

これらを通してみると、約半世紀にわたる叡尊の福祉活動は、予想されがちな一時の思いつきや、あるいは幕府政治権力という、強力な外護者をもつ機会にも恵まれながら、資縁を固辞し、必要以上のものを求めなかった。それは三学選択の確信や、西大寺派の祖としてのミッションの裏付けがあってはじめてなし得るものであろう。まことに「勉二励自身一」というほかない。

叡尊は前掲「聴聞集」（『鎌倉旧仏教』）で、「一切衆生ハ皆同一仏性也。何ノ差別カアラン」といっている。しかし叡尊は紛れもなく、伝統的な真言仏教を奉じ、その「同一仏性」の理解も、新仏教の開祖とは相違している。したがってその福祉行も前掲「領文」に見えるように、「恵施教化令二発心一」と、むしろ慈善的な型をとっている。

しかしその慈善行は迫力に充ち、純粋性を保っていた。とくに非人等への接し方は現実感に溢れていた。西大寺律に発したとはいえ、それなりに社会性を持ち、長続きしたのである。

叡尊の戒律と慈善の関係で代表的なものは、殺生禁断である。『西大寺勅謚興正菩薩行実年譜』付録巻上（『集成』）に、その教学が示されている。むろんこの殺生禁断は、殺生を業とする庶民にとって「煩い」の一面をともなったものであろう。しかし、不殺生戒を生命とする仏教としては、譲れない命題であった。その歴史的判断を伝統仏教側に則していえば、それは純粋な宗教的戒律から行われたものか、あるいはその戒律が形式化したものなのかに問題がある。叡尊は弘安四年（一二八一）九月十八日の条「殺生禁断事」（前掲「聴聞集」）、すなわち山城国狭山郷森の社の説法でも、「一ノ生類ヲモ殺スレバ、数万ノ諸神達胸ヲヒヤシ給云々」といっている。

福祉思想よりみて、最も興味があるのは、その非人救済である。そこでは非人、乞食・貧窮・孤独・病苦者を文殊菩薩の化身とみる、文殊信仰が鮮やかに表われていることである。文殊菩薩と見立てることによって、人間の絶対的価値観を「仏性」としてそこにみたことである。社会の底辺に呻吟している人びとを、文殊菩薩の化身とみるのは、西大寺教団の文殊信仰の一形態となった。文殊を信仰するならば、慈悲心を持つことが肝要であり、苦悩相を現わしている衆生こそ、文殊の異体とみたのである。

叡尊が宝治元年（一二四七）四十七歳の時、弟子十一人とともに記した「発願文」（『西大寺勅謚興正菩薩行実年譜』巻中『集成』）に、その福祉思想がよく現われている。文中に「学二行文殊一、憐二愍一切、貧窮孤独、受苦衆生一」とある。

叡尊の福祉活動を代表し、よくその面目を表わしているものに、文永六年（一二六九）、自ら般若寺に住し、寺の西南の野を施場と定めたことがある。般若寺は奈良北郊、南は墓地、北は癩宿である。この頃衰退していたが、それを再興して福祉活動の拠点としようとしたのである（「般若寺文殊菩薩造立願文」、前掲『年譜』）。この「願文」は具体的かつ現実的である。そして慈善から予想される濫給的施与でなく、施与を行う側、受ける側も、菩薩戒を通じて「当三禅悦之味二」と宗教的である。

叡尊の福祉は、その施行方法もまことに具体的である。建治元年（一二七五）、すでに七十五歳であったが、非人に授戒し、さらに弟子禅海をして、非人に斎戒を授けた。この時叡尊は、あらかじめ非人の長吏らに四カ条の起請をさせ、長吏らに請文を呈出させている（「金剛仏子叡尊感身学生記」下、『集成』）。そこには葬家に強請しないこと、施主に過分の要求をしないことなどがあるが、とくに差別を受けがちな癩患者に、罵辱や悪口雑言を加えてはならないとしている。さらに弘安五年八月、八十二歳の時にも、和泉大島非人から三カ条の起請文を取っている（前掲「金剛仏子叡尊感身学生記」下）。

これについては二通りの解釈が可能である。和島芳男は、「昔は非人を文殊菩薩に見立てて供養した叡尊が、今は施与のために非人に厳戒を加えている」（『叡尊・忍性』）と批判的である。確かに叡尊は『関東往還記』（『集成』）に見えるように、東国下向をはじめ、西大寺流の公布という点も加わり、戒律と福祉の厳しい関係が薄められ、貴顕に支えられた慈善という側面もなしとはいえない。また叡尊は生涯福祉活動から離れなかったが、初期の慈善動機の純粋性が、その一生の中で薄められた場合もあったかもしれない。しかしその福祉方法が年とともに熟達したことも間違いないであろう。この「起請文」もその経験の上から判断することも必要である。非人その他は、体制や共同体から排除を受けた民衆である。新仏教の一遍らは、自らも体制や共同体から離れ、じかにこれらの民衆に接した。この点、伝統仏教である真言西大寺派戒律の叡尊の福祉は、体制から離脱できず、非人等への対し方もおのずと異なってくるであろう。

叡尊は福祉の先達として聖徳太子・行基を景仰追慕している。前掲「聴聞集」に、聖徳太子入滅の日に「涙ニムセバセ給ヘリ」とあり、乞食などが集団化していた四天王寺にも関心を持っていた（川岸宏教「叡尊と四天王寺」『重源・叡尊・忍性』）。叡尊ははじめは権勢に近づかず、同信の人の喜捨によって福祉活動をした。東国下降などから顕栄に近づきはじめ、戒律と福祉の関係は難しい問題になったのであろう。鎌倉幕府は、社会不安や天災地変、飢饉、疾病が打ち続く中だけに、叡尊の福祉に期待をかけたであろう。一方叡尊にも、西大寺律の公布や、東国における福祉実験の念がなかったとはいえない。そこに吉田文夫が東国下向についていうように、「時頼によって行われ、企画された一施策」（「西大寺叡尊の東国下降」『重源・叡尊・忍性』）という、鎌倉幕府に利用された叡尊福祉の側面は否定しきれず、そこに政治と宗教的福祉の関係が問われる。和島芳男がいうように「功徳のための作善であるが故に、施主に与えるものの法悦が無く、これを受ける側にも真実報謝の念うすく」（『叡尊・忍性』）という評価も生まれてくる。

しかし叡尊は八十三歳になっても、三輪非人堂において非人に菩薩戒を与えていたし、八十五歳になっても、殺生禁断への情熱を失わなかった（前掲「金剛仏子叡尊感身学生記」下）。鎌倉封建体制の中にありながら、戒律と福祉の生涯を献げた叡尊の道もまた、中世伝統仏教の行き方の一つである。

## 四　慈善救済思想＝良観房忍性

明恵には仏教教学や、その信仰から流れ出る福祉があり、叡尊は戒律に基づいた福祉活動を行った。叡尊の弟子忍性（一二一七―一三〇三）も戒律を守ったが、その一生はむしろ福祉活動家で、日本社会事業史上最も著名な人物である。その一代の事業は「性公大徳譜」（辻善之助編『慈善救済史料』）にあげられており、すでに多くの研究がある。その活動は一般救済、医療、土木事業、動物愛護等々、驚くほど多面にわたっている。忍性批判の日蓮さえ「慈悲は斉二如来一」（「聖愚問答抄」上、『昭和定本日蓮遺文』）といわざるを得なかった。

忍性は十六歳で母を失い、亡母への思慕が強かった。十七歳で受戒し、文殊を信仰した。出家は二十四歳であるが、出家前後に『梵網経』を聴いた。それは戒律兼修の西大寺教学とともに、その福祉活動を支えたものであった。忍性は持律堅固できこえたが、戒律に必ずしも拘泥することなく、慈悲行の中に仏教者の理想的な姿を見たのであろう。

忍性の特徴は師叡尊の「戒徳」に対して、「行業」にあるといわれ、忍性もまたそれを自覚していたと思われる。「忍性良観房出家以後、発興法利生之願、但鈍機始学不益他人」（前掲「金剛仏子叡尊感身学生記」下）。あるいは「良観房、学問ハ我身非二其器一故ニ無レ力、何トシテカ可レ度二衆生一トテ、関東ヘ下向之間」（前掲「聴聞集」）と見えている。

出家の門出に忍性は、立願の文殊像一幅を額安寺西辺の非人宿に安置供養している。師の叡尊の福祉活動が、すでに戒律的教学を身につけた中年からであるのに比し、忍性の場合は出家が同時に福祉への旅立ちであった。

忍性の福祉活動の出立を飾るできごとは、二十六歳の時の北山宿における癩患者救済と文殊供養である。そのひたむきな福祉への挺身を、『元亨釈書』（新修増補国史大系）がよく伝えている。忍性福祉の中で著しいのは、癩疾患者や非人救済である。非人は、中世都市としての奈良・京都における、体制内身分化した宿非人がよく知られているが、また中間辺境地域の農村にも、体制から疎外された非人や、流浪化した農民が存在した（細川涼一「叡尊・忍性の慈善救済」『仏教と福祉』）。その救済は、「極楽寺古図」（前掲『慈善救済史料』）などによってうかがうことができる。

忍性は出家前から行基を思慕していたが、のちに聖徳太子・光明皇后をも景仰した。共に日本社会事業史の先覚者である。とくに聖徳太子創設と伝えられる四箇院を再興しようとした（川岸宏教「忍性と四天王寺―御手印縁起信仰の展開―」『重源・叡尊・忍性』）。『元亨釈書』は忍性が行基・聖徳太子・光明子の福祉の行実を慕い、それに続こうとした様子を伝えている。

忍性の福祉思想として著名なのは「十種大願」（前掲『慈善救済史料』）で、文永九年（一二七二）五十六歳の時のものである。すでに極楽寺に住し、名声も高まっていた。『十種大願』中の福祉事項は六項（八項を除く）以下で、『梵網経』その他に見える八福田に類似している。政治権力にも近く、栄達の道を歩む忍性の戒律的な自己反省がうかがえる。この「十種大願」をかける前年の文永八年には、「律宗国賊論」を唱えていた日蓮との「祈雨勝負」があった。「大願」の「八」は、恐らく日蓮が念頭にあったのではないだろうか。忍性は自分を「怨害」「毀謗」する人にも、「善友の思」を持ったとある。日蓮の論争に対しても忍性はほとんど答えていない。

忍性の側に立てば、鎌倉の北条政治はいまだ封建的基礎が固まっていなかったし、その救済も私的荘園の範囲を出なかった。しかし天下には窮民の群集が溢れている。その救済には膨大な費用がいる。忍性はこの状況を見過さなかった。また資金調達にも秀でていた。忍性は文殊信仰の下に、生活も質素であったことは事実であろう。しかしその主観的意図とは別に、忍性は「人心収攬」術にもたけ、「上に対しては持戒を頼みにし、祈禱を行い、下に対しては社会事業によって慈悲を垂れ」、そして幕府にとって「忍性は利用すべき格好の存在」（吉田文夫「忍性の思想とその教学」『日本仏教』一八五九・七、あるいは「忍性の社会事業について」『重源・叡尊・忍性』）という評価がある。また和島芳男も、忍性の慈善施設の経営は、師叡尊より実際的で、資金調達のため権勢に近づくことも積極的であり、その名声も興法利生の実践のために有効と思ったらしい（「忍性菩薩伝—中世における戒律復興の史的研究—」『重源・叡尊・忍性』）といっている。ある時期以降、忍性の極楽寺は幕府の官寺的様相を呈し、幕府の救済行政と忍性の慈善事業は重なる側面があったのであろう。

日蓮は前掲「聖愚問答鈔」上で、忍性を「教行既に相違せり、誰か是を信受せん」と批判している。革新的宗教家日蓮にはそう見えたのであろう。また忍性の「土木工事」や「殺生禁断」も、「人の歎き」を買う一面があったであろう。そして、西大寺派二代の福祉活動も後世に永続できなかった。叡尊は為政者の資縁を嫌ったが、忍性は幕府の庇護を受け、本来為政者のなすべきことも代替した。

しかし忍性に即していえば、鎌倉期のような古代体制から封建体制への過渡期にあっては、律令制度も救済に機能せず、封建的村落共同体の救済秩序もまだ確立していない。変革期の内乱や打ち続く飢饉、疾病の流行の中で飢民・浮浪者が天下に溢れているような時期には、政治的責任の代替とみられようとも、宗教者が慈善救済に当たる例はしばしばある。

# 第五章　室町時代の仏教福祉思想

この時代は前後に南北朝の内乱と戦国時代を含むおよそ二百三十年間をいう。この間、足利尊氏によって開かれた室町幕府とそれを支える有力守護からなる初期の政権基盤の弱体化が進み、守護（大名）領国制の成立、さらに在地における国人領主層の台頭、一揆の多発、そして応仁・文明の乱以降の戦国大名の登場へと時代は激しく変貌を遂げてゆく、まさに「下剋上」の時代である。村を構成する農民によって自治的に運営される「惣村」の成立も、在地における支配関係の固定化に歯止めをかける結果となった。

このような中央政権の衰退が進む一方で、地方における新旧勢力の台頭は、ことに十五世紀半ば以降、仏教の地方伝播を促し、各宗ともに目ざましい教線の拡張と教団組織の強化を果たすこととなった。当代の仏教者による慈善救済に関しては、これまで辻善之助編『慈善救済史料』掲出の事蹟がよく知られており、量的にはけっして多くはないが、いずれも伝統的な非人・囚人・乞食等への各種施行や橋梁修築等が行われている。今後、仏教社会事業史研究の新しい切り口と、地域社会事業史研究の進展にともなって、仏教者による地方レベルでの慈善救済活動がさらに明らかにされることを期待したい。

さて本章では、以下の四人の人物に焦点を当て、その福祉思想につき考察してみようと思う。はじめに取りあげる夢窓疎石は、室町前期を代表する禅僧である。彼は直接慈善に手を下しているわけではないが、時の為政者を動かすその慈悲思想は、仏教と福祉の結合を考える場合示唆に富む。次に取りあげる三人はほぼ同時代（室町後期）

を生きた人物である。蓮如は現在の東西本願寺教団の基礎を築いた稀代のオーガナイザーでもあるが、また親鸞の同朋精神を戦国乱世にみごとに開花させたことは、福祉思想の面からも注目に値する。円戒国師真盛は、現在の天台真盛宗の開祖と仰がれる人物で、その生涯は遺誡にも見られる「無欲清浄」そのものである。授戒の証として布施の代わりに「断物《たちもの》」を勧める独特な布教・教化は、受者(為政者から庶民に至るまで)に、戒律に基づく慈善の実践を迫るものであった。願阿弥は辻前掲書にも登場する勧進聖で、「寛正の大飢饉」時の施行は、短期間ながら他の追随をゆるさないプロの手際よさが光る。限られた史料からではあるが、その勧進型慈善の性格を探ってみたい。

## 一　夢窓の「仏法為本」の福祉思想

夢窓疎石(一二七五—一三五一)は、その生涯の大半を南北朝の内乱の渦中に身を置き、ひとりの禅者として、また教団(臨済宗・五山派)のリーダーとして、さらに為政者への影響力においてきわめて多面的な顔をもつ、類まれな傑僧である。そうしたこともあってか、従来からその禅の性格や後醍醐天皇、足利尊氏および直義兄弟との関係など、その真相と評価をめぐっては議論のあるところである。もとよりそのような議論に立ち入るつもりはないが、夢窓の行動と思想を考える上で、次の二つの点には留意しておきたい。第一は、玉村竹二も指摘するように、夢窓には二つの相矛盾する性向がうかがわれる。一つは消極的にして、隠逸を好み、山水自然の美に沈潜して、宗教の本源を見つめようとする性向、いま一つは大衆を統御して、京洛の大刹の住持となり、教団の維持のためには、王侯将相の外護をたのみ、それら官僚との交渉をも辞さないという積極的な性向である。玉村は、この二つの性向の矛盾解決の論拠を、夢窓がことのほか敬慕した人物（大慧宗杲・南陽慧忠・西山亮座主、いずれも中国の僧）の行状と思想から探り、これを明らかにしている（『夢窓国師』平楽寺書店、一九五八年）。第二は為政者に対する態度をめぐっての評価である。この点に関しても「庶民一人々々の幸不幸には関心がうすくとも、禅僧としての自覚よりして、為政者をして仏教の理想を、政治上に実現させる指導者であるという自信は強かったとみえ、それが世諦尊重の念と結びついて、政治上の助言を行い、戦乱の根元をとどめようという大慈悲心はあったとみえ、或は南北両朝の和睦を斡旋し、或は尊氏・直義兄弟の不和を調停しようと努力している。こういう意味に於ては、国師は武士に偉大な感化を与えた宗教家といえるかもしれない」（同書、三三五頁）とする玉村の分析は傾聴に値する。

夢窓が為政者を動かして成し遂げた事業が安国寺・利生塔の設置である。彼は足利尊氏・直義兄弟に勧めて、元弘の乱以来の敵味方の戦没者の霊を弔うために各国に一寺一塔を建てさせた。もちろんこの安国寺・利生塔の設置は、室町幕府の勢力安定という政治的・軍事的なねらいをもつとともに、五山派の地方発展の強力な足掛かりともなったのであって、政治的にも宗教的にもきわめて重要な意義をもつものであったが（今枝愛真『中世禅宗史の研究』東京大学出版会、一九七〇年）、その背後に夢窓の仏法に基づく理想と大慈悲心（怨親平等の精神）がはたらいていたことを忘れてはなるまい。尊氏に勧めて後醍醐天皇の冥福を祈るために天龍寺を創建させたことにも通底している。

次に、康永三年（一三四四）七月、夢窓七十歳の時の刊行といわれる『夢中問答集』（全三巻・九十三問答）を通して、夢窓の福祉思想をうかがってみたい（小論で使用したテキストは川瀬一馬校注・現代語訳『夢中問答集』講談社学術文庫、二〇〇〇年）。本書は夢窓が足利直義の質問に答えた問答を編集したもので、仏教の救いと禅の本旨が開示されている。

## 世間の価値と仏法の価値

慈善とか福祉の問題は、歴史的・社会的に規定された人間の社会生活上における不利や困難など、現実の具体的なニードに解決を与える営みである。つまりそれが相対的な世俗世界（世間）のことがらであるのに対して、仏法の場合は、時空を超えた普遍的・絶対的な原理―救いとか悟り―と人間の内面世界に属することがらである。実は「仏教福祉」という領域では、つねにこの両者の関係が問われている。その意味で『夢中問答集』上巻は「主として現世的価値から仏教的価値への転換を説く」（西尾陽太郎「夢窓疎石」、家永三郎編『日本仏教思想の展開―人とその思想―』二四三頁、平楽寺書店、一九五六年）問答にちりばめられ、考えさせられるところが多い。

とくに第二問答では、夢窓は直義の問に答えて、たとえ仏法を修行して悟りを開き、衆生を済度しようと大願を起こした人でさえも、仏法において愛着の情が生ずれば「自利利他」共に成就しない。いわんや世間名利のための欲情で仏神を信仰し、経・陀羅尼を読誦するようなことで、どうして神仏のおぼしめしにかなうであろうか、と説いたのに続けて次のようにいっている。

もし身命を助けて仏法を修行し、衆生を誘引する方便のためならば、世間の種々の事業をなすとも、皆善根となるべし。もし又その中において仏法を悟りぬれば、前になす所の世間の事業、ただ衆生利益の縁となり、仏法修行の資となるのみにあらず。即ちこれ不思議解脱の妙用となるべし。法華経に治生産業も皆実相にそむかずと説けるは、この意なり（二九―三〇頁）。

ここで夢窓は、相対的な「世間の事業」すなわち世法のための仏法修行を否定し、仏法修行のための世法であれば、世法転じて仏法となるという。それは慈善や福祉などの「世間の事業」が実践主体において仏法と内在的に深くかかわることにより、新たな価値を付与されるということでもあろう。

## 仏菩薩の誓願の本意

仏菩薩の誓願は、一切衆生救済のために起こされたものだ。だから衆生の方から祈り求めなくとも、苦を抜いて安楽を与えてくれるはずである。しかるに、現実には心を尽くして祈っても願いがかなうことが稀であるのはどうしてか。仏教の救いの本質をついた直義の問である（第六問答）。これに対して夢窓は、「予三十年の前にこの疑ひの起こることありき」（三六頁）と、自分もまた若い頃に同じような疑問を抱いたことがあったエピソードを紹介しているが、思うところあって「つねざまに情と言へることは、皆妄執をとどむる因縁なり。されば人の情もなく、世の意にかなはぬことは、出離生死の助けとなるべし」（三八頁）と考えるようになったという。そして、

仏菩薩の誓願さまざまなりといへども、その本意を尋ぬれば、ただ無始輪廻の迷惘《めいく》を出でて、本有清浄の覚岸に到らしめむためなり。しかるに、凡夫の願ふことは、皆これ輪廻の基なり。かやうの願ひを満つるを、聖賢の慈悲といはむや。しかれども、先ず衆生の性欲に随って、やうやく誘引せむために、かりに所願をかなふることあり。もし人、世間の所願の満足せるに誇りて、いよいよ執着を生じて、放逸無慚愧の心を発すべき者には、その所願をかなふることあるべからず。これ則ち聖賢の利益なり。されば末代の凡夫の祈ることのしるしなきこそ、しるしなりけれ。たとへば医師の病者を療治する時、或は苦き薬を飲ましめ、或は熱き灸をやけといふ。病者愚痴にして、その意を知らず。……この医師は、慈悲なき人なりと言はむがことし。（中略）邪見放逸の人の仏法をば行ぜず、ただ世間の名利を求め、災難をいとふ者のために、この誓ひを発し給へるにはあらず、つらつらこれを思へば、末代の人の祈ることのしるしなきは、ことわりなり（三九―四〇頁）。

と答えている。ここで夢窓は、「世間の名利」＝世俗的な願望を満足させることは、しばしば「妄執の因縁」となって輪廻の世界に堕し、衆生を仏の救いから遠ざけてしまう結果となる。仏菩薩の誓願は、仮に方便として「世間

の名利」に応えることがあったとしても、本来、衆生を迷いの世界から目覚めさせるために起こされたものであるとし、救済の本質を世俗的な価値の否定→求法→仏道成就と捉えていたもののようである。

### 自利利他と三種の慈悲

大乗仏教は「上求菩提・下化衆生」すなわち自己の完成と他者（衆生）の救済とを切り離して考えない。「自利利他」も同じである。では、自利が先で、利他が後か、あるいは利他が先で、自利が後なのか、いったいどちらを先とすべきかという問題が生じる。『夢中問答集』上巻第十二問答がこの問題に解答を与えてくれる。まず直義が「自身もし出離せずば、他人を度することもあるべからず。しかるを、自身をばさしをきて、先ず衆生のために善根を修すること、その理なきにあらずや」と問うのに対して、夢窓は次のように答える。

> 衆生の生死に沈めることは、我が身を執着して、この身のために名利を求めて、種々の罪業を作る故なり。しかればただ我が身をば忘れて、衆生を益する心を発せば、大悲内に薫じて仏心を冥合する故に、自身のためとて、善根を修せざれども、無辺の善根、おのずから円備し、自身のために仏道を求めざれども、仏道速やかに成就す。自身のためばかりに出離を求むる人は、小乗心なるが故に、たとひ無量の善根を修すれども、自身の成仏なほかなはず。いはんや他人を度することあらむや（六四頁）。

この夢窓の答えをとらえて、中村元は、「個人は社会的存在であるが故に、自他が救われるということは、他人が救われるということを除いてはありえない。これは自他不二の倫理からの必然的帰結である。自己と他人とは別のものではない。自己がすくわれるということは、他人をすくうというはたらきのうちにのみ存する。他人のために奉仕するということを離れて自己のすくいはありえない」（傍点中村、『慈悲』平楽寺書店、一九五六年、二四九頁）と、みごとなコメントを加えている。さらに続けて夢窓は、利他を先とする人を「悲増の菩薩」、自利を先とする人を「智増の菩薩」といい、「智増・悲増異なりといへども、衆生済度の心は変はることなし」と説いているが、中村の指摘にもあるように、夢窓自身は「悲増」の立場に立っていたと思われる。

上巻第十三問答もまた、自他の救済の先後が菩薩の願とかかわって問題となっている。夢窓は慈悲に三種あることにふれ、第一の衆生縁の慈悲を「小乗の菩薩の慈悲」に、第二の法縁の慈悲を「大乗の菩薩の慈悲」に、第三の無縁の慈悲を「本有性徳の慈悲」すなわち仏の本質としての「真実の慈悲」にそれぞれ当て、前二者には相対的な価値しか与えていない。無縁の慈悲は、救いをことさら意識しなくとも自然に衆生を済度してしまうはたらきがあり、夢窓が目指していたのもまたこの境地ではなかったろうか。そして、このような慈悲の捉え方からも、夢窓の「仏法為本」の福祉思想をうかがうことができよう。

## 二　蓮如の「同朋的平等」の福祉思想

蓮如（一四一五―九九）が歴史の表舞台に登場してくるのは、長禄元年（一四五七）父の本願寺第七代法主存如が世を去って、図らずも八代法主の座についた四十三歳の時からである。その思想形成は、赤貧洗うような本願寺の片隅における部屋住みの生活の中で進められていたとされる（笠原一男「蓮如―その行動と思想―」『蓮如・一向一揆』日本思想大系17、一九七二年）。同時に、すでにこの間、蓮如は時代に生きる民衆の宗教的・社会的ニーズと、ゆらぐ封建社会の現実に思いをめぐらせ、新しい教学の構想を模索していたにちがいない。

社会福祉にあっては、生活および生活者の視点を欠くことができない。なぜなら福祉の対象（＝利用者）は同時に福祉サービスを利用して自立を目指す生活主体でもあるからである。この点で、蓮如の民衆の生活および生活者を捉える視点は参考になろう。

### 民衆の生活へのまなざし

部屋住み時代の蓮如の衣食にも事欠く貧困生活はよく知られている。衣服といえば布子か紙子といった粗末なもので、結婚後は子ども一人を手元に置いて、あとはすべて里子に出し、一人分の汁を水で薄めて親子三人ですすったこともあった。また子どもの襁褓《むつき》（おむつ）を蓮如が洗ったという。こうした貧のドン底の生活体験は、民衆を正機とする蓮如の教化姿勢にも反映されている。たとえば『本福寺跡書』によると、民衆に接する心構えとして、「御門徒のところへいく時、そのときどきにできるもの、たとえば麦飯・粟飯・そばがきなどが食いたいといえ、庶民にけむたがられ、自分の身を重々しくして、人の集まる場所へいこうとするような気持ちでは、誰も近づいてこないであろう」（笠原『蓮如』講談社学術文庫、五三頁）と蓮如が語ったと伝えられるが、そこには民衆の生活の実状に即した対応が求められている。また『実悟旧記』には、「家をつくる場合、頭だけ濡れなければ良いと思って、どうにかしてつくるがよい。蓮如上人は、万事分に過ぎたことをお嫌いになった。衣裳などにいたるまで、立派なものを着ようと思うことは、あきれたことだ、仏の冥加と思い、ただ仏法に心をかけよ、と蓮如上人は仰せになった」（同書、六六頁）と質素な生活を勧めている。

蓮如の生活への視点は、衣食の二つが人間の生存にとって欠くことのできない要件だと説く、次の「御文」に極まる感がする。

若イマノ時ニヲヒテ、後生ヲカナシミ極楽ヲネガハスバ、イタズラゴトナリ。ソレニツイテ、衣食支身命トテ、クウコト、キルコト、ノ二ツカケヌレバ、身命ヤスカラズシテ、カナシキコトカギリナシ。マヅキルコトヨリモクウコト一日片時《へんし》モカケヌレバ、ハヤスデニ命ツキナンズルヤウニオモヘリ。コレハ人間ニヲヒテノ一大事ナリ。ヨク〳〵ハカリオモフベキコトナリ（前掲『蓮如・一向一揆』四三頁）。

この一文について池田敬正は、「蓮如が親鸞の大慈悲の理念を継承しながら『衣食支身命』すなわち現世の問題にこだわるということは、事実上来世の問題とされてきた大慈悲を現世の問題たらしめた」（『現代社会福祉の基礎構造―福祉実践の歴史理論―』法律文化社、一九九九年）と評価した。

このような生活の安定に関する蓮如の認識はまた民衆の職業生活へのまなざしとなって、文明三年（一四七一）十二月十八日御文には、「タヾアキナヒヲモシ奉公ヲモセヨ、猟スナドリヲモセヨ、カヽルアサマシキ罪業ニノミ朝夕マドヒヌルワレラゴトキノイタヅラモノ」（同書、一七頁）と言及され、さらに「侍能工商之事」と題する年月不明の御文（同書、一〇九頁）では、「奉公宮仕」の者、「耕作ニ身ヲマカセ」る者、「芸能ヲタシナ」む者、「商ニ心ヲカケ」る者たちが登場する。つまり殺生や商行為など、賤視され否定的に捉えられていた生業を含め、あらゆる職業に従事する人びとが、その職業についたまま弥陀の本願を信じることによって救われるということを説いたのであった（源了圓『浄土仏教の思想・十二・蓮如』、講談社、一九九三年参照）。「アナガチニ出家発心ノカタチヲ本トセズ、捨家棄欲ノスガタヲ標セズ、タヾ一念帰命ノ他力ノ信心ヲ決定セシムルトキハ、サラニ男女老少ヲエラバザルモノナリ」（御文、前掲『蓮如・一向一揆』一六頁）と、蓮如が親鸞の教えを説くのも同じで、民衆は本願の信を媒介にしてその生活が全肯定され、主体的に生きる途（「平生業成」）が開かれたわけである。実に蓮如は、生活苦に呻吟する民衆の心を捉えて離すことがなかった。

同朋思想と講

蓮如は、かつて親鸞がそうであったように、弟子一人ももたずという立場に立って、すべての門徒は阿弥陀仏の前にあっては、自分を含めて平等的人間関係にあるものと考え、これを門徒に教えた（笠原前掲『蓮如・一向一揆』解説、五九六頁）。それが親鸞以来久しく埋もれていた「御同朋・御同行」の精神である。蓮如の同朋精神がどのようなかたちをとって実行に移されていたものか、笠原の所説を参考にして整理してみる。

㈠坊主による門徒の私有化、その背後に横たわる坊主＝救済者の論理に対して、生涯を通じて戦った。

㈡「平座」の実行。蓮如以前の本願寺の御亭の法主の座が上座に設けられていたのを、上段を下げて下段と同列にしたこと。その理由は民衆布教のためには、「上臈ぶるまひにては成べからず」（本願寺作法之次第）、つまり貴人ぶってはならぬと戒めているのである。また「オレハ身ヲ捨タリ。ユヘハ先住モ、形儀ヲモ声名ヲモカタク御教へ候シカドモ、田舎ノ衆ニテモ常住ノ衆ニテモ対メサレテ平座ニテ、一首ノ和讃ノ心ヲモマタ御雑談ナンド仰ラレタルコトハナシ。シカルニオレハ、寒夜ニモ蚊ノ多キ夏モ平座ニテ、誰々ノ人ニモ対シテ雑談ヲモスルハ、仏法ノ不審ヲ問ヘカシ。信ヲヨクトレカシト思召シテ、御辛労ヲ顧ミズ、御堪忍アル事也」（空善聞書、前掲『蓮如・一向一揆』一七二―一七三頁）と、門徒と対等に気軽に雑談を交わす態度をとっている。こうした蓮如と門徒との関係にみられる「門徒主体（本位）」の配慮や気遣いは記録の随所にうかがわれ、蓮如の一貫したスタンスであった。

㈢「四海の信心の人はみな兄弟」の精神。たとえば「空善聞書」には「身ヲステヽ、ヲノ〳〵ト同座スルヲバ、聖人ノ仰《オホ》セニモ、『四海ノ信心ノ人ハミナ兄弟』ト仰ラレタレバ、我モソノ御コトバノゴトクナリ」（同書、一二〇頁）とあり、念仏によって救われた門徒を兄弟の関係に見立てているのである。

以上のような蓮如の同朋精神（とその実践）は、「俗界の不平等な封建的結合関係を乗り越え、人間性を認めあった上で形式的平等の原理に基づく人間関係をつくり出したもので、国民意識、民族意識の前提をなした」（井上鋭夫「一向一揆―真宗と民衆―」、前掲『蓮如・一向一揆』六二四頁）と評されるように、戦国乱世に生きる民衆を、本願念仏の信心一つで、既成の社会的身分や職業的差別の枠組みを否定し、平等にして対等の人間関係の世界に組み込むものであったから、民衆（門徒）に与えた自信と勇気は、はかり知れないものがあったと考えられる。その点、「同朋精神は念仏者の世界、信仰の組織内での平等的人間関係であったにもかかわらず、門徒たちは、他の宗教や他の価値基準に生きる世界にまで一足飛びに、同朋的人間関係が適用さるべきものと考え、それを行動に移したのである。そこに門徒の反体制、反政治権力的行動が生まれたのである。一向一揆を頂点とする門徒の反体制的行動は、思想的には同朋精神の無限定的実践、いうなれば同朋精神の勇み足とも考えられる」とする笠原の指摘（前掲『蓮如・一向一揆』六二四頁）には注意を要しよう。

蓮如の同朋思想はまた、当時の村である惣村の信仰組織（同時に生活組織を兼ね備えるものとなった）としての「講」と「寄合」の運営に反映され、門徒の信仰の増進とその絆を強めるのに役立ち、成員相互の連帯共同の生活を導くものとなった。しかもこの講集団は、源了圓が指摘するように、日本的コンフォーミズム（同調主義）に陥らせない契機として、成員の相互性を超えた超越者との関係があることを見落とすべきではない（源前掲書、三六三頁）。なお、中垣昌美は蓮如の講組織を人間的共感と連帯の「念仏者コミュニティー」を目指すものと捉え、その特徴を現代社会福祉との接点で論じている（『仏教社会福祉論考』法藏館、一九九八年）。

以上、蓮如の福祉思想の意義を求めれば、親鸞教学の正統を受け継ぐ者として、戦国乱世に生きる民衆に、同朋思想に基づく平等の人間観を提起し、差別の克服と信による自立、そして信仰共同体（同時に生活共同体と重なる面が少なくない）における連帯の思想を確立させたことではなかろうか。

## 三　真盛の「無欲清浄型」福祉思想

真盛（一四四三―九五）は伊勢の人で、比叡山に修学し、やがて黒谷の別所に隠棲後、伝教大師最澄の廟所浄土院に参籠して弥陀の示現をこうむる。これを機に『往生要集』の義に徹し、円頓戒（略して円戒）と念仏の二門に信を置く聖として衆生済度の教化活動を展開した。真盛は説法にすぐれ、宮中談義をはじめその教化に浴した者は皇室・将軍から庶民に至るまで幅広く、多くの人びとの帰依を集めた。

ここでは史料として信憑性が高いといわれる『真盛上人往生伝記』三巻（『続天台宗全書・史伝2・日本天台僧伝類Ⅰ』）を軸に、色井秀譲『真盛上人―末世の聖・その史実と伝説と信仰―』（仏教書林中山書房、一九八二年）および同氏編『天台真盛宗宗学汎論』（天台真盛宗宗学研究所、一九六一年）などに依拠しながら、真盛の布教・教化の方法とその思想にみられる福祉的側面に照明を当ててみたい。具体的には彼の教化活動を通してうかがってみよう。

### 対象に即した教誡

真盛の教化方法は念仏（別時念仏など）・説法（『往生要集』の講釈など）・円頓戒が軸となって行われており、その教化内容は為政者、一般在家、出家など、対象の違いに即して使い分けられていた。たとえば『真盛上人往生伝記』（以下『伝記』と略す）下には、「就二講談之趣一《ニ》。対二《シテハ》俗士一《ニ》者。糺二《シ》礼義之道一《ヲ》。教二慈悲正直《ノ》旨一《ヲ》。向二出家一《ニ》者。就二進退之義一《ニ》。示二《ス》律儀清浄《ノ》法一《ヲ》。故《ニ》嫌二《イ》在家《ノ》不義一《ヲ》。堅《ク》出家《ノ》不律《ヲ》誡《ム》」（同書五〇一頁）とあり、伝記の随所に為政者に対する「正直憲法」「慈悲憲法」などの教誡が見られるのである。なお、こうした相手の立場に即した誡めは、後述する「断物《たちもの》」の内容からもうかがわれる。

真盛は為政者など、いかなる権力に対しても屈することなく信仰の論理・宗教の立場を貫いた化導を行っている。ことに注目されるのは、明応二年（一四九三）九月十二日付の伊勢の守護職北畠材親宛の書状（伝記に収載）、および同年十一月三日付の六角高頼の家臣河毛盛空宛の書状（同上）に見られる真盛の教誡である。前者は材親の神宮進攻に対し、面会のうえ撤兵を要請してこれが受け入れられたにもかかわらず約束が破られたので、再度の撤兵を書状を以て要請したものである。文中「然《ニ》本所而三郡《ノ》内《ニ》数箇処《ノ》居レ関。悩二旅人一候間。百人《ノ》中《ニ》十人。十人《ノ》内《ニ》一人盍《ナラテ》ハ無二参詣一。則御罰《ヲ》無二御当一条。不思議《ノ》中《ノ》不思議《ヨト》諸人申事条」（五〇六頁）と見え、神三郡のうちに数ヵ所の関を設けて参詣の旅人を悩ましている非を指摘し、さらに繰り返し関の廃止と早期の撤兵を促している。その際「御神被レ成レ怒候者。御身上其時御後悔不レ可レ有二所詮一候。設又今生《ニ》神慮無二相違一候共。来世《ニハ》必無間等活《ノ》底《ニ》可レ有二御落一事」（五〇八頁）などと、かなり厳しい言葉を吐いているのも、いかにも真盛らしい。また後者の書状でも河毛盛空の悪行に対して反省を求め、「末代末世《ノ》時代《ニ》代《ノ》下《シ》時。理非憲法《ノ》沙汰有《ハ》。国静《リ》家可レ鎮。仍案二前代一。泰時朝臣。我治二天下《ヲ》一事《ハ》明恵上人《ノ》御恩徳也《ト》被レ仰」（五一六頁）と北条泰時が明恵上人の教示（無欲）に従った話を載せて、「然《ニ》両度《ノ》没落《ハ》（六角高頼が二度にわたって将軍の征伐を受けたこと）寺社本所押領《ノ》故也。其根元《ハ》欲心《ヲ》為レ本《ト》。屋形一人無欲《ニ》成給者。人人無欲《ニ》可レ成。然者国治《リ》民豊可レ成。以二兵杖一非レ治《ルニ》レ国《ヲ》。以二慈悲憲法《ヲ》一治レ之也」（五一七頁）と諭している。

戒律・断物と慈善

円頓戒は摂律儀戒・摂善法戒・饒益有情戒といわれる三聚浄戒つまり止悪・作善・利他の実践である。真盛の場合、それは一部の例外を除いて、「円頓戒を聴聞する」といういい表わし方が示すように、円戒をかりた説法、すなわち設戒であった（色井前掲書、二〇五頁）というが、説法・受戒等を執行した折、真盛は先方からの布施（財施）を受けずに、「断物」を勧め、その誓紙（断物状）を布施の代わりに提出させるのをつねとした。『伝記』には次のようにある。

上人在生之時。或発心出家シテ持ツ二円頓戒ヲ一。布施ニハ不レ受二米銭金銀類ヲモ一。不レ用二絹綿紙布等ヲモ一。只致シ二一期ノ間ノ罪障懺悔ヲ一。懺悔以後致二種種ノ断物ヲ一。総而無レ用二殺生盗心邪婬妄語飲酒四足二足五辛木子博奕等一也不レ持レ之ヲ者ニハ不レ賜二円戒血脈ヲ一。所持以後一種モ違フトキンハ則押二十念ヲ一。別而堅ク護リ二持ツ十戒之旨ヲ一。若犯ハ二一戒ヲモ一則押而不レ授タマハ二十念ヲ一者也。或乍二白衣一成二弟子ト一者。布施モ大略以同シレ前ニ。懺悔以後致二種種ノ断物ヲ一。有レ志者ハ一期ノ間断二肉食ヲ一。或又雖レ有二夫妻一不レ婬シ。或停二止沽酒ヲ一。止二関役一。止二橋船賃ヲ一。放二一物ノ鷹ヲ一。破二「借状筆ヲ一」也。上人ノ勧化大凡如レ是（五〇二頁）。

この断物について、一般的には殺生・盗心・邪淫・妄語・飲酒・四足二足五辛木子等の食物・博奕等の禁止だが、さらに懺悔・慈悲行などの作善の誓約、為政者や富裕な者に対しては関役・橋銭・渡船賃の停止、鳥獣の解放、借金証文の破棄などを誓約させている。二例をあげれば、一つは、長享二年（一四八八）八月、越前の守護職朝倉貞景の招きで一乗谷安養寺に赴き、貞景以下一族郎党に説法を行って円戒を授けたときのこと、真盛は貞景からのお礼の布施の代わりに断物を布施とするよう説き、彼には関役橋銭の停止と秘蔵の鷹と鴬の解放を断物として勧め、併せて黄金の鳥籠を焼尽せしめている（『伝記』五〇三頁）。いま一つは『円戒国師絵詞伝』（前掲『続天台宗全書』五三六頁）巻三に見える河内国畠山義就からの招請に対し、その受け入れ条件として、あらかじめ「国中の召人（囚人）並鵜鷹其外飼鳥等悉被放候へし」と示して約束させているのである。

ところで、『円戒国師絵詞伝』巻六には真盛の遺誡として、「相搆相搆。我往生の後。門弟等無欲清浄にして念仏すへし。是我最後の遺言也といひて十念を授け給ふ」（同書、五四三頁）と記され、さらに重ねて「往生既只今也。相搆相搆。無欲清浄にして能能念仏申へし。といひて十念を授」と見える。この「無欲清浄」こそ、まさしく真盛が生涯をかけて幾多の道俗に説き勧めてきた行持であった。真盛における無欲清浄と円戒と念仏との関係について、色井は「人間生活の規範としての円戒を、人間生活の行為に集約したのが、真盛上人にあっては無欲である。無欲清浄という上人の遺戒のことばがそれをよく示している。禁戒清浄の無欲である。そこで上人は無欲をもって自身を律し人にも勧められた。この無欲は念仏と切り離せないものである。そこで『無欲清浄にしてよくよく念仏せよ』との遺誡となったのであるが、このことを念仏が人間生活の規範とならねばならないという考えから言えば、円戒と無欲との如く、念仏の心が生活の上ににじみ出ることである。」（前掲書、二四七―二四八頁）と説いている。

真盛による説戒の受者が誓約した断物には、先にもふれたように作善としての慈悲行がさまざまなかたちで示されている。民衆の個人レベルでの生活倫理から、打ち続く戦乱の中で不安におののく民衆の生活を視野に入れた為政者による民生レベルの問題に至るまで、幅が広い。個人レベルでは信者の慈善意識の涵養やその実践が予想されるが、見逃せないのは守護・地頭層の治政に与えた影響ではなかろうか。むろんその評価にはかなりの限定をつけねばならないが、一時的であったにせよ、関役・橋銭等の停止は民衆の生活上の障害除去や経済的負担の軽減に、囚人の解放や生類愛護は生命の尊重に、総じて領内の民生安定に寄与するところがあったのではないかと推察される。そしてこの点は、先の河毛盛空に対する真盛の書状にも見られるように、国を治める根本を「兵杖」にではなく為政者の「無欲」に求め、「慈悲憲法」「正直憲法」を治政の要諦として教え諭しているのに通じる。真盛は「欲心」うずまく下剋上の世にあって、「無欲清浄」という出世間の価値を対置させ、念仏と円戒の普及を通して領主の治政と民衆の生活に内省を迫ったのであった。

## 四　願阿弥の「勧進型」慈善思想

寛正二年（一四六一）は前年よりの大飢饉が京中を襲い、疫病が流行して餓死、病死するものがあとを絶たなかった。この折、目ざましい救済活動を展開したのが願阿弥陀仏（以下「願阿弥」と略称す）である。『蔭凉軒日録』寛正二年正月二十二日条によれば、「于時凶年、世上多非人乞食、仍願阿弥以勧進可供養之事披露之、飯尾左衛門大夫可命願阿弥之由被仰出也、即命之」（辻善之助編『慈善救済史料』金港堂書籍、一九三二年、三一一頁）と見え、凶作飢饉下に苦しむ幾多の非人乞食等を眼前にして、願阿弥が奉行人飯尾左衛門大夫を通して将軍義政に飢民救済のための勧進活動を請い、これが許可されたことが知られる。では願阿弥とはいかなる人物であったか、またその活動および評価について、宮城洋一郎『日本仏教救済事業史研究』（永田文昌堂、一九九三年）をも参考にしながら、以下に若干の検討を加えてみよう。

『碧山日録』寛正二年正月十二日条によれば、願阿弥は越中の人で（『臥雲日件録』では、筑紫の人）、出家の発端は生家が代々漁業を営んでいたため、「殺生の報」あるを覚《さと》ったことによるという。彼の信仰は「従入浄社、只一意馳西而已」（同書、三一三頁）とあって、その名のとおり浄土教念仏門であることをうかがわせる。罪悪生死の凡夫をこそ救済の主対象とする他力念仏に帰入した願阿弥だが、その行動は「又見仏宇僧廬之廃圮、則必修之、五条坊之長橋、其断久矣、往徠苦掲、遂求信士之施、大建之」（同書、三一三頁）と、勧進活動を通して堂宇の復興や橋梁の修復を果たすなど、公共福利事業に実績があったとみられる。また『碧山日録』寛正二年二月二日、六日、十七日条によれば、願阿弥は六角堂長法寺の南路に飢餓流民のために「茇舎《バッ》十数間」を造り、自力で立てない病人は竹輿に乗せてこれを収容した。その数たるや数えきれないほど多く、まず粟粥を施して体力の回復を待ち、死者は鴨川のつつみや油小路の隙地に運び手厚く葬った。願阿弥の施粥および飢疫死亡者供養の活動は月末を限りに行われたが、このほかには、三月から四月にかけて五山の僧による死霊供養の施餓鬼会が四条五条の橋の上で実施されたにすぎなかった。「寛正の大飢饉」時における飢民救済活動の先鞭をつけた願阿弥の事蹟は『大乗院寺社雑事記』『経覚私要鈔』『臥雲日件録』(いずれも同書所収)などにも記録されており、その目ざましい活躍ぶりが偲ばれる。

そこで、以上のような願阿弥の行動とその思想性について考えてみたい。宮城によれば、『臥雲日件録抜尤』を引いて、寛正二年に先立つ長禄三年(一四五九)の飢饉に際して、願阿弥は将軍から「救餓人」を目的に百貫文の援助を得て仮屋を建設したが、この仮屋が先の『碧山日録』に見える流民のための茇舎につながるとし、さらに「匪啻今施餓人」とあるように、願阿弥ら勧進僧が「匪啻」との評価を受けてきたこと、その勧進僧が施行を行うと「施餓人」と評されている点に注目している。宮城はまた願阿弥を室町幕府の「宗教行政の代行者」とみる佐々木馨の見解や、「社会の底辺の出身であり、経歴のはっきりしない勧進聖」である願阿弥の活動の限界性を指摘した横井清らの所説を紹介した上で、願阿弥の行動を「施行・施餓鬼にみる対応策は、飢饉という、いわば極限的な状況において根本的解決策とはいえず、むしろ先述したように、飢饉の進行のなかで後付けをおこなっているにしかすぎないのである。したがってこのようなことで『代行者』としての体系的な組織的機能を有していたとは考えがたく、極限的状況のなかで、眼前の対応に追われているにすぎない」と評している。

ここでさらに願阿弥の人物像に迫ってみたい。第一に、先に願阿弥を勧進聖であるとしたが、時衆の徒とみられ、後述するように他の一般の勧進僧にくらべて、幕府とりわけ将軍との関係が明らかであるばかりでなく、当時洛中にあって、名の知られた勧進聖であったようである。飢民救済のために彼の勧進が、幕府によって許可されたのもその実績と知名度がものをいったのであろう。史料に記されているだけでも堂宇修築、仮屋造営、架橋、施粥、死者埋葬供養などの事業があげられ、その社会的影響力は頗る大きいものがあったであろう。

第二に、しかも「願阿命其徒」「願阿役其徒」（いずれも『碧山日録』、同書、三一三頁）とあるように、願阿弥の背後には彼に付き従う多数の僧俗がおり、その協力支援の上に、かかる事業が遂行されているわけである。まさに勧進聖の本領というべきであろう。ただし、こうした見方に対しては、願阿弥とその徒との関係が対等とはいいがたい側面をもっていたのではないかとし、やはり願阿弥個人を中心とした事業であり、その個人的な力量に依存した勧進施行であったとする見解もある（宮城前掲書参照）。願阿弥の勧進はその先蹤として、古くは行基を、そして重源を想起させるが、その聖としての民間性については、これまで述べてきたところからも疑問なしとはしない。

第三に、すでにふれたように願阿弥の思想・信仰の核となっているのは、浄土教念仏信仰である。しかしながら法然・親鸞およびその主流後継者たちが、個人の内面の救い、つまり宗教的救済に化他活動の中心を置いていたのに対し、時衆の徒とみられる願阿弥の場合は勧進活動を通して、いわば生死の境界線上にある飢民の救済や民衆の生活に直結するような公共的福利事業に意を用いている。そのような意味では、明らかに作善否定の法然・親鸞流の専修念仏思想（信仰）ではなく、作善と融和的な古代以来の伝統的な念仏思想（信仰）に勧進性が加味された思想的性格を持つ人物ということができよう。

『碧山日録』の作者は、願阿弥の利他行について「此咸菩薩悲願力也、不能孤調自救之至也、可謂願上人名副其実者矣」（寛正二年二月十六日条、同書、三一三頁）と評している。つまり、願阿弥の実践はことごとく菩薩の悲願力によるといってもよく、幾多の力を結集してはじめてなし得るものだ、よって「願上人」の名はその実績にふさわしいものといえよう、というのである。同じように『臥雲日件録』では「能成檀波羅蜜者、其名曰願、願波羅蜜亦成就焉」（同書、三一六頁）と記し、願阿弥の利行をその名に托して、あえて「願波羅蜜亦成就焉」と讃えている。こうしてみると、当時の仏教界（上掲の史料の作者は五山の僧らである）から、願阿弥の利行が、まさに菩薩道の実践として受けとめられていたことが知られよう。ちなみに、願阿弥の評価は幕府との関係をどうみるかによって異なるところが大きい。

# 第六章　江戸時代の仏教福祉思想

## 一　江戸時代の仏教と福祉的実践

江戸時代の仏教というと、従来はとかくネガティブな評価に終始してきたきらいがなかったとはいえない。なぜなら、この時代の仏教は徳川幕府と諸藩、すなわち幕藩政治権力の保護と統制の下に置かれた結果、寺院は官寺であり、僧侶は官僧であったから、体制順応的でしかなく、かつ寺請檀家制の確立によって原則的に国民皆仏教徒となり、経済的に保護された寺院と僧侶は安逸徒食を貪り、無気力化したとみるからである。

こうした江戸仏教に対する消極的評価が投影されてか否か、これまでの社会事業史研究では、江戸時代の社会的救済は、幕府や藩のレベルで行われ（慈恵政策として）、村落においては支配的側面の強い五人組制度に代表される共同体の相互扶助的救済が主流を占めていたから（近年、社会福祉の分野にあっても、地域における自生、自立的な「講」や「組合」などが注目されてきたが）、仏教者による福祉的実践は不活発であったとみるのが通例のようである。いわゆる「江戸仏教堕落論」には、あながち否定できない側面もあるが、一方では、布教教化史や宗教社会史的な研究とともに、地方史研究の進展も手伝って、仏教者の福祉実践の諸相が明らかにされつつある。また、出家者ばかりでなく、彼らの民衆教化が在家信者の福祉意識の形成と福祉的実践に少なからぬ影響を与えたことも忘れてはならないだろう。

以下本章では、まず江戸前期を代表して、新興教団として成立をみた黄檗宗の禅僧二人（鉄眼・了翁）を、中期では、法然の専修念仏への還帰を旗印に信仰運動を展開した浄土宗捨世派の念仏聖と、菩薩道としての布施と念仏との関係に意を用いた貞極の施行論の二つを、後期では、文政―天保期に天台律宗の教学の体系化と宗門の復興に尽力した法道の施行の勧説を、それぞれ取りあげて、その福祉思想ともいうべきものを考えてみたい。なおこれに加えて、一つは近年医療や福祉の分野のみならず、仏教関係者の関心を集めている「ターミナルケア」（終末看護）の源流を索《もと》め、この時代の仏教の「看取り」に着目したこと。いま一つは、すでにふれたように僧侶の福祉思想とともに、在家信者の福祉意識の形成に注意を払ったことである。

## 二　黄檗僧の福祉思想―鉄眼・了翁―

日本仏教の成立は、一般的には現存する諸教団の開祖らが歴史の舞台に登場した時代、すなわち平安から鎌倉時代を以て充てるのが妥当とされよう。そして、この間に日本仏教の思想はほぼ頂点を極めた観があり、福祉思想や福祉的実践の規模・内容に関しても、この時代を越えるものを後代（江戸時代）に見出すことはむずかしい。そうしたなかで、江戸時代に唯一新興の教団として成立をみたのが、明末に中国から渡来した禅僧隠元隆琦（一五九二―一六七三）を開祖とする黄檗宗である。ここでは戦前期から、「徳川時代の二大社会事業家」（浅野研真『日本仏教社会事業史』）として脚光を浴びてきた、同宗の鉄眼と了翁の二人を取りあげてみたい。

**鉄眼道光**

鉄眼（一六三〇－八二）は、寛文八年（一六六八）大蔵経の開板を発願し、十年余の歳月を費やしてこの一大文化事業を成就した。その後天和二年（一六八二）正月、江戸滞在中に畿内における飢饉の惨状を知らされると、ただちに大坂に引き返し、自ら陣頭に立って万余の窮民救済の活動に献身した。その折、江戸の富商山崎平右衛門（大蔵経開板にも資助のあった外護者とみられる）に宛てた救済資金の借用を請う書簡の一節は有名で、「たとひ寺を売り、指をきざみて施し申すとも、この施行、やめ申すまじきと存じ候」と、鉄眼の不惜身命の決意が披瀝されている。

また宝洲道聡撰『瑞龍開山鉄眼和尚行実』には、鉄眼の救済事蹟について、「貧者には衣食を分ちて、おのおのその欲するところを飽かしめ、病者には湯薬を餉して、その左右を離れず。路に棄児を見れば、すなわち人に托して乳養せしめ、途に囚人に逢わば、すなわち官に訴えて免ぜんことを請う。その慈を弘め物を利するは、一《ひと》えに天性に出でて、勉め強いてするところにあらず」（原漢文）と見え、被救済者の置かれている状況とニードに即応したものであったことが知られ、しかもその慈悲行は、もともと鉄眼の身に備わった資質であって、努力した結果ではないという。

鉄眼の思想と行動を貫いているのは、黄檗禅の宗風でもある教禅一致、すなわち経論を学ぶことと禅の修行の併修にあったといってよい。彼の悟境については評価が分かれるものの、四十七歳の時、師木庵から「講経の僧」として印可を得たほどに、早くから講経活動には熱心に取り組んでいる。講じられた経論は、『法華経』『楞厳経』『大乗起信論』『楞伽経』などに及び、講経はまた大蔵経開板事業はもとより、飢民救済のための資金勧募にも有効な武器となった。要するに鉄眼の福祉的実践とその思想は、第一に講経と不可分なところに特色があり、講経を通して広く衆庶に喜捨（施行）を呼びかけ、僧俗男女を多数巻き込む「勧進」性をはらむものであった。第二に最晩年の窮民救済活動には、眼前の民衆の苦難を座視せぬ同悲共苦の菩薩道的性格とニード即応の実践性が色濃くうかがわれる。「救世大士」と仰がれたゆえんである。

**了翁道覚**

了翁（一六三〇—一七〇七）の福祉思想を探るには、彼の生い立ちからふれなければならない。二歳で母を失った了翁は、貧困のため養子に出されるも養父母および義姉二人と死別し、ついで頼りとした伯父母をも失うなど、不遇な幼少年期を送った。十二歳の時、年季奉公に出された曹洞宗龍泉寺で出家し、十四歳の時、平泉中尊寺を訪ね、一切蔵経の散逸状況を目のあたりにして、蔵経の収集と『大般若経』六百巻の書写を発願したという。その後諸山寺を遍歴し苦修練行を重ね、やがて隠元の下に参じることとなる。

三十代の頃、了翁は煩悩との闘いの末男根を切断し、さらに己れの願行の決意を指灯供養という苦行によって示した。ところが、その傷口と火傷の痕のたえがたい痛みに苦しんでいたある日、二度の夢告によって薬の処方を授けられ、これにより後遺症も癒えた。彼はこの霊薬を「錦袋円」と命名し、薬を売って大蔵経納経の財源となすべく、東叡山（寛永寺）下不忍池畔に薬店を開き、俗姪に販売させて数年のうちに巨富を得た。こうして了翁は、まず天海版大蔵経を購入すると、寛永寺に経堂を建立して蔵経とともに和漢の典籍をも収め、後年には同寺に勧学寮を新建して三万余巻の書籍を収蔵し、附帯設備を整えるなど、こんにちの社会教育施設や図書館事業に相当する先駆的な事業を行っている。また天台・真言・禅三宗の道場に大蔵経を納めるという大願をも成就した了翁は、その謝恩のため「錦袋円」四十二万人施与を発願達成し、「省行堂」と称する病僧のための病院も建設するなど、施薬

・医療事業にも手を染めている。このほか了翁は江戸・長崎などでたびたび罹災窮民の救援や死者の埋葬をなし、棄児の救育にも努めている。

では、かかる了翁の思想と行動を特徴づけているものは何であろうか。第一にその生い立ちと仏縁がもたらす対象への限りない同悲共苦の心、第二に発願と苦修練行に示される巌のごとき堅固な意志と実行力、第三に報恩行としての利他の実践、第四に薬店経営の収益による宗派を超えた諸事業の展開と事業家としての才覚、などがあげられよう。

## 三　念仏聖の福祉思想―浄土宗捨世派と無能―

**脱体制性**

戦国末期以降、すなわち十六世紀後半から江戸時代を通じて、法然を祖とする浄土宗の中から「捨世派」と称される一類の僧が次々と登場してくる。彼らは念仏聖というべき官寺を離れた隠遁的専修念仏者であって、頽廃した当時の僧風に憤りを感じ、ひたすら法然への回帰を志向して自行の念仏とともに、教化を渇仰する僧俗への念仏勧導など、目ざましい信仰教化運動を展開した。このような「捨世派」の基本的性格は「脱体制」性に求めることができる。ここでいう「脱体制」性は、要約すれば、僧位・僧官に連結する檀林教育体制（僧侶養成機構と昇進システム）、いわば学歴出世コースからの離脱と、寺院・僧侶の経済的基盤である寺檀関係（寺請檀家制）からの厭離、すなわち既成教団からの出家を意味する。このことはたとえば、捨世派の祖とされる称念（一五一三―五四）によれば、「出家中の遁世にして真の出家なるを捨世とは名付たるなり」（『称念上人行状記』下）とあるように、出家の再出家を提唱したものであった。また一派の掟に、関東檀林における僧侶の階級秩序を問わないことこそが同派の清き風儀であると見え、出世の物差しともいうべき僧位・僧官を否定していること、以八（一五三二―一六一四）が、「学侶にまじはれば名聞の縄の為に縛せられ、檀越にちかづけば利養のやいばの為に害せられる、はなはだ怖畏すべし」（『光明院開基以八上人行状記』）と述懐している点によくうかがわれる。さらに関通（一六九二―一七七〇）が、「凡寺務にあづかるものは檀越に応接し、堂宇修営をなす。此二事一を闕ても住持の任にあらず。予は本より此事に堪へずして隠遁せるものなり。強て予をして住持せしむる時は、寺門衰廃におよばんともはかりがたし、もし荒廃に及とも檀越等少しも恨ることなきの証書を持来らば住持すべし。左もなくば請に応しがたし」（『関通和尚行業記』上）といって、あえて住持することを拒絶しているのも、捨世派念仏聖の面目をよく伝えていよう。こうした念仏聖の行動様式には、行基→空也→一遍へと連なる民間仏教者の系譜上に位置づけられるものがある。

**教化と福祉の一体化**

先の関通の場合を例にとってみたい。次に載せるのは、享保十一年（一七二六）春に彼が自ら記した「化他発願文」の一節である。

又某甲化導ノ志ス所、上達利智高貴福徳ノ人ヲ諂強勧ルコトナク、専ラ貧窮孤独田夫下賤重障愚痴弊悪鈍根ノ者ヲ化スルヲ先トセン。唯願ハ我慈悲際限ナク、諸仏大悲於苦者心偏愍念常没衆生ノ意ヲ忘レス、偏ニ念仏一行ヲ説キ勧テ浄土ニ帰セシメ、教化常ニモノウキコトナク、自行精進ニシテ決定往生シ……（『関通和尚行業記』上）。

これによれば、関通は自らの教化の志を、「上達利智高貴福徳」等のいわゆる上根（すぐれた機根）の人に振り向けるのではなくして、「貧窮孤独田夫下賤」等のいわゆる下根（劣った機根）の人を先とすることこそ本意であるとし、自分の慈悲心が際限なくつねに衆生とともにあることを忘れない、とその決意を述べている。ここで重要なのは、関通の教化（宗教的救済）対象への密着の姿勢と、その対象が同時に福祉（社会的救済）対象ともなるべき階層（下層身分）におかれているという点である。だからこそ、一歩を進めて「我慈悲際限ナク……」と発願せずにはいられなかった。はたして関通の行業に目を向けてみると、

資糧しばしば乏しき時も、志操かつて変ぜず。一針一草も檀信を募ることなく、日々随従の衆とともに村里に分衛して、清浄に自活せらる。食もし余長ある時は、其村の小児または貧窮のものを招きあつめこれを食せしめ、食後にはかならず線香一炷づつ念仏を唱へさせ、をはりには因果のおそるべき謂、念仏のありがたきこと、世の無常なることはりなど、実を尽しいと慇懃に説聞せらるること常なり（同書）。

とあるように、関通にあっては、教化と福祉との間に何らの懸隔なく、あるいは福祉的実践の延長線上に教化があり、あるいは教化の延長線上に福祉的実践があったから、教化対象と福祉対象は不可分の関係で捉えられていたとされよう。

## 遊行と被差別民への接近

念仏聖の行動様式は、既存の寺檀関係や村共同体に制約されず広範囲にわたるもので、むしろ檀家制の枠を越え、かつ共同体から疎外された人びとに目が向けられている。つまり遊行的性格が顕著である。遊行とは、一所不住を意味するが、主観的には世俗的価値との絶縁という意味と、弘法すなわちより多くの民衆に仏法を伝える取り継ぎ

役としての使命感の発露であり、それゆえにこそ広汎な民衆への布教活動が可能となったわけである。同時にまた、世俗的な名声や利得を超脱した「遊行」という行動と思想が、念仏聖の宗教的霊威と結び付いて、彼らは幾多の人びとに迎えられることとなった。

たとえば、関通に多大な影響を及ぼした無能（一六八三―一七一九）の場合は、短い歳月ではあったが、「若法を求る者有と聞玉ふ時ハ、路の遠近をも問はず、いかなる山の奥までも、必尋ね至りて、教化せられけり」（『無能和尚行業遺事』）と伝えられるほど熱烈なもので、奥羽地方における念仏信仰史上の偉観といっても過言ではない（『近代奥羽念仏験記』『勧化道場奇特集』等参照）。しかも「乞食、非人、癩病人、遊女」と称され、社会的に蔑視され、差別された階層や人びと、すなわち慈善ないし救済の対象とされるべき人びとを見逃がすことがなかったことは、『無能和尚行業記』および同『遺事』に記されているとおりである。次にこの点を見届けてみよう。最初に掲げるのは、奥州伊達・信夫両郡の旱魃時に、無能が「乞食・非人」を教化救済したことを伝える『遺事』の一節である。

かくて群集の男女、盛なる市よりも甚しかりければ、寺門の前にハ乞食非人の類おびただしくつどひあつまり、物乞んとてさハぎあひたりしを、師或時相馬郡阿弥陀寺にして、説法せられける高座の上より、遥かに是を見玉ひて、彼侘人ども頼むかひなき露のいのちを、つぎえむとのミおもひむさぼりて、後の世の永き苦ミを知らざるハ、いとふ便の事ならずやとて、門前に立出玉ひ、乞人を呼集め、殊に懇に教化せられけれバ、慈悲の誠に催ふされて、皆々信を起し、念仏を受侍りき。

無能が食に飢えた乞食・非人を見捨てることなく、大悲を発して懇切に教化した結果、彼らは信心を催して念仏を受持したという。また彼の癩病人教化についても、『無能和尚行業記』上は次のように伝えている。

山間に破れ傾きたる茅屋の見えしを、あれはいかなる者の住所にやと問はれければ、同行の人かしこには、癩病人ども数多集り居候よし申す。師申されけるは、彼等は定て法化に預る事もあるまじければ、他生には又冥に入り、苦より苦に入りなん。いと不便の事なりと。すなはち彼小屋に立入て勧化せられ侍りしに、思いの外に彼者ども、たちまち信心を催し、ことごとく日課念仏を拝受してけり。其中に手足繚戻し、指なと落たるもありて、数珠を取り、員を認ることあたはず。いかがし侍らんと尋ね申せしかは、師告られけるは、此中に数珠を持て勤る者の側に居て、其者の数を以て、わが数を知るべしと、教えられしに、皆ことごとく悦びあへり。その後、かの者共相寄て、本尊を請じ奉り、鉦鼓など求て、勇猛に念仏相続しけるとなん聞え侍る。

人の寄り付かぬ癩病人の教化は並の僧侶の為しあたわざるところであって、無能にしてはじめて徳化を遂げられたというべきであろう。なお、無能の癩病人教化、救済の事蹟は彼の消息および『近代奥羽念仏験記』などからもうかがうことができる。最後に遊女教化の一節を見ると、

信夫郡八町目、安達郡本宮なといへるは、遊君あまた住む所なり。師ひそかに思へらく。たまたま爪上の人身をうけ、亀木の仏教にあふといへども、淫女のつたなき報ひを得て、日夜に障罪を重ね、空しく悪趣に沈みなん。いとかなしきわざなりと。すなはちみづから彼所に行て、弥陀の本誓、もとより機の善悪を簡ばざれば、深く本願を頼みて至心に念仏せば、往生疑ひあるまじき旨、ねんごろに教化せられしに、遊君の中、深く信心を発して日所作なと受しものあまたこれありとなん（『無能和尚行業記』）。

とあり、法然の室の泊の遊女教化を彷彿とさせるものがある。

無能のこのような態度は、彼の遁世と深くかかわっているように思う。無能は、「われ性として財欲ふかし。若世上にまじらひ、此身を立んと思はゞ、事にふれて、心中の悕望たゆることあるべからず。ひたすら俗念のみ深く

て、心行は日夜に疎かになりもてゆかんは一定なり」(『無能和尚行業記』)と、世俗的欲望の強いわが身を省み、「只身を軽くして世望を少くし、不急の事をさしをきて、数遍の功を積んとこひねがふ計なり」(同書)と遁世の因縁を語っているが、その遁世者としてのスタンスは、二十六歳の時の「非人法師の身となりて、称名の数遍を策まん」(同書)との決意に示されていよう。無能の「夢の記」には、享保元年(一七一六)十月十六日の夜明け方の夢が記され、その最後に、「乞食非人をも憐て、疎略に勧むる事なかれ」と八幡大菩薩の神勅をたしかに聞いたと記されているほどである(同書参照)。

**布施・勧進性**

先に、京畿地方を襲った天和の飢饉時における鉄眼ら黄檗僧の施行について言及したが、その節の捨世派念仏聖による救済活動にも見るべきものがある。まず厭求(一六三四—一七一五)だが、『厭求上人行状記』によれば、

天和元年の冬より同二年の春に至る迄飢饉災あり。洛中洛外近里遠村餓死する者数をしらず途に横り街に満り。師悔が畑に在て是を見て黙止するに忍びず。即ち山を出て専福寺にいたり別時念仏を修して餓死の亡霊を弔ひ、又自身の衣服を脱ぎ日用の調度をも米銭に代て日々餓者に施行す。餓者歓喜して来ること市の如し。施財既に尽たり。師則ち手づから一鉢を持して市中に入り行乞して餓者を救ふ。諸人是を感じて大いに金銀米銭を送る。日日に六七千人或は八九千人皆此施を受て寿命を全ふす。貴賤讃歎して云く、大なる哉法施財施、普く現当二世を救済す。実に大悲薩捶なり、

とある。天和(一六八一—八三)の大飢饉に遭遇して、餓死者の亡霊供養と飢民への施行を展開し、持ち合わせの施財が尽きると市中を托鉢して米銭を募るという徹底ぶりで、これに心動かされた諸人が金銀米銭を送ったという。

またこのような法施・財施にいとまなき厭求の姿に接して、巷の人びとは大悲薩埵の到来と彼を讃歎してやまなかった。次に忍澄（澂）（一六四五―一七一一）は、厭求と同じく天和の飢饉に際し救済活動を行っている。『獅谷白蓮社忍澂和尚行業記』上によると、「（天和）二年。師年卅八。歳荒不レ登。穀價騰踴。民多流移。飢二死道路一。師与レ衆相議。食レ麤縮レ用。救レ荒為レ務輦下饒二於貲産一者。見二師慈行一。皆大敬服。家家捨レ財。資二師済餓一。頼レ之活者甚多」と見え、彼もまた厭求の場合と同様に、都下の富豪らの支持と援助を得て飢民救済にあたった結果、餓死をまぬかれた者が非常に多かったという。ちなみに忍澄は、寛文八年（一六六八）近江国竹生島にて願文一篇を記し、自らの志を述べているが、その第五には「世財不乏願」が立てられており、「謂広施二孤独一。普済二貧窮一。及給二有道。不遇艱辛者一。又墳籍充レ棟。蔵書無レ闕也」（同書）との決意のほどを披瀝している。後年における彼の救済活動は、右の志願の真実なることを何よりもよく証明していよう。最後に天明三、四年（一七八三―八四）の飢饉時における学信（一七二四―八九）の救済活動を見てみよう。『学信和尚行状記』には次のように記されている。

一年周防国、今市の或精舎にいたりて、諸人に円頓菩薩戒をさづけらる。これを初として、光明院および所々にて大戒を弘通し、念仏を勧進せられけり。同三年癸卯、同四年甲辰、相続て五穀登ず。天下押並て飢饉に及べり。宮島殊に甚し。師是を憐み普く飯食を施して、これをすくはばやと思はれしかども自力にかなひがたし。依て毎朝徒衆と共に鉢を持して市中を行乞せられしに、人々師の慈心をたふとみて粳米を施者多かりしかば、師これをもて日々未明に粥を煮て普く施されけること凡両月を経たり。貧賤の老若男女、此慈済を蒙りて、露命を全くするもの多かりけり。

以上、厭求、忍澄、学信の飢民救済について見てきたわけだが、彼らの行動を貫いているのは、飢民との同悲共苦の心情、布施の思想、勧進性である。勧進とは、勧誘策進の意で、造寺などの事業のために浄財の喜捨を勧める行為であり、どれだけの人を動員できるかが事業の成否を占うことになる。捨世派念仏聖の中には、造寺造塔のための勧進について否定的な考えの者もいるが、飢饉の際にみられた施行と布施の勧進を例にとれば、彼らの活動がいかに数多くの民衆の支持と協力の上に展開されていたかが知られよう。世俗的な利害関係から自由な勧進の力を物語るものでもあった。

## 名利否定と平等の人間観

念仏聖に、これまでみてきたような教化と福祉的実践を可能ならしめた理由は何であろうか。まず名声や利得といった世間の価値の否定ということをあげたい。たとえば称念は、一心院に設けた「念仏道場七箇条」の冒頭に、「不レ悕ニ望世間名利一偏可レ専ニ出離要法一事」(『称念上人行状記』)と定め、これを衆徒に要求している。また、無能が自らを誡めるために祈請した七十二件の「制誡」(『無能和尚行業記』下)の中には、「名利の念を絶ちて、世俗に諂うこと莫れ、志を謙譲に存し、恭敬を望むこと莫れ」とあり、ほかにも「少欲知足、資財を貪ること莫れ」「深く信施を怖れ、華美を好むこと莫れ」「独り貧賤に甘んじて、宦福を望むこと莫れ」(原漢文)などと見える。清貧と名利否定に「捨世」の本領がうかがわれ、福祉における実践主体の倫理として注目したい。

次に、福祉対象との平等の人間観と無量の慈悲の主張である。同じく無能が先の「制誡」の中で、「平等心に住して、親疎を論ずること莫れ」「人を労り自ら楽しみを求めることある莫れ」「慈悲心に住して、悪人を憎むこと莫れ」「内に仏性を観じて、下賤を軽んずること莫れ」(原漢文)と自らを誡め、既述のように社会の最下層にある人びとを見逃していないのはその証である。こうした福祉対象との平等観に立つ慈悲の実践については、その思想的先蹤を法然に求めることができる。法然は、救済対象を貧困・愚痴・破戒等の人びと、すなわち劣機(低い能力や恵まれぬ状態にある人）に置いており（弥陀の「平等の慈悲」による）、自己と対象との間に何らの差別をも設けていない。それは、「罪悪生死の凡夫」の自覚と阿弥陀仏の前における絶対平等の人間観が踏まえられているからである。法然への回帰が捨世派念仏聖に共通する目標であったことを思えば、彼らの活動にこそ法然の行動と思想とを正しく継受するものがあったといえよう。

## 四　貞極の称名即施行の福祉思想

貞極（一六七七―一七五六）に着目した理由は二つある。一つは上記した捨世派の念仏聖として名高い厭求を師とし、名利を厭い、官寺に住することなく捨世隠遁の身に徹し、専ら念仏（日課念仏六万八千―八万遍）と説法教化、門人の教育、著述活動に努めるかたわら、自らも布施行を実践しているからである。いま一つは、大乗仏教（菩薩道）の実践体系としての「六波羅蜜行」（六度ともいう。以下原文の引用以外は「六度」に統一する）に意をとどめ、念仏と六度（布施はその第一）との関係に少なからず言及しているからである（詳しくは拙稿「浄土宗における仏教福祉思想の系譜（二）―貞極の施行観―」水谷幸正先生古稀記念論集『佛教福祉・佛教教化研究』参照）。

### 施行観

貞極は『華厳経』『大集経』『大般若経』『大宝積経』『大智度論』『摩訶止観』等に見える菩薩の「清浄施」について、感動を覚えつつも、なかなか真似のできることではないと心情を吐露する一方、施行が善因となって苦報を除き、人天の快楽を受けることができるともいい、さらに「弥陀釈迦二尊、みな此の修行（布施―筆者注、以下引用文のカッコ内同じ）の力によりて、我等ををしへて、極楽往生をえせしめたまふ。ねがはくはたれたれもかくのごとく、心をおこすべき事也」（『本願念仏感光章』）と、二尊がわれわれのために修した因位の施行になぞらえて、聞く者に布施の心を起こすよう勧めており、しかも、菩薩にとっては「施さずば大願成就せず、乞ふ者なくば誓ひむなしかるべし」（同書）と、ここから、「乞う者は善知識」（同書）との施行における主客の相互性に注意を払っている。

次に、望ましい施行のあり方についてはどうであろうか。そもそも施行は世間的な果報を得るために行うのではなく、仏道成就のために為すものであるから、施者・受者・施物の三者がいずれも執着のないこと、三輪清浄（空寂）を理想とするといわれる。貞極の所説にもこの点がうかがわれるのはいうまでもないことだが、ほかに「身をすてよといふは、菩薩に施心をすすめたまふ。身を施して罪をあたふべからずといふは、大悲を勧めたまふ。ここをもて布施持戒等みな、般若の智慧なければ、波羅蜜といはず、塩がいらねば物の味はひよからぬがごとし。身を施してよき時あり。施さずしてよき時あり、智慧をもてよくはからへとなり。もし慳をうしなはんと思ふ時は、前後をわすれて布施を習ふべし」（同書）とも記している。つまり、布施を貫けば持戒に抵触し、持戒にとどまれば布施が行ぜぬことになる場合も起こる。布施を為すべきか、為さざるべきかの判断―布施と持戒との調和―は般若の智慧によらなければならぬとし、布施と六度の中の他の行との関連にも言及しているのである。ただし、施行をもって慳貪の心を対（退）治しようと思うならば、あと先のことを考えずにまず実行せよという（実はこの施行による「慳貪心」の対〈退〉治は、後述のように自力聖道門の立場に立つものである）。いま一つ見逃がせないのが布施と回向との関係である。

夫れ少かに慈心ある人、或は一食一銭を施して他の貧苦を救ふ意なからざらんや。是を施す時、若し廻向せざれば或は果を得ず。或は廻向すと雖三界の果報を望まば、有為の仮報を受けて其益なきに似たり。右諸仏の法に依て、廻して菩提に趣くれば、乞食の悲田に此の仏種子を養ひ、小因大果を感じて、乃至妙覚の果報を感ぜしむ。豈に廻向の法門微妙ならずや（『浄土廻向要訣』上）。

施行を菩提に向けて回向すれば、やがて其の因業が『妙覚の果報』を感ぜしむるに至るという。貞極の独特の回向論は『廻向弁』『浄土廻向要訣』二巻などに詳しいが、そこではたとえば、施行にしても「極楽の彼岸に往生せしめんと廻向すべし」（同書、下）と回向論をもって施行を浄土往生の条件へと昇華せしめているのであった。

布施には財施（衣食などの物資を与えること）・法施（教えを説き与えること）・無畏施（怖れをとり除いてやること）の三つがある。そのうち財施と無畏施の実践を通して慳貪の心をなくすように努めることは、「聖道自力の修行」（『本願念仏感光章』）であって、貞極が最も強調したかったのは法施についてである。

一生や二生の修行にて、及ぶ事にてはなし。ここをもて阿弥陀仏五劫に思惟して、前にいふ如く、この三十三の願成就の清浄光明をもて、照触したまふゆへに、欣求已前のわれには似ず、あるひは仏に香花等を奉り、僧を供養する、一分の善心おこり、施すに慳まず、前にいふごとくの法をきく時、ありがたき菩薩の心地かなと思ふは随喜なり。ほむるは讃歎なり。みづからおよばぬを、はづかしく思ふは慚愧なり。この心のおこるはこの願の他力によれり、これすなはち一分慳貪をはなるる也（同書）。

この一文から、第一に、自力（聖道門）の施行によって慳貪を対（退）治するのは容易なものではないこと、第二に、これに対して弥陀の第三十三願「触光柔軟の願」成就の光明に浴すれば、その願力（光益）によっておのずと善心（布施の心）が生じてくること、第三に、また浄土門の法施を受けることによって、随喜・讃歎・慚愧の心が生じ、慳貪を離れることができるが、それは第三十三願の他力によるものであること、の三点に注目したい。しかも、ただ他力（本願）を仰いで称名すれば、その計らいによっておのずから貪欲や慳貪も消除され、やがて往生浄土を成就するに至ると、浄土門の施行の深勝なる点に論及している。

**念仏と施行**

施行は六度の一つであるから、他力浄土門の施行については、念仏と六度との関係が重要となる。この点、法然は六度等の念仏以外の一切の行を選捨し雑行としたから、あえて念仏と六度との関係には立ち入っていない、これに対して貞極の場合には、弥陀は「六度所生の功徳」をもって人びとに利益をもたらすといい、称名他力による利益を六度の果徳それぞれに配して説示しているのである。では、このような貞極の六度観は、どこからきたものであろうか。

ここで想起されるのは、二祖聖光の『徹選択集』の思想である。高橋弘次の一連の研究によれば、同書の上巻は『選択集』十六章の注釈であるが、下巻に撰述の目的があったとし、それは「念仏三昧を不離仏・値遇仏と規定して、浄仏国土成就衆生の通仏教的理念でもって、念仏の教えの普遍性とその深勝性を求めた」（「『徹選択本願念仏集』解題」『浄土宗聖典』第三巻）ものであった。また法然の立場との比較によれば、「法然が『選択集』に示した念仏（別）の教えを、龍樹の『智度論』に展開される仏道すべて念仏（通）であるとする立場から、その思想的解明をしたのが、聖光の『徹選択集』の思想」（「徹選択集の思想」『仏教文化研究』三〇号）ということになる。『智度論』に見える「浄仏国土成就衆生」とは菩薩の実践目的であり、そのための主要な実践方法が六度である。

聖光は『徹選択集』において、通仏教―大乗菩薩道―の立場から、六度はすべて念仏であると断じたのであった。

こうした聖光の念仏思想が貞極の六度観―そして施行観―に影響を与えていたことは恵頓撰『貞極大徳伝』に見られる貞極の『徹選択集』への着目、菩薩道への憧憬などから読みとることができる。たとえば、「或曰講二徹選択一曰。此書大意。在二一切万法皆念仏一也。然諸人誤以為念仏是浅行。不レ堪二深行一者所レ修也。故今曰不レ然。念仏即是六度行。乃至登地菩薩。為二浄仏国土成就衆生一而行レ之。乃至果位。三世諸仏。浄業正因也等」（傍点筆者）と見え、そもそも「念仏はそのまま六度の行」であって、菩薩がその第一段階から仏果を得るに至るまで、「浄仏国土成就衆生」のために修する行なのだ。三世の諸仏は、みなその清浄な行（六度）によって仏となられたのである、と記されているごとくである。

そこで、「念仏即是六度」という場合の「念仏」は「通の念仏」であって、「別の口称念仏」ではない。しかし「別の口称念仏」は、その思想的根拠として「通の念仏」を据えることにより、通仏教的普遍性を明確にすることができた（前掲「徹選択集の思想」）。そうした聖光の念仏思想の影響を念頭に置いた上で、貞極の言説を六度の中の「布施」に即して解釈すれば、次のようになろう。他力の施行とは、口称念仏のうちにおのずから施行（の利益）が果たされていくということであり、それはまた、念仏者には弥陀の願力（光益）がはたらいて施心を生ぜしめ、施行が行ぜられていくということではなかろうか。もっとも、浄土門の施行は法施を最上とし、その法施を受ければ、念仏（弥陀の清浄光）によっておのずと慳貪心が消除せしめられるというものであった。貞極は、通仏教的大乗菩薩道の立場を踏まえながら、他力念仏の施行観を説き示したのである。

## 五　天台律僧の福祉思想―法道―

天台律宗は、こんにちの天台真盛宗の江戸時代における宗名である。室町中期の円戒国師真盛（一〇四頁参照）を開祖に、大津坂本の西教寺を本山とする天台系の小教団であって、江戸時代には上野寛永寺の末寺に属していた。ところで、本宗は江戸後期の文政から天保期にかけて、宗門復興運動とも称すべき目ざましい動きをみせるが、その際、中心的役割を演じたのが、ここで取りあげる法道（伊勢国一志郡木造引接寺）である。かつての伊勢地方には、「伊勢の三哲、尾張に豪潮」という言い伝えがあったといわれ、法道（一七八七―一八三九）は、この「伊勢の三哲」の一人に数えられた。残りの二人は、松阪来迎寺妙有（一七八一―一八五四）と津西来寺真阿（一七八五―一八五九）で、いずれも法道と親交の厚かったほぼ同世代の天台律宗を代表する僧侶である。ちなみに豪潮（一七四九―一八三五）は天台宗に属し、肥後の生まれながら尾張藩主の帰依を厚くし、衆庶の信仰を集めた。弥陀の尊像を描き、村々に配布して念仏の法門を弘めたことでも知られる（法道については拙稿「近世天台律宗の復興者法道の行動と思想」『淑徳大学研究紀要』二五号参照）。

### 法道の宗教的立場

教団史上、教学の大成者として知られる法道の教学については、色井秀譲らの優れた研究（同氏編『天台真盛宗学汎論』）があるので、その所説に学びつつ、民衆教化史の視点から法道の福祉思想にアプローチしてみたいと思う。愛弟子の法龍は師の法道を評して、「柔和謙遜にして、正直におハしまし、実修実行を以て、我分とし、人の耳目を駭《おどろか》すなどの修行ハ甚厭ひ給へり」（法龍編『法道和尚行状記』上）と述べ、法道の柔和・正直で、しかも誠実な人柄を伝えている。一方、「性質多病」（同書）といわれるごとく、法道は生涯いく度となく病床に臥しているが、とくに晩年は持病の痔疾に悩まされ続けた。それだけにまた、他人の病状への思いやりも人一倍深く、懇ろな見舞いの手紙を数多く書き送っている。このように身体的にはあまり健康に恵まれたとはいえない法道ではあったが、伊勢・近江両国に及ぶ活発な布教・教化など、実に自行化他に暇なき生涯を送ったのである。法龍は師の行状を振り返って次のように書きとどめている。

> 師或ハ断食して七日の別行を脩し、或ハ四十八日の念仏を勤行せさせ、又日々の誦阿弥陀経法華経等念仏怠り給ふ事なく、又恒に衣鉢の資を減じて、仏菩薩の旧き像を脩補し或ハ経論の破壊を修理し、或ハ花厳、大集、大品、法花、涅槃、等の諸大乗経を請じて供敬尊重し、或ハ乞食に施与し、或ハ人の衆善を行ずるを見てハ、深く随喜讃嘆して、施入し給ふ等の事、枚挙に遑あらず。又袈裟、或ハ経論疏抄等、深く敬てかりにも踏所へ置給うふ事なし。書籍は必台の上に置て見給へり（同書）。

ここに、専修念仏、仏像・経論等の修復、大乗経典の敬重、窮民への施行、随喜他善を尽くし、かつまたつねに袈裟や経論疏釈等に対して恭敬の態度を保ち続けた法道の真摯な生きざまがうかがわれよう。

法道の福祉思想を探るにあたって、彼の宗教的立場や思想の特徴を手短に述べることからはじめたい。法道の宗教的立場は、中世以来の天台系本願念仏者の系譜、すなわち天台宗の僧でありながら法然の本願念仏を唱導した隆堯（一三六九—一四四九）・円信（十六世紀前半の人、法道が教化にあたって依拠した『往生捷径集』の撰者）らの風儀に学びつつ、宗祖真盛に回帰しようとするものであったといってよい。そして、当時宗門に圧倒的な影響力をもつ「即心念仏」（心に仏を想って口称念仏する）を否定し、「本願念仏」による宗学の復興を成し遂げるには、無能や徳本など近世浄土宗の捨世派系念仏聖の信仰を有力な武器として援用せねばならなかったのである。その意味で、法道教学は近世浄土宗の念仏信仰（思想）との交渉を通して確立をみたともいえよう。もう一つ重要な点は、法道の円戒念仏論に見られる戒律観である。法道は円戒（円頓戒）を念仏の助業（往生の助業ではない）と規定し、「念仏に不足の思いありて兼行せば、雑行たるべし。もし不足の思い無くしてこれを持てば、決して雑行となさず」（原漢文）と位置づけた上で、分に応じて戒を守り、一善でもこれを行うことが、「兼ねて因果を信ずること」だという。また法道は自分の説くところを「因果門」と「念仏門」の二門に過ぎないとし、因果（善因には善〈楽〉果が、悪因には悪〈苦〉果がもたらされる）を説くのは、人びとを正見に住せしめ、苦界を遠離せしめるためのもので、これ（因果門）が円戒だとするのである。法道があえて「円戒」といわないのは、戒といえばどうしても守り難いことのように思って尻込みしてしまう者が多いが、「因果門」といえば、その意味も解りやすく、誰にでも受け入れやすいとの判断がはたらいたからであって、円戒の大衆化に途を開き、その化他性すなわち世俗倫理の勧導にきわめて有効であったと評価される。

では、『因果の信』＝止悪・修善・利他の行が念仏の助業たり得る根拠はどこにあるのであろうか。法道は、少しでも善事は行うべきだと勧めつつも、「それを杖にして生死を出んとするは悪ろし」（『称名庵雑記』巻一八）と警告する。なぜなら人間はあさましいもので、少しの善にも、「直に我慢や名聞がまじりて虫喰ひ」（同書）になるからだとし、そのような不純な善行（善導のいう「雑毒の善」〈『観無量寿経疏』〉にあたる）が往生の業となり得るはずはないという。そして、だからこそ阿弥陀仏に帰依し、他力で往生を遂げよとの教えがあるのだと説く。ここに「因果の信」、具体的には自力の善行の限界に気づかされることが、かえって他力の念仏門を叩く契機（＝念仏を助ける業）となる理由が存する。のちにこの問題は法道の施行論との関連で改めてふれることになる。

### 施行の勧説とその論理

せよやせよ施与や為よ為よ施与せよや
　施与を為ざれは施与はならじを

天保四年（一八三三）から八年にかけて、とりわけ七、八両年にわたる大飢饉は、地域民衆の生活を危機に落とし入れた。世にいう三大飢饉の一つ、「天保の大飢饉」である。法道は晩年この未曾有の大飢饉を体験した。そのゆえであろうか、法道の徹底した施行の勧説は、晩年の教化の一大特色を成すといっても過言ではない。上掲の和歌（『称名庵和歌集』）はまさにそうした事実を物語っていよう。彼はつねに説くところの「因果の信心」や宗祖真盛の遺誡である『無欲清浄・専勤念仏』（法道は、無欲清浄を因果の信心に、専勤念仏を本願の信心に当てている）に談が及ぶような時は、窮民への施与を懇ろに勧めてやまなかったし、布教に当たっては白隠禅師の『施行歌』を説き聞かせ、その版木を法友妙有（後述）より借り受けて印行施本を行っている。また諸経釈より施行の引例を集め、人びとに施行の大切なことを強調したので、信者の中には分相応に施しを為す者も少なくなかった。

天保七年十二月、近江の信者たちに宛てた書面には「成丈《なるたけ》奢を停止候て餓人へ施し可申やう相心得度候。日々粉糠の団子を食用し露命を繋《つな》ぐ者多し。夫へ聊かの米を施せば大歓喜を生じ家内踊躍すべし。然れば施しを先にして奢を停止仕度候」（『称名庵雑記』巻一六）などと見え、繰り返し質素倹約に努め、飢民への施行を為すよう勧説している。そして、現世に「乞食」に身をやつしている者は、前世に施与を行わなかった報いだとし、施行の実践者こそ「三宝の加力あるべき人」だと讃嘆しているのである。

次の一文には法道の施行論の特徴がうかがわれる。

　いかに誠を致し施行をなすとも凡夫の浅間敷さ聊の施を行ずれば頓《やが》て名聞自慢等の心発るが故に、施を以て生死を出る資糧となり難し。故に弥陀如来に唯称の本願を頼て、彼仏の不思議力にてこそ生死を出離すれと信じて、念仏申べし。扨かく信じたる上には、又因果の信心に立帰りて、いかにもいかにも真実に施を行ぜんと思ふべし（同書）。

つまり、念仏の信心以前の施行と以後の施行を分けているところが重要である。法道は真実の施行の至難性（限界）を指摘し、結局、布施という自力の行為によっては迷いを離れることができない。それゆえ、阿弥陀如来の本願他力による救いを深く信じて念仏せよ、という。そしてその信心を得たのち、改めて「因果」（善因善果・悪因悪果）を信じ、真実の施行を為すように、と勧めた。法道は諸人に施行を勧説する一方、自らも施行を実践し、他者の施行にも随喜協力している。『称名庵雑記』巻一六に、「吾師の坊殊に乞食貧人を憐み玉ふ。自らは朝は粥、昼は麦飯、夕は雑炊等の麤食を食して、自ら乞食貧人に施し、或は人に命して施与せられけり。又或人より、法化の布施として、金五十両贈られければ師はもとより貧窮なりしかども、一文半銭も残さず悉く十一月二十三日に施与せられけり」（同書）と見えるのはその一例であって、天保七年十一月、法道は自村木造村に金五十両を施与し、窮民百六十六人を救っている。その結果、翌八年十月、紀州藩は法道を表彰して銀三枚を下賜し、引接寺を寺社奉行直支配に取りたてた。下記は法友の松阪来迎寺妙有が法道に寄せた書簡の一節である。

扨又承れば其御村民誠に大慈悲財法二施広大の善根に浴し候趣、後世に伝へ美談たる可く奉存候。此御状拝誦いたし誠にありがたくすずろに泪を催し候。誠に此末世仏法中に人もなしと毎毎歎き申候ひしに思ひきや尊師は真に其人にておはしまし、世間神儒の人に対しても大に面目を得候。実に護法の第一にて此法世間を利益すること王侯貴人迄も能知りて候て、法の真価現はれ申候乃至坊主は国の遊民にて政道に無用の者と毎毎偏屈儒者が筆記し、書に著はし生賢《なまさか》しき青書生をおだて、邪見人を倍増いたし候ものも此度尊師の盛挙を聞たらば、肝をつぶして水瓶より火の出たるやうに仏法にもかかる人やあるなどとあきれはてて邪見も翻へし候はん（同書）。

これを記した妙有は、「鉄眼の再来」と称され、『称名庵雑記』巻一六によれば、天保七年末から翌八年春にかけての半年余の間に、伊勢の松阪と山田で十八万人余にも及ぶ膨大な数の施行を成し遂げた人物である（なお、三哲の残りの一人、西来寺真阿もまた飢民救済に立ち上がっている）。実は法道もこれにたびたび協力しているのであるが、その妙有が、法道の施行をことのほか喜び、儒者や神道家による排仏論かまびすしい当時にあって、「護法の第一」だと賞讃を惜しまなかったほどである。

## 六　看取りの思想の継承

### 仏教による看取りの盛行

長寿社会の到来は喜ぶべきことではあるが、同時に死と向き合う時間がそれだけ長くなったことでもある。医療技術の長足の進歩は、いわゆる末期患者のホスピスケアばかりでなく、高齢者にとってのターミナルケアのニードを高め、さらにそのことによって、医療的ケアから福祉的ケアへの転換をも必然たらしめる状況に至っている。こうしたことから近年、日本の文化がはぐくんだターミナルケアの源流を歴史の中に求める研究も、また進みつつある。こんにちターミナルケアという場合、ケアの内容は、病人の身体的・精神的・社会的・宗教的な各方面に及ぶが、近代以前にあっては、それらが渾然一体となって行われた場合が少なくない。この点を、ここでは仏教による「看取り」に求めたいと思う。

人生終末の看取りが仏教に基づいて行われるようになった歴史は古いが、それが庶民レベルで最も普及したのは江戸時代においてではなかろうか。まずその理由を以下に整理しておこう。

第一に、寺請檀家制の確立によって、寺・僧と民衆との関係、すなわち、寺檀ないし師檀の関係が緊密となり、僧侶は檀那の死に際して、検死、引導、葬式執行の任務を負わされたのであった。この点は、貞享四年（一六八七）十月の「諸寺院条目」に、

一、寛文年中御条目ニも被仰出候通、旦那之者病死之砌、怪敷躰者勿論、悪名之聞等有之ハ、其家内親類共、急度致吟味云々（『徳川禁令考』前集五）

と見え、慶長十八年（一六一三）五月に定められたとされる、江戸中期の「御條目宗門檀那請合之掟」に、

一、死後死骸に頭剃刀を与え戒名を授る事、是ハ宗門寺之住持死相を見届て、邪宗にて無之段、慥に受合之上にて可致引導也、能々可遂吟味事（同書）、

および、「一、相果候時ハ、一切宗門寺の指図を蒙り候行事」（同書）とあるのによって知られるのだが、このことは、当時の僧侶が死後の検死や葬祭ばかりでなく、それ以前の看病・看死にも一定の役割を担ったものとの推察を可能とさせよう。

第二に、この時代は一部の宗派を除いて、仏教界では臨終行儀（人が死と向き合う人生最期の時の迎え方およびその看病・看死のあり方に一定の作法と心得を示したもの）に関する書籍の出版が多く、また往生伝類の編纂・刊行も頗る盛況であったこと。つまり、それだけ僧俗によるこの方面へのニードの高さを示すものであろう。

第三に、実際の看取りに関しても、数々の往生伝には、浄土系ではあるが病・死に立ち会う善知識としての僧侶がしばしば登場する。江戸時代の僧侶は、現代の僧侶にくらべ、はるかに死の臨床に深くかかわっていたのである。

仏教による看取りが、なかば宗派を超えて盛行であったとしても、ひときわ注目されるのは、平生とともに臨終を重視する浄土宗系の場合である。したがってここでは、浄土宗の事例を中心に述べることとなる。ちなみに往生伝は、上述のように念仏によって浄土往生を遂げた人びとの伝記を列ねたものであるが、見方によっては看病・看死の臨床記録といった側面もそなえている。

**看病福田と臨終行儀**

仏教の福田思想に基づき、「看病福田」が強調されたことはよく知られているが、浄土宗の勧導書の中でもこの点を見逃がすことはできない。たとえば、元禄六年（一六九三）の序をもつ浄土宗系の僧香雲の『法の道しるべ』（安永七年、澤田吉左衛門刊）によると、

一、病人あらハ、万事さしをきて、かん病するをよしとす、もしミつからかなハぬ、隙の入事あらハ、人を頼ミて、かん病させしむべし、くすり、其外病人によろしき、食物等に至るまても、随分に、いたハりて、ほどこすべし、八福田の中にもかん病のくどく、第一の福田なりと梵網経に説き給へり、むかし、祇園精舎に、病人ありしかは、しゃく尊、御手つからふじやうをすゝぎあらひ大小べん利をとり、したしく大せつに、病人をあハれミて、かん病したまへり、仏の道をねがふ人たれか、是ををろそかにせんや。

と見え、看病は仏道にかなう大切な行とみなされている。

次に、寺僧のあるべき姿を規定した「住持訓」では、臨終の看取りについて、どのような指示を与えているか見てみよう。仏定の『続蓮門住持訓』（寛政十一＝一七九九年作）によれば、日課称名を勧めることが「寺持ノ肝要ノ大事」だとし、それとともに、

且親疎ヲ論ゼズ、臨終ノ者ヲ見バ、暇ヲ惜マズ、力ヲ尽シ、念仏ヲ勧メ、往生ヲ遂シムベシ、宗門ノ大事、何カハ此ニ過タル事アラン、導祖の要決《訣》等ノ意ニ依リ、臨終節要恒ニ熟覧スベシ。

と、臨終時の念仏による看取りの重要性が指摘されている。文中の「導祖ノ要決《訣》」とは、唐の善導作と伝えられる『臨終正念訣』のことで、『臨終節要』(貞享二＝一六八五年)は慈空の手になるものである。看取り看取られる者の心得や作法を示したものとして、数ある臨終行儀書のなかでも、とくにこの両書が重んじられていたことが知られる。

**看取りの互助思想**

ここでは、念仏結社としての同信集団に、看取りの互助思想が継承されている点を明らかにしておきたい。はじめに享保二十年(一七三五)閏三月、捨世派関通を慕う信者たちが念仏会を結構した時、師関通に請うた規約(「念仏講衆示書」)によれば、その第一条には、

臨終の事、自他共に肝要の事に候へば、かねて法要をならひ、稽古せらるべき事

と見える。また、関通が寛保四年(一七四四)に弟子たちに示した七カ条の最後には、

病縁の事、ことゞく大切に取り扱ふ。真実に看病いたさるべく候。此一事おろそかにこゝろへまじく候。病の軽重をはからひよく介抱いたし、且又必死決定の覚悟有之候様、平素師説を守り、念頃に勧誘いたし、一大事終焉麤情あるまじく候(「向誉上人行状法語聞書」『雲介子関通全集』第五巻)。

とあり、さらに、明和二年(一七六五)三月に記した貞寿寺尼衆に対する五カ条の警訓の中にも、

臨終は一期の大事にて候あひだ、つねにこのことをかたり合せ、病の時は、たがひに実を尽して看侍すべし。

病の軽重によらず、必死の覚悟に住するが肝要のことなり。看病の人病者の心のおちつき、やすらかなるやうに理りを説きかせ、正念みだれず、念仏相続して、さはりなく往生を遂げるやうに、真実にとりあつかふべし。これ、最要の大事なり。等閑に思ふことなかれ（『関通和尚行業記』中）。

とある。以上によって、関通がいかに臨終の迎え方、病の受けとめ方、看取りの心得を大切に考えていたかが知られよう。またその結果として、臨終をあやまることなく往生の素懐を遂げた信者の多かったことは、『随聞往生記』等の往生伝の物語るところである。

次に、洛北古知谷阿弥陀寺を拠点として念仏勧化を展開した信阿の著『浄業策進』から、同信集団における臨終の看取り（看病・看死）と追善の重視についてふれてみたい。

本書再刻の「端書」によれば、この書は明和四年春、開山弾誓の尊像を一条浄福寺において開帳した折、四十八の『蓮華勝会』を発起し、弾誓真筆の名号四十八幅を各講中へ一幅ずつ授与した上に、平生・臨終の心行策励のため著したものだが、天明八年（一七八八）の大火災によって焼失してしまったのを、再版を勧められ、文政元年（一八一八）九月に上梓されことが知られる。冒頭に六カ条からなる「蓮華勝会規約」が掲載されているが、内容は関通の「念仏講衆示書」と大同小異であるから、それを参考にしたものか、あるいは両方のモデルとなるものがあったのかもしれない。講中における毎月一夜の集会のあり方や心行の策励とともに、やはり注目したいのは第一条で、

一、今茲開帳の因に蓮花勝会興行ニ付第一安心起行臨終の行儀等を如法に相守り、若講中の内病気あやうく相見へ候節ハ、日々かハるぐ〳〵看病して一大事の臨終如法に勧策肝要たるべき事勿論、中陰の間ハ打寄百万遍追善有たき事。

と見え、臨終行儀の遵守、講中に重篤の病人が出た場合に、日々交替で看病に従事し、臨終の一大事が如法に行われるよう配慮すべきだとしている。

関通の場合もそうであるが、死後中陰の間における追善修行（百万遍念仏）を重視しているのは、同信同行間における看病→看死→追善に至る一連の協同の営為を示すものである。本書は、この規約に続いて、いくつかの法語を載せたあと、全頁の三分の二を「臨終用心」（「看病人心得の事」「病人心得の事」を含む）に割いている。内容的には大部分が従来の臨終行儀書に収められている先徳の言葉であり、オリジナリティーはほとんど認められないものの、関通の場合と同様、信阿の重要な関心が那辺にあったかを察するに難くない。

以上、関通と信阿をそれぞれに師と仰ぐ、同信集団における成員相互の看取りの思想につき問題としてきたが、われわれは、このような念仏結社のルーツを、十世紀末の叡山横川首楞厳院の「二十五三昧会」に求めることができる。この結社は念仏の同志二十五人で組織され、毎月十五日の満月の夜に集会を開いて不断念仏を行ったが、同時に、いつの日か同志が病に倒れたときは、臨終行儀（『往生要集』中巻の末尾に見える）に従って、その死に至るまで仲間たちが看取ったのである（「横川首楞厳院二十五三昧起請」参照）。死を孤独で迎える不安は察するにあまりある。それだけに、信仰を同じくする仲間によって看取られる死はどんなにか心強かろう。

「二十五三昧会」に見られたこのような同信同行相互の念仏策励と看取りの思想は、近世に至り、浄土宗の関通・信阿の例に見られるごとく講組織の形態をとって受け継がれ、広められていった。また、われわれはこの時代に、死への準備教育や看取りの学習が、念仏同信集団の中で日常的に営まれていた事実を忘れてはなるまい（詳しくは拙稿「近世仏教と末期の看取り」、圭室文雄編『民衆宗教の構造と系譜』参照）。

## 七　在家信者の福祉意識の形成

### 往生伝に見る慈悲行の勧め

江戸時代には、念仏往生人の伝記を列ねた数々の往生伝が出版されており、その多くは浄土宗系のものである。もとよりそれは人びとを念仏信仰に誘うことを目的とするものであったが、同時にまた、幕藩権力の思想善導策に呼応して、浄土宗としての期待される人間像を明示し、その育成を期するものでもあった。したがってそこには、在家信者の福祉意識の形成に資する事例がいくつも見出され、いかに福祉的実践が尊い行とみなされていたかが察せられる。

はじめに、慈悲の勧説について二例をあげる。『新聞顕験往生伝』下巻の妙祐信女の項によれば、「凡そ浄土の行者慈心にして怒らず、質直にして偽りをせざらんことを要す。（中略）また曰く、行者最もその心柔和にして我慢なからんことを要すなり」（原漢文）と、はからずも往生を願求する者の人間的条件として、慈悲・質直・柔和の三つを具備することが妙祐の言葉をかりて述べられている。次いで『勢州緇素往生験記』中巻の宗誉浄入法子の項には、法子「時々斎《とき》に田中氏に赴く、斎後男女を勧奨して、曰く忠孝、曰く慈悲、曰く生業、曰く念仏、嘗《かつ》て先師に聞く所の話を以て之を喩《さと》す」（原漢文）と見え、封建倫理としての忠孝と、仏教の基本理念としての慈悲の心と、生業＝家職に精励することと、念仏修行との四つを兼備するよう、有縁の男女に説き勧めたという。

そこで、もう少し慈悲心に関してふれてみよう。慈悲心をことさらに問題とするのは、それが仏教における実践原理であり、利他的・社会的行為―福祉的実践―の源泉に慈悲思想が存すると考えるからである。慈悲の勧説を先の『勢州緇素往生験記』中巻の妙源法尼の項に見れば、法尼は「常に飢寒の人を憐み、之を見るに忍びず、己が得る所の衣食を以て悉く皆施与し、自ら麤糲に甘えて恬如たり。齢ひ八十八、人有り強て米符を索む。己むことを獲ず之を書す。中に米の字を題し、左右に慈悲堪忍の四字を書す。自らに解して曰く、それ慈悲は利益衆生の本源、堪忍は修身の要法、我れ六十余年唯だ此の四字を守るのみ」（原漢文）とのごとく、自ら慈悲行に生きた人物である。彼女のモットーは、「慈悲堪忍」の四文字であって、慈悲は利益衆生＝利他行の本源であり、堪忍は修身＝自利行の要法であるといっている。また、『現証往生伝』下巻の妙成信女は、「天性正直ニシテ慈愛ノ心殊ニ深シ。尋常念仏ノ暇ニハ恵施ヲ好ミ、貧窮乞者ヲ見テハ空シク過ス事ナシ。（中略）斯ル慈善ノ陰徳、念仏ノ修薫、運心功積リケル所由ニヤ、後ニハ親リ浄土ノ七宝荘厳ヲ感見シ、目前ニ阿弥陀如来ヲ拝瞻スル……」とあって、念仏ノ修薫と正直・慈善の陰徳という宗教的・人間的条件の兼備により、浄土の荘厳を感見し、目前に阿弥陀如来を拝み見る（のち往生する）ことができたのであった。

さらに、『近世南紀念仏往生伝』上巻の妙寿禅尼の項では、「慈悲深重にて檀度を好まれしを思ふに、経に仏心者大慈悲これなりとも、菩薩者慈悲為体とも侍れば、此一善もなほ往業に回向しつべし。さるをまして専修念仏せられしなれば、因円果満はるかなるまじく、いとたふとし」と見え、慈悲行の尊いゆえんを仏典（『観無量寿経』等）に求め、かかる慈悲の行為までも往生業に回向している上に、まして専修念仏しているのであれば、往生は実に疑いないと述べている。以上によっても、在家信者の生き方の理想として、いかに慈悲の思想が求めれられていたものか察せられよう。次に数多くの実践例の中からいくつかを紹介してみよう。

### 慈善の事例

はじめに『緇白往生伝』下巻の長門の武家女であった尼某甲は、「生平恒に持戒念仏、勇猛精進にして、寝食を永く忘る。尼、忍辱の衣いよいよ厚く慈悲の室ますます深し。これにより庵室の四辺を、昔日の豊聰皇子の四院に准《なぞら》えて、悲田・施薬等の四院を構え、多く非人等を集めて、これを扶持す。彼の貧乏の者へ飲食を与え、これを飽かせしめ、其の病痾の者へ良薬を施しこれを治せしむ。かくのごとき等の檀施を好むは、恒の事なり」（原漢文）とある。彼女は人一倍熱心な持戒念仏者であると同時に、慈悲・忍辱の人柄であり、自分の庵室の周囲に聖徳太子の四箇院（敬田・施薬・療病・悲田の各院）にならって四院を施設し、つねに非人・貧民・病者等の救済に努めたほどで、布施の精神の横溢をうかがうことができる。

『新聞顕験往生伝』上巻の近江国彦根の武家女であった春誉梅香信尼は、「賦性純謹にして尤も慈仁なり。忿怒《ふんぬ》の色面《おもて》に形《あらわ》れず。親族郷隣のうち、孤嫠《こり》なる者困じて、かつ病める者、法を犯して罪に当るこれを扶《たす》け、これを救うて、しかもなお及ばざるがごとくす。（中略）また平常己れに奉ずること泊如《はくじょ》たり。纔《わず》かに余財あるときは、すなわち像を刻み、僧に施し、貧困を賑《にぎわ》す」（原漢文）というものであった。信尼は謹み深く慈仁の人柄であって、親族や隣り近所の者のうち、孤児ややもめで困窮している者のほか、病者や罪人までも救済して、なお己れに足らざるを省みるほどの謙譲の人であった。そして、わずかに余財があるときは、仏像を刻んで僧に施与したり、貧困者を賑恤するのがつねであったという。

『現証往生伝』中巻の美濃国の武家の出である西光智慶信尼は、「慈仁・柔順・貞節」といった人柄の女性で、「幾程ナク慶貞（夫）身罷リケレバ、眼前ノ無常ニ驚キ、村外ニ茅蘆ヲ結ビ、茲ニ籠リテ浄業マスマス進修ス。折シモ歳荒テ、野ニ餓殍満、村ニ飢寒ノ者多シ。是ニ於テ一ツノ善願ヲ発起シ、勝能（子息）ニ米穀若干ヲ丐求テ、庵前ニ大釜ヲスヘ、炊キ煮テ、人別ニ施スコト、朝ヨリ暮ニ至リ、門前市ヲナス事三歳ニ及ベリ。或ハ裸体ノ者ニハ衣服ヲ与ヘ、或ハ病躰ノ者ニハ湯薬ヲ施シケレバ、臭穢百結ノ者ノミ集リ、自ラ蚤虱落弥リヌレドモ、信尼慈愍深クシテ、一念モ是ヲ厭ヒ悪ム事ナシ。（中略）又遠近ノ乞者ヲ集メ、人別ニ米三合宛施シ、既ニ数十石ニ及ベリ」というものであった。凶歳の折、村内に飢民の多いことを知ると、一つの善願を起こし、子息勝能に米穀若干を乞い求め、庵前に大釜を据えて彼らに粥を施したので、門前市をなすこと三歳に及んだという。また裸体の者には衣服を与え、病者には湯薬を施したので、彼女の周囲には臭穢の者ばかりが集まり、あたりに蚤や虱がはびこったけれども、慈愍の深い信尼は一向に厭うことがなかった。また一子勝能が亡くなると、彼の中陰の間、追善のために遠近の乞者を集め、人別に米三合ずつ施与したので、数十石にも達したという。

『新選遂懐往生伝』上巻の播磨国の恵雲信女は、「生質物事ニ謹フカク、別テ慈悲ノ心アツキユヘニ、米銭ヲ以テ緇素ニ施与へ、極貧ノ輩ヲ見テハ、一入悲愍ノ心ヲ起シテ、助救ヘドモ尚ヲ及バザルノ思ヒヲナス。其上実母春光院妙陽大姉追福ノ為ニ、利生寺境内ノ近処ニテ、田地一ケ所ヲ求メ、永代ノ供料ニ寄附シ、毎年正諱日ヲ向テ、水陸大斎会ヲ営ンガ為ニス」と見え、信女は謹み深く慈悲心に富んでおり、悲愍の心を起して極貧者の救済に当たるとともに、水陸の大斎会実施のために供料田を寄進するなど、地域民衆の物心両面の福利に貢献している。

最後は『勢州緇素往生験記』である。津城日幡氏の継室覚誉妙林法尼（中巻）は、「人となり仁慈」で「凡そ故旧出入男女孤独貧寒の者を見れば、恵むに銭貨服食を以て吝嗇の色なし。人歓べば倶に歓び、人憂えば倶に憂う。（中略）平生人を愛し嘉辰節月老幼親疎を論ぜず、随分に施与す」（原漢文）とのように、彼女の慈善には、他者のよろこびをわがよろこびとし、他者の悲しみをわが悲しみとする、自他不二の人生観に裏打ちされた堅固な愛他精神をうかがうことができる。続いて洞津の順誉浄和信士（下巻）は、温和で根気強い性質をそなえ、「祖母貞因・

母妙林・妻貞林及び児婦咸く皆楽邦を願う、慈心に物に接し、親戚を協け奴婢を憐み無告を恤み、今玄孫に曁び志意相嗣」いでいるというから、家族はみな浄土教の信者であって、一様に慈善をこととしており、その志は現に曾孫の子にまで継承されているのであった。信仰と慈善の二つが家訓のようなかたちで同家に伝えられているのは興味深い。同じく洞津八字街の転実尚教信士（下巻）も温和淳朴のやさしい人柄で、愛語をもって人に接した。「平生慈仁、あるいは奴婢指令に違うことあれば、則ち軟語教諭して罵詈杖笞を加えざるなり。夏日行歩軟動を誤殺することを恐れ、徐々として歩む。嘗て放生を以て願となし、限るに一億の数を以てす。その放すや必ず三帰念仏を授く。同宗親戚に至るまで、生物を割烹して以て燕饗を具えるあることなし。けだし居士徳風の及ぶところなり」（原漢文）という。生物愛護の念厚い信士は一億放生の願を立てこれを実践した。そうした彼の慈悲深い徳風の及ぼすところであろうか、一族親戚にいたるまで生き物を料理して食すことがなかった。このほかにも放生の例は数多く、「慈心不殺」を唱える仏教者の慈善活動の中でも顕著なものの一つであった。

**福祉意識の形成**

以上、『往生伝』に見られる慈善救済の具体例を述べてきた。その福祉的実践は、飢饉時における窮民救助をはじめ、鰥寡孤独・貧困者・罪人・非人・病者の救済、放生等にわたって広く行われており、彼らの身近な地域を舞台に隣人の福利に寄与するものであった（しかもこの場合必ずしも村共同体に制約されてはいない）。彼らは総じて人となり慈悲深く、利己執着の欲念薄く他者に対する限りない愛に溢れていた。そうした福祉意識が念仏を基盤とした宗教的実践とともに、生活の中に生かされているのである。彼らの生活化した福祉的行為は、念仏の篤信者たるにふさわしく弥陀の平等往生の大悲に支えられて、（慈善）対象との上下の差別観を超えたところで行われていた点に意義を認めることができる。しかも、ここで取りあげた人びとはそれぞれの出自を異にし、社会的階層もちがうが、いずれも正規僧ではなく、また女性を多く含んでいることなどに、あらためて注意しなければなるまい。そして一方では、以上のような内容を含む『往生伝』の民間流布が、当時の民衆なかんずく在家信者の福祉意識の形成に何がしかの役割を果たしたものと考えられる（拙著『近世浄土宗の信仰と教化』参照）。

# 第七章　明治仏教の慈善・救済思想

## 一　明治初期の仏教慈善思想

### ㈠明治初期社会と仏教

明治初期を明治元―十八年（一八六八―八五）とする。明治初年の廃仏毀釈は、近・現代仏教を基礎的に揺るがすできごとであった。明治初年はむろんのこと、それ以後の仏教は、いかにそこから復興するかが最重要課題であった。

しかしその復興は、挺身した人びとの動機には純粋性はあったものの、それは社会的にも思想的にも、そして福祉においても宗教革命といえるものではなかった。それはヨーロッパ宗教革命の記念塔的論文、ルターの『キリスト者の自由』（石原謙訳）や、ヨーロッパ近代社会福祉の開幕を告げる『キリスト教界の改善に関してドイツのキリスト教貴族に与える書』（印具徹訳）と比較するまでもない。

明治仏教は政治権力の御用宗教と化することを、社会的にも思想的にも断ち切ることができなかった。そして、その仏教復興に役立った福祉も、時折り仏教本来の姿をみせ、近現代社会に問題提起をすることもあったが、総じては「国益」に即した復興に役立つにすぎなかった。

仏教復興は大別して次の二方向となる。第一は、維新新政権の仏教再編成に参加する途で、「鎮護国家」「王法為本」「興禅護国」等、守旧的教説を強調した人びとと、海外の近代国家を理解して参加した開明派がある。第二は、僧侶の安逸が廃仏を招いたと反省し、自律自戒という形で本来の面目に立ち返ろうとした場合がある。開明派の代表は島地黙雷であり、自戒派の代表は福田行誡である。

明治維新の政治過程は、天皇制国家の再編である。仏教福祉は全体としてはその一翼として編成されたので、福祉の社会性は欠落し、福祉の近代化創出の途とはならなかった。たとえば最大教団の真宗は「真俗二諦」の教説のもと、その「俗諦」は政治権力と結合し、「王法為本」等が喧伝された。

後れて資本主義国となった日本では、上からの「殖産興業」が国策として推進された。「国富」の観点から仏教が著しく嫌われたのは、その「出家」性や「厭世」的性格であった。村上専精のいう僧侶は「天下の遊民」という現実があった。

これに対応したのが「仏教国益論」で、福祉もこの観点から活動を求められるのである。著名な明治八年（一八七五）一月の太政官への建白である「諸寺院連名建白書」の第十二条「弁㆓明僧徒立㆓十種国益㆒」にも多くの福祉事項があげられている。真宗大谷派の北海道開拓などはその代表的事例である。

初期資本主義の思想は自由放任主義である。本来的には仏教教義の持つ「慈悲」観とは両立するはずがない。仏教は自由放任思想への理解は、ほとんど示しておらず、まして「慈悲」観から批判などは全くみることができなかった。

明治国家は近代国家を指向し、範を先進国に学んだ。仏教もそれにならい、海外の先進国に信仰の自由その他を学んだ。それが洋行僧である。真宗本願寺派の島地黙雷・赤松連城、大谷派の大谷光瑩・石川舜台等々である。洋行僧ではないが、『報四叢談』『共存雑誌』に依る大内青巒・原坦山・大洲鉄然等々も啓蒙層を形成した。彼らは宗教の自由はむろんであるが、従来のいわゆる「虚学」的仏教に対し、「実学」的仏教を主張した。僧弊の打破はいうまでもなく、近代的家族倫理や社会倫理をも学び、キリスト教と福祉の関係も知った。

しかし、この啓蒙層も、明治国家から離れた存在ではない。それは最もシャープな啓蒙家と思われた黙雷のキリスト教排撃や、大内青巒の明治二十年代の国粋化等もそうである。

明治国家は、上部では中央集権的な統一国家、下部では「家」原理や「隣保」原理に支えられた。いわゆる「家族国家」である。そして教団仏教は寺檀関係や祖先崇拝を通じ、その基礎的社会関係維持の役割を担った。それが「家の宗教」として、近代を通じて封建制維持の役割の一つを果たした。

### ㈡明治初期の仏教慈善思想(一)

周知のように、日本救貧法は明治七年（一八七四）十二月太政官達一六二号の「恤救規則」で、その著名な前書は「済貧恤救は、人民相互の情誼によって、その方法を設くべき筈に候得ども、目下差置き難き無告の窮民は、自今各地の遠近により、五十日以内の分左の規則に照し取計置、委曲内務省へ伺出べくこの旨相達候事」ではじまる全五条の短いものである。恤救規則の基本的思想は「人民相互の情誼」で、古代的封建的共同体情誼を指している。救済対象規定は「無告の窮民」であり、江戸時代と変わりがなかった。

ところで、原始蓄積過程から生ずる貧困を、仏教はどのように見、その対策を提示したろうか。明治十四年後半から十八年までは経済的沈静期で、貧困者が多く輩出した。しかし仏教は、この不景気を倹約に努めなかった結果としたり、その原因が米価下落にあると認めた場合でも、労力の度を増し、貯蓄によって克服せよといった意見が多かった。不景気に加えて、凶荒の恐れがあった明治十八年（一八八五）、真宗本願寺派は末寺に、

本宗に於ては兼て真俗二諦の趣旨に候へば万一門徒の面々に在て労力を増加し需要を節減するの念慮なく徒らに飢餓に陥り候者有之候ては外国民の義務を欠き内宗徒の面目を失ひ候儀に候条末寺僧侶たる者深く此に注意し人民保護の朝旨を感載し患難相救の情誼を重じ勤倹の力を尽し凶荒の災を免れ候様説教法話の便宜を以て奨励勧諭し門徒末々に至るまで貫徹候様可致此段諭達候事（『東京日日新聞』一八八五・七・九）。

と達した。ここでは「真俗二諦」「患難相救の情誼」「人民保護の朝旨」が力説されるだけである。

これに対し民間の三田鶯谷は「布教者目下急務の要術は果して何もの乎」（『明教新誌』一八八五・五・二六）で、各県の地方人民の困窮状況を紹介しながら、寺院の救済への挺身を促し、

今日人民の困窮を見聞せば奮って貧富二者の間に奔走し飢飽平等には至らずとも十分之が媒介をなすべきなり。之を為す又道なきにあらず。余輩は思惟らく一郡一区の寺院結んで一連隊となり大旗を製して之に書するに貧民救助の托鉢の文字を以てし而して普く富家に就きて布施せしむるの方法をなすべし。

と「貧富二者の間に奔走し」「一郡一区の寺院結んで一連隊となり」と極めて積極的である。

開明家では島地黙雷が「開導利用説」（『教義新聞』一八七四・二・一六）で、

思慮経営以テ一身ノ用ヲナス能ハズ貧窮困乏道路ニ饑餓スル者ナンゾ之ヲ人ト称スルニ足ランヤ、癈疾不具ノ者ハ無レ論荷モ四肢百体ヲ具スル者豈人々自ラ務テ而饑餓スルモノアランヤ。唯務メザルノミ。

と、自由放任《レッセ・フユール》的立場をとっている。

文明開化とともに、「人権論」も盛んになった。とくに被差別部落問題も注目された。部落寺院は真宗が大部分

で、そこでは相変わらず業報《ごうほう》思想、未来往生、肉穢思想、そして「あきらめ」の教説が説かれていた。島地黙雷は『報四叢談』（二号）で「人権論」を発表し、

然ト雖ドモ屠児ヲ以テ平民ニ伍スル、実ニ人権平等ノ真理ニ基キ億兆一視ノ明政ヲ標ス若猶宇内ノ通理ニ達セズ我邦独リ人権ノ説ヲナスベカラズト云フ者ハ却テ我邦ヲシテ永ク文明ノ地位ニ進メシメザルノ頑論ト云ベキ而已。

と人権を高調している。しかしこの人権論は啓蒙的なもので、人権の「尊厳」や部落の貧困などの社会性にまで踏み込んだものではない。

上述のように、貧困に対する政策的対応とともに、仏教本来の「慈悲」観が、明治初期の福祉に対して、どのような様相を示したか。「慈悲」観が天皇制や上下関係に立つ儒教的人倫関係と結合し、「生きとし生けるもの」という宇宙的・人類的視点はほとんどみえない。また新しく導入された、初期資本主義の自由放任主義の持つ「競争主義」や、「功利主義」の理解は届かず、それに対する仏教「慈悲」観の提起もほとんどなかった。さらに近代化されたキリスト教に対しては、「排邪」観などの感情的反発を示すだけで、そこから学び吸収しようとする態度も少なかった。

一方廃仏を招いた反省として、福田行誡や釈雲照などの戒律的傑僧が輩出したものの、そこには社会的認識は見受けられない、そこでは、かってM・ウェーバーが指摘した、キリスト教の「世俗内禁欲」は形成されず、東洋的苦行的禁欲に留まった。確かに行誡・雲照に続く戒律の護持者には宗教性は高かったが、その位置は保守的役割に留まった。

たとえば不殺生戒についても、行誡の場合、生物の生命尊重は動物の愛護にまで及んでいるが、政府の「強兵」

政策を批判しているわけではない。むしろ仏教界では「愛国多殺」がその支配的教説であった。また不邪淫戒も依然説かれたが、寺院の檀家に娼家があったりし、いわば言行不一致で、また廃娼運動もほとんど見えない。娼妓の人権などもむろん不明で、不邪淫戒の社会性は、明治初期のプロテスタントの社会倫理から教えられる始末であった。

仏教教義である「報恩」は、明治初期では「衆生恩」などでなく、家政国家と結合し、慈善観もそこから導かれた。

凡ソ天下ニ住居フハ御互ノ身ハ施行ハ一日片時モ闕クベカラズ。上天子様ハ徳ヲ万民ニ施シ万民ハ作業ノ上ニ施ス県令又ハ区長村吏ハ職業ヲ人民ニ施ス。一家中迚モ親ハ子ニ慈ヲ施ス夫ハ妻ニ愛ヲ施ス、又車夫ハ客ヨリ雇賃ノ施ヲ受ケ客ハ車夫ノ腕力ノ労ヲウクル等世界万事皆是ノ如シ（「檀波羅蜜閑事」『三宝一鳥』一八七九・三・二五）。

このような天皇を中心とする有機体的な「恩」、そして「施」は、恤救規則の「人民相互の情誼」を倫理的に支えるもので、そこからボランタリックな慈善は生まれない。

しかしながら仏教福祉も、遅々としてではあるが、封建的慈恵と分離しはじめる。福田会育児院の責任者の一人朝比奈有章は「福田論」（『明教新談』一八八一・五・二〇）で、

堕胎拉殺の弊を矯め又一は孤立無告の貧児を育し其生命を全ふし其の寒餓を救ひ一個自由の王民たらしめんと欲する……福田育児院は法城の標識なり又教苗を種るの田地なり。

と「一個自由の王民」を論じている。また『東京日日新聞』（一八七九・五・二二）は社説「協会の公益」で、福田会育児院を紹介しながら、

是等ノ設立ハ即チ是レ世益ヲ謀ルガ為ニスルノ協会ナレバ苟モ志ヲ世益ニ抱クノ諸人ハ独リ此ノ諸協会ノ直接ノ目的ニ於テ世人ヲ利スルヲ喜ブノミナラズ其間接ニ於テ冥々ノ中又以テ自由ヲ伸張シ民族ノ擢揮スルノ利アルヲ喜ビ各々随分ノ力ヲ尽シ以テ勉メテ之ヲ翼賛シテ可ナリ

と述べ、「世益を謀る協会」「自由の伸張」を主張している。

これより先、大内青巒は棄児院設立を仏教界に勧告し、政府の威光による救済よりも、教法による愛情を以てすべきことを述べ、次いで欧州の棄児院の歴史にふれ、最後に、

当り一年のうちには二三千人に及ぶという頼む所なき赤子等を救ひ養なふの手段には棄児院より外に仕方もなければ若し彼の仏国のビンセントデプオール（注ヴァンサンド・ポール／吉田）といふ貴とき跡をふみならひ会社を結びて元手にても募る人のあらんにはたとへ我々の如き貧しき暮しの身なりとて如何で多少の寄進をなさゞらんや。然りとても亦た慈悲ふかくして富める人これが基ひをなさゞればなか〱行なわるべきことにあらず。斯る人を得ることさへに是非教法の力ならでは調ひがたきことなれば何れにしても宗師方の力より外に頼むべきものあらず（『官準協会新聞』一八七五・七・二四）。

と堂々の文章を発表した。本論等が刺激となって、福田会育児院は設立をみることとなった。

このような慈善の結社とともに、『奇日新報』（一八八三・五・二九）の「慈善の方法」も注目される。本論は単なる施行が慈善の良法とはいえないとし、ポーロ会の慈善を詳しく紹介した、『上海申報』の記事を紹介しながら、

而シテ老衰癈疾ノ者ハ之ヲ養ヒ小児ノ其父母ノ養育シ難キ者ハ之ヲ養育シ壮年ノ貧者ニハ応分ノ職業ニ就クノ媒ヲナシ与ヘ敢テ漫然衣食ヲ施スニ非ズシテ其之ヲ訓誨シテ之ヲ救育スルノ方法ハ実ニ懇到周備ナリ

と、イギリス一八三四年法を偲ばせる叙述をしている。本期の慈善思想は、ヨーロッパ等の影響を受け、近代的目

覚めに気づきはじめた時期といえよう。

### ㈢明治初期の仏教慈善思想(二)

慈善思想は実践思想である。その詳細は拙著『改訂増補日本近代仏教社会史研究(上)』(著作集5)に譲るが、主な結社や施設の「趣意書」や、「目的」をあげ、その思想をうかがってみよう。

まず貧民救助である。明治初期には普済院や大勧進養育院等の施設もあったが、とくに慈善結社がこの期の特色である。明治七年(一八七四)設立の日蓮宗妙法講社は、妙法の宣伝と貧民救助を目的としている。その「規則」一八条に、

本社の人は渾て慈恵を本とし善良の挙措あるを趣旨とすれば成るべく丈は放生賑貧赴患の慈業をなし殊更社中は疾病相ひ扶け艱難相ひ救ふの懇親あるべし(『妙法新誌』三四号)

とある。

災害救助では、明治十八年の水災・凶荒に対し、真宗本願寺派が六月末寺に、

(前略)本宗ニ於テハ兼テ真俗二諦ノ教旨ニ候ヘバ万一門徒ノ面々ニ在テ労力ヲ増加シ需要ヲ節減スルノ念慮ナク徒ラニ飢餓ニ陥リ候者有之候ラハハ外国民ノ義務ヲ欠キ内宗徒ノ面目ヲ失ヒ候儀ニ候条末寺僧侶タル者深ク此ニ注意シ人民保護ノ朝旨ヲ感載シ患難相救ノ情義ヲ重ジ勤倹ノ力ヲ尽シ凶荒ノ災ヲ免レ候様(下略)(『本山録事』)。

と達した。

北海道開拓で最も成功したのは真宗大谷派である。明治二年十一月、全国門末に「告諭書」を発したが、文中に、

猶又彼地所々に於て急速道場取建相成　真宗御弘通を専務とし、異教に陥らざる様御取締之儀も被仰渡候間
　於御門末中も深く被致感載（『東本願寺北海道開拓史』一四三頁）。

とある。

児童保護としては、江戸時代に盛んに行われた堕胎間引きの防止がある。仏教関係では井上如常・鈴木信教・瓜生岩子の救済事蹟が著名である。施設として最大のものは前掲福田会育児院があり、明治の育児施設としても代表的な施設である。真宗本願寺派板敷山の板敷円性の、明治十三年十二月の「育嬰同盟社規則」第一章総則第一款に、

此育嬰社たるや不幸にして幼児を養育するに苦しみ又は棄児孤独等の生活を得ざる孩児を救育するものにして固より愛国慈善深志を拡張するの目的なれば敢て惰民の請求に応ずるの旨趣にあらず（『茨城日日新聞』一八八一・四・一―二五）。

と定めた。

楽善会訓盲院は明治八年フォールズ、ボルシャルト、古川正雄、中村正直その他のクリスチャンを中心に、楽善会を結んだのがはじまりで、また近代的慈善のはじまりでもある。明治九年四月「楽善会規則」を発表し、第一章に、

此会は広告文ノ趣旨ニ因リ公同楽善ノ情ヨリ成立スルモノニシテ尋常営利ノ会社ト其性質ヲ異ニスレバ其規則モ亦従テ異ナラザルヲ得ズ、故ニ官認ヲ乞ハズ私設ヲ基トナシ公友ノ衆議ニ由テ決定スルモノヲ規則トス」（『東京盲学校六十年史』一四二頁）。

とあり、その「目的」に、

訓盲院は盲人をして其善徳才智を発達せしめ及び之れに工芸技術を授け自営自立の人たらしめんことを冀望し

吾輩会友の共立せんとする所なり。

とある。前年十二月発表した「訓盲会社条例」第一条には、

日本のハイランスヒロックソサイテイ「仁善会名」と名ずくべし

と会名を呼称している。「博愛《フイランソロフィ》」の日本の使用例としては最も早い、これら条文に見える「会同楽善」「私設」「自営」「自立」の語には、従来の「相救」や「随民観」を離れた、日本近代慈善の発生といえよう。訓盲院は明治十三年に事務を開始したが、明治十年頃仏教徒で会友として幹事に名を連ねているものに、大内青巒・島地黙雷その他があり、会務を担当した高津柏樹の名も明治九年頃から見える。

医療については、明治五年十一月京都療病院は青蓮院で仮病院の開業式を行った。開業後、願成寺与謝野礼厳ら六名の仏教徒は、施療施薬について府庁に次の建白書を提出した。

（前略）今企望スル所ハ新タニ貧病院ヲ興スニ在リ。然リトイヘドモ之ヲ反顧スルニ本院開業以来未ダ数日ナラザレバ貧病院ノ設亦難シトセン。故ニ先施薬ノ方ト其費用ノ由テ生ズル所以ノ途ヲ開キ涓滴漸ク川河トナルノ日ニ至テ貧病院ヲ興サバ是源深クシテ流速キニ至リ貧病疾苦ノ窮民其沢ニ潤フベシ（『京都療病院新聞』二号）。

とある。

明治五年九月真宗大谷派仰明寺対岳は監獄教誨を開始した。これに先立って東願寺光瑩（現如）に提出した願書に、

西洋各国ノ政府国禁法律ヲ犯セシノ民是ヲ獄ニ繋ギ教師其中ニ至リ懇々説諭シ以テ先非ヲ悔悟セシムト。事々切ナリト謂フベシ。然ルニ我国未ダ如斯ノ法アルヲ聞カズ。故ニ罪人解縛ノ日復タ法則ヲ破ルニ至ル。是教諭

ナキノ至ス処ト歎息斯ニ年アリ（『教導維新録』大谷大学所蔵写本）。

とある。

明治五年十月には太政官布告で娼妓解放令が布告された。娼妓解放とはいえないが、三重県真宗専修寺門徒の娼家が、解放令発布に際し娼妓に懇諭して、

皇仁ヲ奉戴シ俯シテハ窮阨ヲ憐ミタマフノ洪恩ヲ忘却セズ。日々必ズ東京ニ向テ拝セヨ（『教義新聞』一八七三・六）。

と述べている。

## 二　明治中期の仏教慈善事業思想

### ㈠明治中期社会と仏教

本期を明治十九―三十三年（一八八六―一九〇〇）までとする。明治二十年代初頭は憲法の発布、帝国議会の開設、教育勅語の発布等、近代国家の形成期である。

原始蓄積を終了した日本資本主義が、明治二十年代の後半から産業革命の段階に入った。それは綿紡績等衣料の生産部門を中心とする軽工業が中心であったことは、英国と同様である。しかし、重工業も明治初期から官が中心となって発展し、明治十三年の「工場払下概則」が、財閥形成の契機となったが、重工業の本格的成立は明治三十年代である。一方農村にも資本主義の浸透が進み、商品的農業も発展し、小農体制の確立と地主の寄生化を生み、

生産政策的農政が推進された。また各種銀行が設置され、日清戦争の賠償金をもとに、明治三十年には金本位制に切り換えられた。

資本主義の発展につれて階級分化がはじまった。しかし長く国家から保護育成されてきた資本家には、本来的なブルジョア性も未熟であった。相対的に労働者も労働者意識が未熟であった。しかし、日清戦争が日本社会問題の序幕といわれるように、明治三十年労働組合期成会が設立されて以来、各組合の結成も見られ、明治三十一年には片山潜・安部磯雄らによって、社会主義研究会が組織されることになった。

仏教はこのような資本主義の展開を十分把握し得なかったが、しかし資本主義恐慌や、階級分化にともなう社会問題の発生に対して、宗教の立場から発言をはじめた。

仏教の最も多い意見は、資本家の私利私欲の抑止と、労使間や貧富間の和合についてである。この期に仏教と「社会主義」の関係を最も多く論じたのは加藤熊一郎（咄堂）である。彼は明治二十四年、早くも「仏教と社会問題」（『浄土教報』一八九一・八・五―九・五―一〇・五―一〇・二五）で、貧困問題を社会問題と理解し、貧困対策としての共産主義は理論として優れているが、急場には間に合わない。保護干渉主義（講壇社会主義）は被救者に権利意識を生じさせ濫給が生じるので、慈善事業を最良の策であるとしている。

加藤は「社会組織の根本的改革」（『明教新誌』一八九九・三・六）で、富者が跳梁し、強者が跋扈する社会を攻撃しつつ、

予は此点に於て国体社会主義に賛す。国体社会主義は差別の上に平等、平等の上に差別を立てんとするものにして、実に仏教真理の発現なり。予は此真理の上に社会を組織せんことを欲す。今日の如く不平等なる社会は予の甘んずる所にあらず。予は断じて其根本的改革を宣言せざるを得ず。

と、加藤の立場は、明治二十年代の三宅雪嶺以下の明治「国粋主義《ナショナリズム》」に連なる主張である。

この期の仏教はおおむね精神的社会主義を唱えて、調和的、中間的立場をとった。仏教が社会主義とともに、資本主義とは本質的に相容れないと考えたとしても、それは資本主義を理解した上でのことではない。その社会主義観の持つ慈善性や、ナショナリズムは、やがて日露戦争後の帝国主義体制に利用されることとなる。この資本主義形成期に、仏教が資本主義との関係を詰めてみなかったところに悔いを残した。

工場が増加し、貧富の懸隔が明らかになるにつれ、仏教も労働問題に注目しはじめた。しかしそれは、労働運動としてではなく、労働者保護の観点からである。『明教新誌』の社説「労働者の保護」（一八九二・一一・一四—三〇）、あるいは「宗教家と労働問題」（一八九二・一二・二）は、宗教家が労働運動が激烈になる前に、労働者を保護し、資本家の貪欲無慈悲を防ぎ、労働者虐待の法律的制限を行うよう努力すべきであるとの論旨である。ただ後者の社説は、労働者保護のため、組合設立をすすめているのが注目される。仏教の労働者保護はおおむね「公共調和」に基づく中間的立場で、ストライキ等は否認されている。

このような中間的立場や倫理的見地から行われたのが、「職工伝道」や「工場布教」である。「職工布教」の最も早いものは、明治二十年（一八八七）八月に開始された長野県上高井郡須坂町蚕糸製造業信明社内に設立された信正社で、『奇日新報』（一八八七・八・二五）が、詳細にこれを伝えている。同月の十六・十七日には説教場の開場式が行われ、本願寺派法主も「消息」を発している。本社内に婦人教会も結成された（『婦人教会雑誌』一八八九・一一・二）。説教の内容は、工場主側の意図に添うものが主で、『浄土教報』社説（一八九九・九・二五）ではそれを批判している。

この期で世間の耳目を引いたのは、長崎三菱高島炭坑の坑夫虐待事件である。『明教新誌』は社説「諸君は如何に三千の奴隷を処置せんとする可」（一八八八・八・八—一二）。社説「高島炭坑の布教」（一八八八・九・一八）等を発表している。

被差別部落に対する仏教の態度は、部落教化である。『仏教』（一八九六・二・一五）の「穢多伝道」は、被差別部落と関係の深い真宗、日蓮宗の伝道により、部落の生活向上を図るべきことを強調しているが、一般的には依然「あきらめ」の教説などが主であった。

日清戦争と仏教不殺生戒の関係は、仏戒を戦争協力という形で解釈した場合が圧倒的に多い。しかし日露戦争以後のように、不殺生戒が全く戦争の中で消失したわけではない。多少の宗教性を残している。武士道精神の遺風がまだ残り、兵士の戦場におけるマナーや、「捕虜撫恤」や、従軍僧の態度にもそれがうかがわれる。そして「怨親平等」の仏教的伝統も残っていた。

釈雲照は『密厳教報』（一八九五・一・二五以下）「慈悲不殺生戒法語」で、戦争には義戦と暴戦があり、人類が塗炭の苦しみに陥ることを防止する戦争を義戦として是認しているが、このような論が多い。

仏教近代化の過程からみれば、この期は啓蒙仏教から近代仏教形成期への過度期である。その第一歩は国粋主義の勃興をてこに、井上円了の『仏教活論序論』（明治二十＝一八八七年）等を先頭にした、主に社会活動を通じた仏教復興であった。井上は前述の著で、仏教復興の構図を、

若シ今日仏教ヲ改良シテ世間ニ活用スルニ至ラバ、其社会ノ競争ニ加ハリテ世間ニ実益ヲ与フルハ一歩モ耶蘇教ニ譲ラザルヲ知ル。

といっている。それは仏教に近代哲学的根拠を与え、仏教の社会的有益性を実証して仏教を復興し、キリスト教に対峙しようとしたものである。円了の仏教の社会的活動を論じた文章は数多いが、とくに『雑居準備僧弊改良論』（明

治三十一＝一八九八年）が注目されよう。

しかし円了らによる明治二十年代初頭の仏教革新は、まだ啓蒙運動の性格を脱していない。近代仏教の形成には、産業革命前後の社会に対する厳しい批判精神や、近代仏教信仰の樹立を待たなければならなかった。雑誌『仏教』による古河勇（老川）は、豊かな批判精神に恵まれていた。彼が『仏教』八三号（一八九四・一・五）に発表した「懐疑時代に入れり」は、新仏教形成の暁鐘となった。彼は仏教の歴史的研究を契機として、教祖を無上の信仰対象としていた独断の時代から、現代はまさしく懐疑時代に入ったとの問題意識を立てて、その懐疑から新思想を媒介とする、新仏教が誕生すると主張した。彼の批判精神は三十年代の新仏教運動の思想へと発展した。

仏教における近代信仰の樹立は清沢満之によってであり、その回心の起点が明治二十七年（一八九四）であった（拙著『清沢満之』人物叢書）。彼の「回想」によれば、廃仏毀釈後は仏教有用の実証期、二十年代初頭は仏教の哲学化、社会の有益性証明の時期、そして自己の任務を信仰確立の時期においている。

日清戦争前後の風潮は、仏教に新しい社会を発見させはじめ、政治権力から仏教を引き離す糸口を与えた。それは外面的な社会活動ばかりでなく、内面的な近代信仰形成への路線も発見させた。

## (二)明治中期の仏教救貧思想

本期の仏教救貧思想を大別すれば、明治二十三年（一八九〇）の第一次資本主義恐慌を中心とするものと、日清戦争前後からの産業革命に対応する場合の二つである。

第一次資本主義恐慌期の救貧思想として、最も重要なものは『明教新誌』が主筆村上泰音に調査し発表させた社説「貧民救恤原論」（一八九〇・六・一八―九・一〇）である。本論は米価騰貴、金融逼迫の結果生じた、飢民の救済政策を研究したものである。救済理念を法教上に求めているので、多少偏している点もあると筆者は断わっている。

本論はあまり紹介されたことがないので目次をあげる。一章本論を起草する由縁、二章本論の論規及び其の順序、三章本論の大意、四章貧民を救恤し又は其の救恤を勧奨するは宗教家の本務の一分とす、五章政府の貧民を救恤する区域及び其の精神如何、六章学者は如何に貧民を救恤するか、七章民情視察に関する官吏の注意、八章貧民と富者との彊界、九章中等人民、十章富者にして救恤せざれば貧者に対して尊大の権利なく、貧者にして救恤を受けざれば富者に対して謙遜の義務なし、十一章快楽と高貴とは概ね富者に属し、病苦と下賤とは概ね貧民に属す、十二章無形上の貧富、十三章貧民救恤に関する諸種の弊害、十四章貧民をして富者たらしむ能はず、十五章道徳上より貧民を救恤すべし、十六章交際上より貧民を救恤すべし、十七章経済上より貧民を救恤すべし、十八章衛生上より貧民を救恤すべし、十九章有所得心の貧民救恤、二十章無所得心の貧民救恤、二十一章東京貧民の内情、二十二章地方貧民の内情、二十三章貧民中の等級、二十四章憐むべき貧民、二十五章悪むべき貧民、二十六章貧民の祖先及び子孫、二十七章貧民の末路、二十八章天災による貧困、二十九章時運による貧困、三十章懈怠に依るの貧困、三十一章病疫に依るの貧困、三十二章家族の過多に依るの貧困、三十三章無学無能に依るの貧困、三十四章厭倦又は多岐に渉るの貧困、三十五章僥倖心又は投機心に依るの貧困、三十六章飢饉に備ふるの用意、三十七章本論の結勧、からなっている。

村上の議論は精神論でなく、この期のものとしては、貧困とその救恤について、かなり広い目配りがなされている。

この期には、明治二十四年（一八九一）の濃尾大地震を中心に、自然災害に対する救貧思想も多い。その多くは

「無常観」や「業感《ごう》」である。一般の貧困者認識はまだ封建倫理からの「惰民観」である。

日清戦争前後が、日本産業革命の序幕であり、そこから貧富の戦争がはじまったとするのが、横山源之助以来の一致した認識である。かような情勢の中で、仏教的救貧思想はいかに展開したろうか。仏教救貧思想で最も多いのは、貧富の懸隔から必然的におこる共産主義、そしてストライキの防止をしながら、一方では富豪に救済を奨励するという調和策である。『日宗新報』（一八九七・一二・八）は「気日を追て寒し貧天地饑寒窟裡の状如何」で、

吾人は常に惨絶悲絶なる共産主義社会主義を未萌に防ぐべき方策を講ぜられん事を願ひつゝあり……今に於て富者を諭し貧者を救ひ、富めるに得て貧しきに与ふべきは教家を置て夫れ誰ぞや。

と、中間的立場を強調している。それは国家の救貧的役割を代替するとともに、社会運動防止の役割を担うことであった。仏教救貧の本質から離れ、新しい治警論理の一翼に編成されることでもあった。

しかしこのような、政治権力に牽引された救貧思想とともに、仏教慈悲観に立脚した救貧思想がなかったわけでない。それは「貧民の友」という形で展開された。『明教新誌』（一八九九・九・一六）は「誰か貧民の友たるものぞ」で、

慈善事業の勃興は最も喜ぶべし……吾人は財を要する事業よりも宗教家は宗教家らしく、実際に貧民の味方となりて労働者の友となりて、額に汗する労働の中に弥陀の光明を認めしめ、営々として衣食に奔走する中に精神の安慰を与え……。

と述べている。『反省雑誌』（一八九七・四）も、「仏教と貧民問題」で「貧民の味方としての貧民伝道」を主張している。

## ㈢仏教慈善事業思想の起点

この時期の仏教慈善も組織化をみせはじめ、いわば慈善事業への過度期といえよう。すなわち原始蓄積期から産業革命期への移行を背景に、仏教慈善もようやく「社会性」と「組織化」を身につけはじめ、ヒューマニズムをも理解しはじめた。用語の厳密な使用において、慈善事業を産業革命期に対応する用語とするならば、本期は仏教慈善事業思想の起点といえよう。

このような風潮を導いた影響の一つはプロテスタントであり、その代表は留岡幸助の『慈善問題』(明治三十一＝一八九八年)である。

仏教的慈善は明治初期においては、まだ前近代的性格が濃厚で、前節で述べたように、慈善を通じて「国益」に寄与する観点が強かった。明治二十年代前後は、慈善を通じてキリスト教に対抗しようとした井上円了式の慈善観である。円了は『仏教活論序論』で、

若シ今日仏教ヲ改良シテ世間ニ活用スルニ至ラバ、其社会ノ競争ニ加ハリテ世間ニ実益ヲ与フルハ一歩モ耶蘇教ニ譲ラザルヲ知ル。

と述べて慈善を鼓吹している。清沢満之は二十年代の慈善を「慈善仏教」と揶揄している。

国家も仏教的慈善の隆盛に期待を寄せた。それは貧富の懸隔がはじまるにしたがって、表面化した社会主義や共産主義の予防の役割の一つを、仏教的慈善に期待したからである。それは仏教慈善思想の持つ有機体的原理や、差別即平等的世界観、あるいは仏教の「中」意識への期待でもあった。

しかし同時にそれは、仏教的慈善近代化の阻害の途でもあった。仏教的慈善の独自性より、体制内に仏教的慈善

が捉えられることにより、仏教の近代的慈善の芽が摘まれ、とくに仏教ボランタリズム創出の芽を自ら摘みとる結果になった。

しかし仏教慈善も幾多の限界を持ちながら、新しい組織化の胎動をみせはじめる。以下具体例の三、四をあげてみよう。

㈠　各宗の協同、一宗の宗務行政、同志的結合、そしてその個々の施与にも新しい動きが見えはじめた。各宗協同の例は、奥山千代松が各宗協同仏教総務院救済局設置提案で（『大同新報』一八九〇・四・二五）、慈善は仏教教理上の差ではないから各宗協動で慈善を実施しようという動きである。次に慈善も、宗務行政の一翼とする公的性格を持ちはじめた。『仏教』（一八九九・三・一五）は各宗本山に慈善管掌の一局を設くべしと主張している。また結社の流行に促され、上宮教会その他が誕生した。

㈡　仏教慈善も「社会化」をはじめる。貧困が集団化し流動化すれば、仏教慈善にも「社会化」の胎動がはじまる。一つは社会的貧困への対策であり、一つは社会的運動化である。前者は都市スラム地帯に仏教貧児教育が誕生し、セツルメントの端緒的形態を示す。後者では仏教矯風運動として禁酒団体反省会や、大内青巒の死刑廃止運動である。

㈢　「組織化」としては、社会問題解決のための各宗協議会の調査、そして慈善施設における処遇方法の新しい動きである。

㈣　ボランティアの結成である。新義真言宗音羽大学林の悲田会がこれで、近代的社会問題対策という新しい思想で、市民活動にサービスをしようと発足したものである。

しかし同時に、仏教的慈善は多くの近代的限界をも持っている。

㈠　この時期は、日本の近代的ヒューマニズム発生期であるが、仏教的慈善の持つ有機体的性格が、国家権力から分離できなかったし、また仏教的慈善は、キリスト教的慈善への対抗意識を払拭できなかった。総じて封建性の残存が濃厚であった。

㈡　救済対象認識である。この時期の救済対象は社会性を帯びはじめていた。しかし仏教的慈善の対象認識は社会的認識より共同体的認識が主であった。

㈢　仏教的慈善はまだ儒教的「志士仁人」意識に牽引されていた。仏教的慈善の持つ「悉有仏性観」が、キリスト教的ヒューマニズムと対決するのはまだ先の課題である。

㈣　個々の救済対象を、自由な市民と理解するのも先の課題である。勧善懲悪観が仏教的因果観と結合して「惰民観」を形成し、救済対象に対しより教説性が濃厚であった。

一般思想では、明治二十年代は日本近代思想の青春期であるが、仏教的慈善は一歩遅れながら、「組織的」慈善事業へと歩みを進めていく。

## ㈣明治中期の仏教慈善事業思想

代表的な現場の実践的慈善思想を挙げてみたい。

救貧活動としては、明治二十三年（一八九〇）の資本主義恐慌に際し、各宗管長協議会は、「社会の調和を図る事、貧民救済に関する事、仏教慈善会創立に関する事」等を決定した。「各宗協同仏教慈善会趣意書」（『本山報告』六一号）には、

饑寒身に迫る者と雖も、之を救護して其処を得せしめば、他日国家の金城となり又法城の鉄壁となりて、幾多

の洪益を吾人に与へんも亦知るべからず。

とある。

救貧団体も多く勃興したが、愛知三河昌光寺深見志運は明治十八年四月慈無量講を結び、その「結言」に、

茲ニ於テ同志ト謀リ慈無量講ヲ創メ毎月貧窮者ヲ集メ暫時飢ヲ凌グ糧ヲ施シ三世因果ノ業報四恩十善ノ道理ヲ説示シ人タル道ヲ履マシメントス（昌光寺所蔵）。

と述べている。

明治二十九年四月十九日に設立された東京市養育院児童に対するボランティア団体新義真言宗大学林学生による悲田園は、その「設立旨意」に、

茲に音羽悲田園なるものを設立し、大に社会問題研究の衝にあたり、以て貧民伝道の策を請じ、将来社会の福利を増進し、社会の民をして、永く列祖の恩波に沐し、仏陀の慈海に浴せしめんことを期す（『仏教』一二一号）。

とかなり社会問題意識が高い。この期には各地に慈善会が結成され、ボランティア活動が行われた。明治三十一年仙台の仏教関係者が進徳会を結成し、

真俗二諦相依ノ宗義ヲ拡張シ忠君愛国ノ美風ヲ涵養シ傍ラ慈善ノ挙ヲ起シ国運ノ隆盛ヲ図ルヲ以テ目的トス（『仏教』三七号）。

と述べている。

この期は二度の大災害に見舞われた。明治二十四年の濃尾大震災に、真宗本願寺派は末寺一般に「甲達第二十六号」で、

此際人民相愛有無相通無得貧惜ノ聖訓ニ随ヒ罹災者ノ困難ヲ察シ同胞ノ情誼ニ悖ラザル様救助ノ為ニ尽力可レ致」(『本山月報』)。

と諭達した。

明治二十九年には三陸大海嘯が起こった。真宗大谷派法主は、

先般東北地方ノ海嘯ノ儀ハ未曾有ノコトニシテ実ニ驚入リタルコトジャ。就テハ弥無常迅速ノアリサマニオドロキヲ立テ速ニ安心決定ノ上ヨリ彼地方ノ人民ノ困難ノ事情ヲ思ヒ遣リ精々救助ノ道ニ尽力アリタキコト(『本山事務報』三四号)。

と「親言」を発した。

明治二十七年(一八九四)からの日清戦争でとくに注目されるのは、清国人捕虜撫恤である。明治二十七年十一月八日、真言宗長者高志大了は大本営参謀総長有栖川宮熾仁親王に「捕虜撫恤に付御認可願」を提出したが、その中に、

爰に我仏教の如き最も怨親平等慈悲普及を以て本領とす。彼れ捕虜も又人類の同胞なれば彼の病苦を慰問し幽鬱を撫恤して……(『伝灯』一八九四・一一・二八)。

との大文字が見える。

医療保護で注目されるのは看護婦養成である。真宗本願寺派は明治三十年三月六日、看護婦養成所を設置した。その「規則」第一条に、

看護婦養成所ハ天地災殃等ノ事故ニ依テ生ジタル疾病傷痍者ノ為ニ看護婦ヲ養成スル所トス(『本山録事』)、

と定めた。

児童保護では、まず育児事業である。明治三十二年十一月開院式を行った福岡博多の竜華孤児院の「設立趣意書」には、

それ慈悲深く施し、仁愛兼済は仏陀の教ふる所なり。苟も仏陀の教を奉ずるもの宜しく仏陀の我等を愛愍し玉ふ父の子を念ずるより甚きはなし（『明教新誌』一八九九・六・二四）。

とある。

感化教育では、明治二十一年八月、岡山監獄教誨師光清寺住職千輪性海、安住院住職和田大円によって開設された岡山感化院がある。『官報』には、

一ハ独立生活ノ途ヲ得シメ再ビ罪ヲ犯スガ如キ悪意ヲ防ギ一ハ罪囚増蓰ノ源ヲ絶チ一ハ獄費ヲ減殺ヲ以テ社会全体ノ幸福ヲ増進（『官報』一八八八・一〇・二）。

とうたわれている。

貧児教育を、明治十九年十一月十五日、東京下谷浄土宗久保田量寿は、

近隣ニ住スル児童ヲシテ終日路傍ニ遊戯ヲ事トスルモノ、父兄ニ勧告シテ昔時ノ所謂寺小屋流ノ教授ヲ施シ（同善会所蔵）。

と回顧しているが、明治二十一年五月同善簡易小学校とした。

刑政関係では、大内青巒は明治二十四年一月二十三日、各宗協会に「死刑廃止を国会に請願せられんことを各宗協会に勧告する書」を発したが、その中に、

今の刑法に死罪の一科を置き、国家の権力を以て人民に死を処すること有る者、是れ恐らくは条理の中正を得たる者に非ず。宜く速かに之を廃棄すべき者なりと（『明教新誌』一八九一・二・二）。

の文字が見える。青巒は議会ごとに請願書を提出している。

更生保護では、東京府下各宗協議会は明治二十一年四月、免囚保護慈善会の設立計画をしたが、その事業目的に、

出獄者にして引取人なきものを保護し之を教会内に寄宿せしめて朝暮に教誨を施し又職工場を設けて職業を練習せしめ以て漸次に善良なる独立の人民たらしむるにあり（『令知会雑誌』五〇号）。

と掲げているが、半途で坐折した。

仏教禁酒では、明治十九年四月六日真宗本願寺派普通教校学生有志は反省会を設立し、「目的」に、

経済上、衛生上、及道徳上より、禁酒主義を唱導す。されども特に道義に関する勧誡を以て、其中枢の目的とす（『反省会雑談』一号）。

とうたっている。

明治二十三年二月九日設立の仏教不邪淫会は、廃娼運動ではないが、小栗栖香頂はその「緒言」で、

然レドモ邪淫ノ境ハ広シ、倶舎四分律等、瞭然トシテ見ルベシ。茲ニ漸ヲ以テ其太ダ甚シキモノヲ防グベシ、其妻妾ヲ除クノ外、瓜田ニ歩ヲ容レザルベシ（『浄土教報』二七号）。

と「妻妾」を除くとしたのは、まだ近代的性道徳が仏教では確立をみなかったからであろう。

# 三　明治後期の仏教慈善事業思想

## ㈠仏教の社会思想と社会運動

社会思想

本期を明治三十三年（一九〇〇）から明治四十五年（一九一二）までとする。この時期は、政治体制としては日本帝国主義の形成期であり、経済体制としては独占段階への移行期である。思想過程としては、体制思想は帝国主義思想、反体制思想としては社会主義、無政府主義思想、個人思想としては自我の覚醒と屈折をめぐり、自然主義思想等がある。

これと対応して、仏教は近代仏教の成立期であるが、また帝国主義国策に動員されていく過程でもあった。そこには宗教としての動・反動の明暗がかなりはっきり現われてくる。

仏教は、政治過程に対する認識は一応持ったが、産業資本の確立から独占資本への移行についての認識は乏しかった。しかし経済上の生存競争の熾烈化や階級分化が、本期には現実化し展開したので、それについては仏教慈悲観や、仏教無我観と相入れないものとして、反発するのは当然であった。生存競争や優勝劣敗を否定し、仏教的調和の世界を提示しようとすることは、かなり一般化している。

日本帝国主義の形成期に、仏教が社会主義や無政府主義、社会主義的傾向を持った社会改良、さらには仏教の近代信仰運動の中にも、帝国主義に対立する動きのあったことは見逃せない。むろん仏教は、資本主義や市民的諸思想の把握が十分でなかったから、理論的な問題提示はほとんどできなかったが、帝国主義と仏教が両立できないと考えたのには歴史的意味があった。それゆえに、仏教が帝国主義形成期に、社会主義運動その他と近似の立場をとり得たのである。

まず社会主義との関係である。荒木樵村は「社会主義に関する鄙見を述ぶ」（『加持世界』一九〇四・一〇）で、

要するに社会主義と宗教問題とは其の出立点に於て相異り、其の行途に就て相接し、終局に於て相融合するものにあらざるか。

と述べているが、このような発想は当時は珍しいことではなかった。この主張は社会主義の理解としては十分とはいえないが、この時期は、社会主義者すら社会主義の理解は初歩的段階であった。仏教が生存競争や優勝劣敗を否定し、仏教的無我や利他思想に立脚する精神的社会主義を唱えたのは当然であろう。そこでは社会科学より、情感的実践が先行されている。たとえば明治社会主義団体の中心である平民社、とくにその中の堺利彦・幸徳秋水らと新仏教徒同志会、とくに境野黄洋・高島米峯らとの親交関係等である。仏教徒が仏教汎神論や無神論を基礎に社会主義を捉え、一神論的キリスト教社会主義や、唯物論的社会主義に対立したケースもみられた。

社会科学的認識を欠きながら、しかも巨大な帝国主義的権力に対決をした場合、仏教の「出家否定」や「弥陀一仏」の実践が、無政府主義的傾向を生じた例がある。それは大逆事件と仏教の関係に表われている。大逆事件は単に仏教僧侶が事件に巻き込まれたのではなく、「釈迦何者ぞ」という禅の内山愚童、「悪人正機」の真宗の高木顕明等は、仏教信仰と無政府主義が結合した例である。内山愚童は社会主義者すら手をつけ得なかった、天皇制否定を表面に掲げた（『入獄記念無政府共産』）。愚童の禅的精神が山県有朋体制下の政治権力に対して、「犠牲」という形で表現された。愚童にはそれほど社会主義や、無政府主義についての知識があったとは思われないが、そこには

「犠牲」を通じての無政府平等への姿勢がみえる。

しかし、最も平民社と関係が深いと思われた新仏教徒同志会も、むろん社会主義団体ではなく、いわば「自由主義左派」の線であろう。むろん仏教界全体としては、社会主義や無政府主義、自然主義防止の一翼に動員された。そして社会教化の名の下に、「差別平等」や「秩序的平等」、あるいは「因果の理法」や「宿業説」、さらには「報恩感謝」等々の仏教教説や仏教倫理が動員された。

しかし前述のように近代仏教の形成期に、帝国主義と対立する動きのあったことを見逃してはならない。帝国主義と仏教教理は両立できないものとして、宗教的実践となっていったことは思想史的意味のあることであった。

社会運動

日本労働運動の開幕は、天涯茫々生横山源之助がいうように、日清戦争からである。近代仏教の失敗の一つは、労働運動や労働者の把握である。仏教の対応は心情面だけである。仏教の労働運動の解決策は報恩主義による安慰と満足である。『無尽灯』は社説「労働問題と感化問題」(一九〇七・一二)で、

労働問題は利益問題なると同時に情意融合の問題なるを記憶せざるべからざるなり。

と労使間の関係が「情意」におきかえられている。仏教の報恩主義は明治政府のとる体制的「中間」意識と結びつくことになった。白熊生は「労働者安心論」(『社会主義』一九〇三・七・三)で、宗教家が現世の苦痛を辛抱させるために、来世の幸福を説いていると非難している。仏教が来世幸福を無前提に説いたことは、労働者の権利意識の創出期だけに、かえってこれをチェックすることになりかねなかった。

仏教が労働問題の対策としたのは、労働者慰安会・工場布教・工場伝道である。その内容は労使協調から女子労

働者の風紀矯正にいたるまで、各般に及んでいるが、「富国」という名分論が最も多く、倫理道徳も家族主義的である。斎藤智昇が「予が布教観とその経験(二)」(『和融誌』一九一二・六・一)で、

工場などに出入するには慢然とあり来りの黴の生えた道徳論は一顧の価もない。勢い社会主義綱要の一部や資本家と労働者の需要供給の経済的関係をザットなりとも討究して参考とする必要もある。

と反省を求めている。

日本公害運動の原点は足尾銅山鉱毒事件である。本事件に対する仏教徒の態度で最も多いのは、政治問題や階級問題化させず、人道問題、あるいは貧民救済問題として対処しようとしたことである。『仏教』(一九〇二・二・一五)は社説「鉱毒問題と仏教徒」で、

今や問題の如きは単に社会問題と云わるべきものに非ずして、人道問題となり、仏教家の手に依りては貧民救済の問題となり……。

と述べている。本事件については各宗とも尽力し、その報告も多いが、その白眉は真言宗豊山派の小林正盛の「鉱毒被害地跋渉録」(『加持世界』一九〇二・三・一)である。彼は鉱毒問題は非常に複雑な事情を有すること、二、三の惰民をみて真実と断案を下すは誤解も甚だしいこと、被害民の心性を云々するより、まず衣食を与え、同時に品性を矯めること、常識を欠き分別を忘れた被害民があっても、直ちに難ずるは間違いで、社会の罪として論ずること、などを主張している。

救済活動で最も効果があったのは、施療施薬活動であった。東京の真宗本願寺派は医師や医学生を派遣し、被害の甚だしい群馬県邑楽郡海老瀬村に第一施療所を開いた。次いで栃木県堺村に第二施療所、続いて足利郡吾妻下羽田に第三施療所を置いた。海老瀬村施療所は鉱毒被害民救済仏教有志会がこれを引き継いだが、明治三十四年(一

九〇一）十二月二十八日開所以来（数字に多少の疑問があるが）、群馬・栃木・茨城・埼玉四県の取り扱い患者三千四百九十三人、眼科診療二千余で、毎日百余名の来患があったと報道されている（『中外日報』一九〇二・一・二八）。

被差別部落関係としては、依然「あきらめ」や「業論」、あるいは「差別即平等」等々精神論を説くのが大勢であった。教団や寺院の存在が部落にとって経済的負担であった。正確な統計ではないが、昭和七年（一九三二）調査では、部落人口の八五パーセントが真宗檀信徒で、内八〇パーセントが本願寺派といわれる（藤谷俊雄稿「仏教と部落解放」『講座近代仏教』）。明治二十五年九月、真宗本願寺派大日本仏教慈善会財団布教師竜華智秀の和歌山での差別的暴言事件が起こり、本願寺派は竜華を布教師免職処分とした。この中で、大逆事件連座者の真宗大谷派高木顕明は自坊浄泉寺が被差別部落の中にあり、その解放に尽した。

この期の仏教の社会的貢献の一つとして、日露戦争を挟んでの平和思想がある。仏教で反戦を主張した者には、大逆事件関係の内山愚童がある。愚童は『帝国軍人座右之銘』を約三百部秘密出版し、新入兵に集団脱走を勧めた。同じく大逆事件の高木顕明も、日露戦争中非戦の立場をとり、彼の住地の新宮寺院による戦勝祈禱にも批判的であった。

同じく非戦的立場をとった者に、新仏教徒同志会の井上秀天・林竹次郎（古溪）や無我愛運動の伊藤証信がある。また厭戦的立場をとった者には、新仏教徒同志会の境野黄洋・和田不可得・高島米峯・堀田延千代・長剣生らがある。

この中で明治三十七年六月、林竹次郎は「煩悶録」一（『新仏教』五巻六号）で、

戦争を謳歌する宗教はあらざるべし。戦争を奨励する宗教家は到る処にあり。戦勝の祈禱は、人類を相手にす

る宗教のやることゝしては、実に矛盾の甚しきものなり。

と力説し、非戦詩「兵馬倥偬」を発表し、

(前略)「昨夜《よべ》はしも、車を徴《と》られ、今日はまた、馬めし出され、明日こそは、我子征《ゆ》くべき」「声高にのゝしりゆくはみちのくの三春の野辺に、世を老いし馬飼下部」「馬たらず、馬をせめとり、人足らず、人を召し召せ、車足らず、車めしあげ、銭足らず、みつぎまた取る」「罪討つと、まず罪つくり、不義うつと、おのれ不義をす。義戦なき、春秋のみにあらずけり」(後略)(『新仏教』六巻三号)。

などを含む長詩を発表している。全教団を挙げた戦争謳歌の中での発言だけに、歴史的意味を持っている。日清戦争ほどでないが、日露戦争中にも仏教の「怨親平等」の教理により、捕虜撫恤が行われたことも忘れるべきでない。

## (二)仏教慈善事業思想とその組織化

仏教慈善事業思想

慈善事業という言葉を本期では主として明治三十三年より日露戦争終了期まで使用したい。仏教慈善事業もようやく「社会性」を獲得しはじめ、その「組織化」もはじまる。

社会問題認識が遅れた仏教も、日本産業革命がはじまると、単なる「個人解脱」のみの強調では、時代に応ぜられず、「社会解脱」が要求され、社会実践にも目的を置かざるを得なくなった。社会に働きかける能力により、宗教の価値が決定されることになった。しかし仏教にはまだこのような刺激は外面的であり、プロテスタントの市民的ヒューマニズムに比し、仏教慈悲観と産業資本社会とが切り結ぶまでには至っていない。

しかし仏教慈善事業も維新期や明治中期とは異なり、新しい産業革命前後の社会問題に対応する胎動もみえるのである。それは具体的には「パン問題」という、社会問題を踏まえた社会的近代的人間が問題となりはじめたということである。仏教的慈善も単なる個人的施与でなく、いわば社会的慈善＝慈善事業が問題になりはじめたのである。ヨーロッパの社会事業を視察した近角常観は「宗教的経営及び社会事業を論ず」（『政教時報』一九〇三・一一・八）で、

今やこの世紀の新気運は社会事業慈恵事業に向って多大の力を要するの時期、

と、二十世紀の目標を認識した。また『無尽灯』（一九〇五・八・一）は「仏教と社会事業」で、

由来仏教徒の社会に対する態度極めて冷淡にして動もすれば姑息的退嬰主義に陥り徒らに社会と無関係なる信仰を鼓吹するに汲々たるが如し。

と自己反省している。

産業革命期に慈善事業が成立したとみるのはイギリス的公準である。むろん市民的ヒューマニズムの系譜を持たない仏教的慈善事業は、ヨーロッパのように慈善が社会化し内面化して成立するというよりは、むしろ国家の政策に触発されて、新しい社会問題に対応しようという傾向が強い。国家の代替的役割として、貧富の「調和」ラインに動員された。そこには資本主義の抑制機能より、社会との妥協という面が濃厚なのである。仏教慈善の根拠の一つである「衆生恩」も、家制国家に焦点が合わされる。そのため近代的ボランタリズムが未発となるのである。板垣退助の勧告による、慈善事業をもってストライキを防止するという大谷光尊の計画も端的にそれを物語る。このように仏教慈善事業が、その特色である仏教慈善観から、国家行政の代替的役割を担うことになれば、社会主義者やプロテスタントから批判を受けるのは当然であった。

しかし多くの限界を持ちながらも、仏教慈善事業思想に独自の新気運が生じてきたことをも見逃してはならない。江戸時代以降儒教的人倫に牽引されてきた「慈恵」に対して、仏教慈善事業が本来的にもつ「慈悲」観に立脚した慈善事業思想を展開しはじめたのである。社会問題の形成という新情勢に応じて、新しい「利他観」や「平等大悲」を主張しはじめたのである。むろん社会問題に対する社会科学的認識は弱い。しかしいままで、個々の主体的動機が主であった仏教慈善思想が、新しく形成されてきた社会的対象の中に「慈悲観」を展開しはじめたことは注目される。『明教新誌』(一九一一・二・一〇―一二―一六―一八―二六)は、長文の「将来の慈善事業(大に天下有識の士に謀る)」を発し、利他心としての慈善事業を説いている。従来「小自己」に偏りがちな慈悲観を否定して、「大自己」、いわば「社会」の中に利他的慈善を提起しようとした。

慈善事業は市民的ヒューマニズムの上に成立した。日本の産業革命期はプロテスタントが、市民的ヒューマニズムに立脚した慈善事業を展開し、それが日本慈善事業近代化の糸口となった。むろん本質的には仏教慈善事業の基礎はヒューマニズムではない。しかし仏教慈善事業の近代化は、市民的ヒューマニズムの学習なしには成立し得ない。この期の仏教の「貧民伝道」や「貧民窟の中の寺院」という主張には、ヒューマニズムが働いている。「在俗の中での出家」「現世の中での超世」「如来の前の同朋」等の強調は、「俗諦」の浄化を図った言葉として、ヒューマニズムに即しながら、ヒューマニズムを超える一面がある。産業革命期におけるヒューマニズム対「仏教慈善観」は、一個の思想史的課題であるが、日本でも産業革命期に、市民的ヒューマニズムに触発されながら、ようやく本来の仏教慈悲観に気づきはじめた。その二、三の動きを紹介する。

たとえば同情相愛観、同朋観、衆生恩等々の強調である。真俗二諦観も、俗諦を真諦によって浄化しようとする。「在俗の中の出家の途」という新しい出家道が提示されるのも明治三十年代である。「内心の法」が、相対的慈悲の働く場である社会問題、その社会問題との相互関係の中で仏教的慈善事業を捉えようとする動きである。はっきりいえば、慈善事業の中に、新しい社会的出家道を探りはじめたということである。むろん仏教慈善事業全体の変革とまではいえないが、それは確かに新しい道である。赤松連城は長文の「慈善恵愛の基礎」(『中外日報』一九〇二・二・一〇―一三―一四―一五―一七―一八―一九)を発表し、西欧的概念の「博愛《フィランソロフィ》」と仏教的概念である「衆生恩」を結びつけ、慈善を単なる相扶相愛の人道から、大慈悲の仏道へと信仰的昇華をさせ、一人一人の個々の慈善から衆心一致の慈善を論じている。

しかし総じていえば、仏教的慈善は自己変革を欠いた。資本制社会への理解不十分のまま、独占資本の起点に直面し、国家体制と妥協し、宗教本来の立場を失った。『加持世界』(一九〇一・一一・一)は「事業と精神」で、仏教的慈善事業の失敗は、一時の風潮やキリスト教を模倣し、主体的精神を欠いたためとしている。

### 慈善事業の組織化(感化救済事業を含む)

本期は各宗派で慈善事業行政の組織化が行われた。最も著名なのは大谷光尊(明如)の発意による、真宗本願寺派の大日本仏教慈善会財団である。明治三十四年(一九〇一)九月二十一日に設立許可された。門主の「親諭」は、さて内地雑居の暁には、彼れ外人即ち基督徒は従来の例証より推すに、必ず吾国内に於て種々の方向に向て盛に慈善的事業を興し、以て基教弘通の方便に供することならん。然るに吾真宗行者が彼れ外人の為めに吾国慈善の事業を一手に掌握せられて、袖手傍観一も為す所なき有様にありては仏教の運命が如何と気遣はるゝのみならず、仏教者として国家に対する義務上相済まざる次第なり……されば今度内地雑居の暁を迎ふるを機会として、各位の助力を藉りて一大慈善会を起し、以て全国の同胞をして平等に明治聖天子の仁沢を沾はしめ、他力本願の大悲を弘通せんものと希望する……（真宗本願寺派所蔵）。

と、かなり政治的なものであった。「寄附行為」第一条の「目的」には、「一、貧民施療、二、孤児貧民の養育他一般細民の教育、三、罹災救助、四、感化、五、免囚保護、六、布教費補助、七、学校補助金、八、其他必要ナル社会ノ福祉ニ関スル事業」と広範囲にわたっている。

総裁に法主が当たり、基金を五百万円とした。財団は募金のため布教使を派し、明治三十六年六月には『慈善団報』を出版した。明治四十五年一月二十五日査定では三百七十三万九千四百九十二円五十九銭一厘で、目標額には達していない。財団は宗内慈善団体への補助ばかりでなく、看護婦養成所、軍人遺孤養育院、広島の保護院・感化院・育児院等の直接経営を行った。また大正八年（一九一九）十月社会事業従事員養成の目的で、東京築地本願寺内に、大日本仏教慈善会財団社会事業研究所を開いた。

明治四十四年真宗大谷派も大谷慈善協会を組織した。明治四十四年四月二十六日大谷派法主は、

不良の徒を感化して良民たらしめ、無告の人をして恒産あらしめるは時勢の要求にして、宗教家の正に勉むべき所なり（『救済』一九一一・八・一五）。

と関係者に示した。会の「目的」は感化救済の実行、研究・調査で、事業として「一、既設ノ慈善救済事業ノ調査、一、一派内斯業当事者ノ有機的連絡統一ヲ計リ之ガ調査ノ依托ヲ受ケ且ツ其成績ヲ発表スルコト」その他、感化救済事業の組織化をあげている。明治四十四年八月創刊された機関誌『救済』は優れた論文が多く、その「創刊号会説、時代の要求を論じて本会の設立に及ぶ」は、

吾等が救済事業は自ら独特の天地を有せるは勿論にして欧米の思想を祖述せるものにもあらず。亦た政府の当局者の施設を模倣せんとするものにもあらず、自ら信ずる所を守り行はんとする而已。

という堂々たるものであった。

浄土宗は明治三十三年十月浄土宗慈善会を結成した。その「趣意書」には、布施波羅蜜が高調されている（『浄土教報』一九三〇・一二・一五）。のちの浄土宗社会事業全盛の基礎となった。

その他天台宗の護持財団、日蓮宗の護法財団、新義真言宗豊山派の「慈善公共事業補助規則」「曹洞宗特別布教条例」がある。

### (三)仏教感化救済事業思想

#### 仏教感化救済事業思想

日露戦争後から大正初期にかけては、日本帝国主義の形成期で、これに対応する用語は、感化救済事業である。国家も社会問題を慈善事業に一任しておくことができず前面に出た。宗教的慈善事業も国家機構の一翼を担い、いわゆる日本版の「飴と鞭」の側面が濃厚になった。それは組織化し整備化される反面、明治三十年代に芽生えたヒューマニズムに立脚するボランタリーな慈善事業の挫折ともなった。

一方貧富の分解が進み、「細民＝低所得層」が姿を現わし、その対策が国家の重要な任務となり（拙著『日本貧困史』著作集2）、「防貧」が叫ばれた。

日露戦争から明治末にかけては、仏教の大勢は政府の「宗教利用」に動員された。仏教の感化救済事業もこの線に協力して、社会運動等の予防を任務とした。しかし一方宗教的慈善事業の深化の側面も見逃せない。

最初に国家の政策に対応する感化救済事業の思想をあげたい。日露戦争後の国民生活の窮乏化に関する論説は多いが、『浄土教報』社説（一九一二・七・一五）、『中外日報』社説（一九一二・七・一七）は、米価騰貴による勤労者や小企業者、細民等の生活難にふれ、救済しなければ危険思想が生ずると論じ、教家連合による救済を促している。このほか窮乏の救済を、社会主義の予防という見地から取りあげているものが多い。明治四十三―四十四年（一九一〇―一一）、大逆事件が起こったことも、この趨勢に拍車をかけた。

国家もまた、社会主義や自然主義防止の役割の一担を、仏教教化や仏教の感化救済に求めた。内務大臣一木喜徳郎の「現代の仏教者に望む」（『智嶺新報』一九〇九・三・一五）や、宗教局長斯波淳六郎「宗教と感化事業との関係」（『感化救済事業講演集』一九一〇・五）等々である。この期は地方改良や地方自治の振興が叫ばれたので、とくに寺院の地域性が重視され、地方改良が寺院に期待された。

国家がこのように、感化救済事業を仏教に期待した思想的根拠はどこにあったか。それは公共調和思想に基づく仏教の中間的立場にある。政府のとった「淳風美俗」にこの「調和」が利用された。仏教の救済思想の基本にある共同思想や報恩思想は、国家有機体観の説明に便宜であった。釈良海は日本慈善事業の特性を家族制中心、独立自営心、従業者の犠牲奉公の三点に求め、外国の個人主義に立脚した慈善事業とを比較している（『十善法窟』一九一〇・三・一五）。仏教の有機的社会観である「公共調和」が、家族国家である日本の救済政策に利用されたのである。

国家の要望にそって、大部分の仏教感化救済事業は編成されていった。内務省主催の感化救済事業講習会には、仏教徒の参加が最も多かった。明治四十一年十一月十五日、真言宗醍醐派宗務庁は「番外乙達示」で、社会問題の激発を述べながら、

化導ノ任ニ当タルモノハ時運ノ趨勢ニ鑑ミ其ノ寺院其ノ教会ヲ中心トシテ是等社会的事業ニ力ヲ尽シ先ツ郷党ノ良風道俗ノ振興生産上ノ扶助経営及鰥寡孤独賑恤救済等ノ事業ヲ督励シ国民ノ精神上将タ経営上ニ於テ最モ

健全ナル発達ヲ期シ完全良美ナル民風ヲ涵養スルコトニ尽瘁スベシ。是レ則チ国家ノ公益ヲ増進スル方策ニシテ亦実ニ修証顕得ノ宗義ニ契当スル所以ノ道程ナラズヤ（『六大新報』一九〇八・一二・六）。

と、内務省の要望と、これに対応する教団救済事業の関係を示している。

このように仏教感化救済事業が、国家の代替的役割に身を置いたことが、宗教的慈善事業と公的救済の発展を共に阻害する結果を招いたことは、のちの社会事業史が示している。

しかし同時に、仏教慈善事業の深まりは、社会から要請されていたことも事実である。戸田海市は「宗教家と社会事業」（『六条学報』一九〇九・一〇・一）で、日本のように社会的事業の未発達な国では、宗教家が社会的事業に活動することこそ、宗教の生命を維持する所以と激励し、とくに公私関係にふれ、公的救済は画一的で個々の実情にそぐわず、また精神もともなわないと指摘し、次いで、

是れ政治の進歩に伴うて益々個人的精神的なる私の社会事業の必要なる所以にして、此事業を担当すべき第一の責任者は宗教家に外ならざるなり。

と主張した。このような論説は小河滋次郎その他にも見える。

こうした外部からの刺激もあり、仏教が主体的に社会的事業に従事すべしという意見も多くなった。『六大新報』は「社会的事業」（一九〇六・七・一）で、

吾人は今日の宗教家が、直ちに彼の社会主義者流と、同様なる運動を試みることの可否を知らざれども、其必ず社会改良家たらざるべからざる要あるを見る也。

と論じている。

しかしこのような社会活動に対し、近代信仰からの否定論、あるいは否定論とまではいえずとも、消極的肯定論

も出され、無条件な慈善事業讃美は許されなくなった。それは信仰と福祉との関係の問いでもあった。仏教の第一義諦は衆生に信仰を体認させることであり、救済事業等はその方便に過ぎないということである。仏教救済事業の専門誌『救済』ですら、会説「仏教慈善の特色」（一九〇九・四・五）で、

根底は出離解脱、転迷開悟、仏恩報謝と云ふ思想に拠る。慈恵救済の行為は偶々其の過程より生ずる副産物なりき。

と位置づけている。

しかしこのような肯定論、否定論に対し、最も高い地位を持つのは、社会的活動と信仰を統合し、その中で感化救済を位置づける論説である。近角常観はヨーロッパの社会事業を調査し、また近代信仰樹立者の一人でもあるが、彼は「近代思想界と信仰問題」（『和融誌』一九〇九・一二・五）で、思想界には救済等を先とする実行派と、内面思想を先とする信仰派があるが、重要なことは、共に絶対的「真諦」を第一義としつつ、相対的社会の上に活動することであるとしている。近角の所属する真宗教団の用語でいうならば、「俗諦」の中に「真諦」を立てることによって、「穢土」の中に「浄土」の「大慈悲」が発露する「如来行」ということであろう。

『無尽灯』はこの種の論考を多く登載した。白雨生は「真宗の立場より観たる救済事業の立場」（一九一二・二・五）で、

内心の慈悲は、外に現われて自ら社会の同朋に対する慈善救済的行動として出づるのである。

といっている。

しかし、さらに重要なことは、独占資本の形成にともなって、質量共に増大した救済対象に即して問題を建てようとする発想である。従来のような、主体者の慈善的動機に力点を置くことから、「対象」本位へと転回して行く

姿勢をみせはじめたことである。『救済』一巻二号会説「他力信仰と慈恵救済事業」（一九一一・九・一五）は、

吾人は救済者でなくて被救済者である。施主でなく受恵者である。一切人類は共に御同朋御同行である。茲に一道の情念ありて人類相互の間を貫通する。是れ蓋し同情と名ずけられるものである。

と、被救済者を共に「如来の前の同胞」とみている。このように「同行同胞」という平等観で信仰と社会を統一しようとした試みは、明治仏教慈悲観が、曲折をたどりながら行きついた、仏教慈悲観の本来性の再発見である。このような平等的慈悲観の提示によって、国家による公益事業や済世利民に対し、一つの立場を持つばかりでなく、キリスト教慈善事業に対しても、本来的な仏教慈善事業観を提示したのである。

しかし仏教慈善事業は、独占資本形成途上の窮乏層という、社会的認識をまだ欠いている。仏教慈悲観対独占資本という論理的課題はまだ先のことである。

### 渡辺海旭の社会事業思想

渡辺海旭の社会事業思想は、彼によって明治四十四年（一九一一）五月設立された、浄土宗労働共済会が明治期終末を飾る記念碑的思想・事業であったばかりでなく、大正社会事業の予告でもあった。その思想は大正五年（一九一六）二月発表された「現代感化救済事業の五大方針」（『壺月全集』下巻）にまとまっている。すなわち感情中心主義から理性中心主義へ、一時的断片的から科学的系統的へ、施与救済から共済主義へ、奴隷主義から人権主義へ、事後救済から防貧へ、の五つを社会事業の現代的方針としてあげた。ここに示された理性中心、科学的系統的、共済主義、人権主義、防貧主義の五つは、日本近代社会事業成立の基礎的前提である。明治末からこのような独自の見解を持ち、思想ばかりでなく、労働共済会として具体的に実施したことは驚くべきことであった。それはいか

にして可能となったのであろうか。

第一に、この期は貧富が大きく分解し、底辺労働層である「細民」が大規模に形成され、内務省地方局は明治四十四年下谷・浅草を、四十五年七月から本所・深川・大阪等で「細民調査」を実施した。この細民＝下級労働者への対策として登場したのが「防貧」で、今日の低所得対策の出発点であり、それは「働く貧民《レバリングプア》」を含んだ低賃金層であった。深川西平野町に設立された労働共済会は、その地域の中心にあり、職業紹介をはじめ、種々の防貧事業を行った。これらは海旭の寺坊西光寺が、低所得地帯に近接していたこととも無縁ではない。

第二に、海旭は明治三十三年から十年間、ドイツに長期留学した。そこではドイツ社会民主党から、社会改良的影響を受け、とくにドイツ社会政策から学ぶところが大きく、そこから「社会事業」思想が発酵したと思われる。その「共済」には、仏教思想の影響もあったろうが、海旭の性格も加わって、救済事業よりも、日露戦争後の日本の「細民」労働者対策の必要性を誰よりも早く肌で感じ、ドイツから学んだ「防貧」を整備した形で実施したのであろう。

もともと労働者対策としての社会政策と、救済事業＝のちの社会事業とは分野を異にする。海旭は労働者対策としてのドイツ社会政策を学び、「人権」を主張し、「労働者の家《アルバイテルハイム》」をモデルとして、労働共済会を設立したのであろう。しかし日本の実情は、労働者と貧民は分化しはじめたばかりで、そこに多くの「労働貧民《レバリングプア》」を含んでいる。海旭が「防貧」を高調し、「共済」を名乗り、誰よりも早く「社会事業」の呼称を使用したのも、そのような実情を背景にしている。

第三に、海旭のドイツ留学は、仏教の古代言語の研究が目的であり、彼自身仏教研究では世界的地位を持っている。その「共済」の内面には「縁起」や「自他不二」、現代的には「衆生恩」等があり、その「報恩行」として社会事業を捉えた。それが仏教社会事業の現代的解釈であった（「慈善事業の要義」『新仏教』一九一一・一二）。そこでは救う者と救われる者の、差別観の克服としての仏教の「報恩行」の提示があり、個人的段階の救済ではなく、社会的救済の段階と認識された。さればこそ「労働共済会」と命名したのであろう。

労働共済会は社会的にはドイツの社会政策や、社会事業の影響があったであろう。同時にそれを支える内面には、仏教の「縁起」「報恩」その他の教義の現代的解釈があった。それを彼の学識により、世界的視圏で組織立てたのである。

第四点は、海旭は国家権力とは別の地点で、「国粋主義《ナショナリズム》」を礎いた明治二十年代の三宅雪嶺らの系譜線上にある。そして海旭の世界的視野の中に、日本の精神的風土は収められ、それが彼の「在野性」として表現された。海旭は日本の私設社会事業の系譜的存在で、彼のもとから多くの私設社会事業家が生まれた。それがキリスト教的ヒューマニズムと相違するもう一本の線である。また労働共済会が早期から、韓国労働者の保護に当たったことも、海旭の東洋的ナショナリズムからきている。インド独立の志士ラス・ビハリ・ボースは、日本亡命中の援助者であった海旭の死を悼み、「愛国者で人道主義者」と表現している。そして海旭自身も、「国民的社会事業の勃興を促す」（『労働共済』一九一八・三）のような論文を執筆している。

仏教同志会・仏教徒社会事業研究会・講習会、その他

明治期の掉尾の明治四十二年（一九〇九）十月三十一日、仏教の感化救済事業の連合として、仏教同志会の発会式が行われた。会頭大内青巒、幹事長安達憲忠である。「趣意書」に「因果律を無視せる悪平等の思想汎濫」（『六大新報』一九一〇・三・二七）と、社会主義の防止がうたわれている。会は内務省主催の明治四十一年九月の内務

省主催感化救済事業講習会の出席者によって、仏教感化救済事業連絡団体を組織しようとしたものである（『智嶺新報』一九〇八・一〇・一五）。のちに東京仏教徒有志も加わった。同志会は「懇請文」を作成しているが、そこでも、

文明の進運と共に社会の秩序を破壊すべき危険なる思想の横溢するものあり。且つ、工業の発達は貧富の懸隔を生じ相敵視するに至るは免るべからざるの趨勢なり（『仏教徒社会事業大観』）。

と述べられている。明治四十二年六月「仏教徒同志団体創立の目的」（『浄土教報』一九〇九・一〇・一一）も決定しているが、会の運動は不振で、大正九年（一九二〇）役割を仏教徒社会事業研究会に譲った。

明治四十五年（大正元）渡辺海旭の提唱で、東京近辺の仏教社会事業従事者により、仏教徒社会事業研究会が誕生した。「社会事業」の用語は、施設としては、明治三十年片山潜によるキングスレー館の目的に、「都市的市民的社会事業」等があるが、組織体としてはこれが最初であった。大正三年六月全国各地より三百名の従事者の参加をみて、第一回全国仏教徒社会事業大会が開催され、累次会を重ねた（落合崇志「仏教徒社会事業研究会」『日本仏教福祉概論』）。

講習会もたびたび開かれた。真宗大谷派は親鸞六百五十年遠忌を記念して、明治四十四年四月二十六日感化救済事業講習会を開いたが、同年八月には三週間の布教大講習会を開いた。小河滋次郎「感化救済事業」、その他一流の講師が多く、内務省・文部省からも出講している。真宗本願寺派も明治四十四年八月から、三週間の布教研究会を開いたが、「地方改良」その他救済事業に関する項目が多い。

また渡辺海旭のドイツ留学、真宗大谷派大谷瑩韶の欧米社会事業研究留学、同派近角常観の欧米社会事業視察等々による、海外社会事業の影響も見逃せない。

## (四)明治後期の仏教的慈善救済施設の思想

救貧施設としては、まず養老院の誕生があげられる。岩田民次郎は明治三十五年（一九〇二）十二月大阪養老院を設立した。「趣意書」に、

彼等不幸ノ徒ヲ収容シ、彼等ガ児孫ニ代リ親戚トナリテ、之ヲ救済扶養シ、悠々自適長ニ天寿ヲ全フセシメント欲ス。希クハ世ノ義士仁人幸ニ同情ヲ寄セラル、所アレ（大久保素公著『太子に聴け』）。

救貧団体も各地に生まれた。山形県酒田真宗大谷派菊地秀言らは、明治四十三年（一九一〇）十二月酒田町慈善授産会を設立した。「趣意書に」、

之レニ生業ヲ授ケ、之レニ自治ノ道ヲ立テシメ、之レニ精神的修養ヲ加ヘ、之レヲ指導啓発シテ国家有用ノ良民ニ化スルハ啻ニ国家社会ノ為ニ有益ナルノミナラズ実ニ町村ノ自衛上緊要ナリト信ズ（同会所蔵）。

とある。

ボランティアの例もある。近代きってのボランティアは浄土宗の颯田本真尼で、その長い一生を災害その他の救済に当てた。その布施行は、

風の如、魔の如惨禍を尋ねて仏心の慈悲行脚、灰色の袈裟を着けて七十八才の老尼本真（『秋田新聞』一九二二・三・二九）。

と報ずるとおりである。

明治三十五年、とくに三十八年は東北地方が大凶作であった。仙台市内各宗救済会は「宮城県大飢饉救済義損金募集ノ檄」を発し、

空前ノ戦勝国トシテ戦後ノ経営国力ノ発展上極力奨励スベキニ若シ一朝閉校センカ教育機関ノ運用ヲ阻害シ其影響遂ニ挽回スル事能ハザルニ至ル（『禅宗』一三〇号附録）。

と述べている。

明治四十三年八月八日には関東を中心に大水害があった。浄土宗は被害一府十七県の宗内寺院並びに檀信徒に対し、管長命で、

本宗教師並ニ教会衆タル者ハ此ノ異変ニ処シテ須ク欣浄ノ信念ヲ牢固ニシテ逆縁ヲ転ジテ勝因ト為スノ覚悟ニ住シ寺檀相奨メテ宗ノ内外ヲ問ハズ博ク大悲ノ恩徳ヲ伝ヘ速ニ慰籍救護ノ実ヲ挙ゲ罹災民衆ノ安堵ニ勗ムベシ（『浄土教報』九二一号）。

と達した。

明治二十九年のインド大飢饉は、餓死者が十数万に達した。禅宗六派本山は三十年四月十日、全国所轄寺院および末派一般に、

救護ノ道ヲ計ルハ人類ノ本分ナルノミナラズ印度ハ仏教ノ淵源スル所ニシテ釈尊ノ教ヲ奉ズル者ハ自カラ特ニ親密ノ感アリ（『禅宗』二六号）。

と達した。

日清戦争ほどではないが、日露戦争においても「怨親平等」の教理により、捕虜撫恤が行われた。大島彦立は『浄土教報』（一九〇四・一〇・三〇）に「浮虜布教」を発表し、

近世に至り、戦争に於て敵とすべきは敵の国民に非ずして国家なりとの観念に一変したるに依り、浮虜は仇敵にあらず、又罪人にもあらず。

と捕虜撫恤を論じている。

救療事業としては、明治四十二年九月十九日開院した京都東寺の済世病院がある。「規則」第一条に、

本院ノ仏陀ノ教旨ヲ奉ジ宗祖弘法大師ノ本領ニ則リ慈愛済世ヲ以テ目的トスルガ故ニ規定ノ薬価手術料及入院料等ヲ要求セザルモ患者ノ赤誠ヨリ本院ノ趣意ヲ賛シ浄財ヲ喜捨スルトキハ之ヲ受領ス（『六大新報』三一三号）。

と定めている。

救癩はキリスト教により先鞭をつけられたが、仏教では明治三十九年十月、日蓮宗綱脇龍妙により開拓された。その「設立趣意書」に、

本院は専ら此等無告の病者を収養して温き信仰の慰安と治術を与え以て歓喜と光明との中に其余命を完ふせしめ兼て隔離法を完全にして此恐るべき病毒を撲滅に資せんとす（『綱脇翁自伝』自筆本）。

と述べられている。

看護婦養成事業では明治三十九年五月設立された、浄土宗の私立華頂看護婦学校がある。「規則」第一条に、

本校は仏教主義の精神教育を基礎とし温和順長にして而かも徳性の堅固なる看護婦を養成するを以て目的とす（『浄土教報』六九二号）。

とある。

育児事業としては明治三十七年八月、坂部魯山・仲田徳明らが山形県西村山郡に開設した、羽陽仏教育児院がある。「趣意書」に、

同胞救済の人道の本義にして、博愛仁慈は仏陀の精神なるをや。吾人同志こゝに感あり。相計り羽陽仏教育児

院なるものを設立し（『和融誌』一九〇五・四・五）。

とある。

育児事業ボランティアとして、『浄土教報』（一九一〇・一・二〇）は「貴き京都宗教大学分校の記念事業」として、

本日六日を起首として三十日間寒風積雪を問わず京都市内各所を巡回して世にも憐むべき孤児につきて同情を乞ふ。

と紹介している。

感化事業では、大分県の真宗本願寺派藤音晃超が、明治四十一年十月慈善奉公会循誘学館を設立した。これより先の六月、大分県知事からは藤音に、

本年改正刑法ノ実施ト共ニ県ニ於テ感化院ヲ設置スベキ筈ニ有之候処、貴下ハ従来感化事業ニ志ヲ有シ、種々御尽力相成居候趣就テハ相当ノ設備ヲ以テ、之レガ事業ニ従事ス志望有之候ハヾ県ノ代用致度（同学園要覧）。

との勧めがあった。

貧児教育としての夜学校には、大阪の浄土宗累徳婦人会経営の夜学校がある。府の認可は明治三十九年四月であるが、婦人会の「趣意書」に、

平素奉信する仏陀金慈の積功累徳の遺誡に基き茲に累徳婦人会なるものを組織し徐に徳を養ひ智を研き実力の根底を作り内充ちて外に溢るゝ余徳により日々危険なる断厳に向ひて盲進しつゝある下層社会の子女をして正理真福の門に入らしめんとはするなり（『浄土教報』六四五号）。

と述べている。

貧児教育としての子守学校が方々に設立された。足利鑁阿寺の山越忍空は明治三十五年四月、足利幼稚園内に足利子守教育所を開設した。月謝は無料で教具類は貸与した（『加持世界』二巻一号）。

盲人教育は明治三十九年、真宗本願寺派の慈善会財団補助金と有志の寄贈により、東京盲人教育会が組織された。板垣退助は明治四十年二月の発会式で「独立自営」を説き、「他の慈善の如きと大に趣意が違ひます」（『中外日報』一九〇七・二・八）と演説をしている。

保育事業もはじまった。鹿児島市浄土宗中原麟光らは、明治四十二年六月、満三歳から六歳までの貧困家庭の幼児三十名を収容する常設保育所を開き、主婦の手助けとした。のちに仏教二葉園となった（同園報告）。

明治末期、「細民」層の形成とともに防貧事業がはじまった。その代表は前項の浄土宗労働共済会である。また明治三十二年二月十八日、真宗大谷派の安藤正純は「貧民窟中の寺院に住職たる者の天職」との主張のもとに、自坊浅草真龍寺に教育場を設立し、やがてセツルメントとなった。

無料宿泊所は真宗大谷派大草慧実が明治三十四年四月、東京神吉町に設立したのがはじめである。その「趣意書」に、

爰に我等無料宿泊所を設け斯る木賃宿にも宿する能はざる無告の窮民を宿泊せしめ、併せて其種類性質により養育院、孤児院、慈恵院等に入院の手続を取り、職を得ざるものには就業の手続を取り、依るべき所なきものゝ為には、同情を以て其加担者となり種々の労をとり、成るべく未然に惨状より救助するの方法を取らば、啻に窮民其者を窮苦より救ふのみならず、社会の罪悪を予防する点に於て蓋し効益勘少ならざるを信ず（『宗教』一一号）。

とその防貧性を強調している。

監獄教誨は真宗大谷派が明治四十五年六月、「監獄教誨師及教師服務規則」を発し、「第一条」で、

教誨師及教師ハ本宗二諦相依ノ教旨ニ基キ在監人ノ徳性ヲ涵養シ智能ヲ啓発スルヲ以テ任務トス（『大谷派宗報』一九一二・六・二一）。

と定めた。

更正保護は各宗とも力を入れたが、とくに真宗本願寺派は明治四十年三月二十一日、末寺一般に、

派内僧侶ハ常ニ能ク地方ノ監獄布教員ト協議シ適宜犯罪予防及出獄人保護ノ周到ヲ謀リ以テ社会特ニ其暗黒面ノ救済改善ニ尽ス所ナカルベカラズ（『本山録事』）。

と達している。

死刑廃止運動は、真宗本願寺派山本貫通が貴衆両院に死刑廃止の請願書五条を提出した。その中に、

死刑は古昔の極刑でその存置は明治聖代の仁政の功を欠く（『中外日報』一九〇八・二・一七）。

とある。

廃娼運動の先駆は仏教清徒同志会で、明治三十三年九月「公娼の廃止、仏教徒の廃娼運動を促す」（『新仏教』一巻三号）を提唱し、大日本廃娼会に加盟した。

禁酒運動は明治三十五年浄土宗伝道講習院職員学生が、国民禁酒同盟会を起こし、

本会ノ目的ハ国民ノ秩序平和道徳ヲ謀ルガ為人道義上経済上及ビ衛生上ヨリ医師ノ指定セル薬用ヲ除クノ外力メテ酒類ノ飲料ヲ禁ズルニ在リ（『浄土教報』四三六号）。

と定めている。

動物虐待防止会（後称日本動物愛護会）は明治三十五年設立された。初期から仏教徒が多く参加したが、明治四

十四年仏教清徒同志会評議員で全員会員となった。

日露戦争後は「煩悶の世代」と呼ばれた。明治四十一年七月浅草密蔵院松田密信は、平和教会煩悶引受所を設立し、生活問題その他の相談を受け、また夜間に上野公園等で浮浪者その他の相談救済を行った（『中外日報』一九〇八・一〇・四―七）。

# 第八章　大正期の仏教社会事業思想

## 一　大正期仏教界と社会事業

### 仏教社会事業の勃興

大正期後半は日本社会事業の勃興期ないし成立期とみなされる。それは本期に米騒動を皮切りに、第一次世界大戦後の資本主義恐慌、関東大震災など、日本経済や国民生活に深刻な影響を与えた事件や災害が連続して起こっていることと密接にかかわっている。いわゆる資本主義的危機のはじまりにともない、それまでの救済事業対象や慈善事業対象とは異質な社会事業対象を大量に創出せしめ、それへの組織的な対応が迫られたのであった。折しも大正デモクラシーを背景として台頭してきた「社会連帯」の観念を掲げ、仏教界の社会事業が目ざましい躍進をみせるのもこの時期においてである。

ところで、大正期後半における仏教界の社会事業の実勢を示す統計資料を現在持ち合わせていないので（大正九年発行『仏教徒社会事業大観』は参考になる）、ここではその前段階にあたる大正三年（一九一四）末の資料（内務省調査とその他の調査〈長谷川〉に基づき、事業種別に仏教、キリスト教、その他の私設・官公設の四つに分けて長谷川良信が作成した一覧表）から当時の状況をうかがってみよう。紙幅の関係で表は省略せざるを得ないが、この表から長谷川は、第一に、仏教徒の救済事業が数においてキリスト教よりはるかに優勢であること、第二に、仏教徒の救済事業中では、育児事業、感化教育事業、窮民救助事業、免囚保護事業はキリスト教よりも多いが、婦人救済、特殊教育（今日の知的障害児教育）等はキリスト教独占の観があること、また救療事業はキリスト教がハンセン病患者救療、結核予防等に先鞭をつけ、質量ともにたしかに仏教徒の活動を凌駕していること、第三に、表中の窮民救助及一般救済は主として施与的一時的慈善事業に属するもので、仏教の事業数がこの部門に優越であるのは、いわゆる旧式慈善が比較的に多いこと、などを指摘している（「仏耶二教社会事業比較」一九一八・二・二二、『社会事業とは何ぞや』所収）。全事業数に占める仏教の救済事業は内務省調査では三〇パーセント、長谷川の調査数を加味すると三六パーセントにも達する。規模・内容を別とすれば、大正初期において仏教界の救済事業は早くものちの発展の基礎が築かれていたことになる。

仏教の社会事業が飛躍的に伸張をみせるのは、米騒動を契機としてである。たとえば大正七年（一九一八）八月九日の『浄土教報』社説（渡辺海旭筆）には次のようにある。

若し夫れ米価暴騰より生ずる民心の不安及び激動に対しては、教家は今や貧富の融会者と為り、官民の媒介者を以て任じ、死力を尽くして、不祥なる社会問題の爆発を禦がざるべからず。政府官庁に稟議し献策し、或は之を慫慂し刺激して、適時の社会政策を行はしめ、力説励語、富家の驕奢を痛誡し、共済慈恵の精神を激励すると共に、詢々切々下層の自暴自棄を戒しめ、過激凶暴の過に陥るを禦ぎ、以て夫の恐怖すべき禍根を未然に艾除するを要す。教家は今や経済的解決の根底として精神的の解決に全力を挙げざるべからず。

ここで海旭は浄土宗侶の、いな仏教僧のこうした社会問題に対する社会的自覚を促し、その役割を強調している。浄土宗務当局は、東京仏教護国団、青年伝道会および仏教徒社会事業研究会と提携し、仏教界全体と歩調を合わせて米価問題にともなう民心の動揺を鎮めることに努め、他方、浄土宗としても最善の方法をとるべく、教学部は全国の教務所長宛に次のような依頼状を発し、教区布教団員、特殊布教師、その他の職員および有志を督励した。

一、困窮者の家庭訪問、現状調査。
二、困窮者へ職業紹介を為すこと。
三、安固な購買組合を組織し、又は各種団隊（体）及有力者と交渉し救済方法を講ずること。
四、なるべく寺門内にて米価廉売市を開くこと。
五、市町村其他各種団体の穀物廉売施行に対し充分の応援方を申出ること。

以上

（『浄土教報』一九一八・八・一六日号）

ちなみに東京の仏教連合会では、民心鎮撫、富豪勧誘並びに中産階級救助に向けて、第一期は警告文配布、中産階級への白米廉売を行い、第二期では細民生活の援護を目的として、東京市細民八万人のうち極貧者とみられる千三百余名と特殊小学校児童一万人の食料援護を計画している。浄土宗労働共済会を東京府営の廉売所とした。

米騒動を契機として、食糧問題や住宅問題はいよいよ深刻の度を加え、公設市場、代用食の廉売所、公設食堂などの設置や、住宅の供給が叫ばれ、労働争議や労働組合も急激な増加を示した。さらに大正九年（一九二〇）にはじまる戦後恐慌のもとで、急速に増大していった失業者対策もまた大きな社会問題となっていった。公設市場をはじめとする経済保護事業の推進や、職業紹介所法（大正十年）の制定などとともに、社会事業の行政機構が整備されてくるのも、こうした状況に促されてのことであった。

かくて教界識者の間には、「現在に於ける労働問題の解決如何は国運の消長に関すると共に、亦教勢の通塞に多大の影響あるを知らずや（中略）何れにもせよ現今仏教主義労働教化の切要は前期の論述に照らして焦眉の急に逼《せま》れり、戦後経営特命布教に於て殊に此方面に重きを置きたる吾が浄土宗は今果たして何等の活動を此方面に試みつゝある乎」（『教報』一九一九・八・一日号）と、労働問題の教化的解決こそがまず当面する最大の課題として認識され、あわせて宗門寺院（ことに都市寺院）の社会的使命が厳しく問われるに至る。

**教団の組織的対応と寺院社会事業**

では、仏教各宗の社会事業の勃興を支えた教団の組織的対応はどのようなものであったろうか。㈠社会事業所管の行政機構の整備、㈡社会事業の統制・保護・連絡・調整組織の成立、㈢社会事業に対する教団トップの姿勢、㈣教団内社会事業の現状認識（実態把握）のための調査、の四点を指標とし、次表を作成してみた。若干の例外はみられるものの、おおむね大正期を中心に明治末から昭和初頭にかけて、組織的対応がなされていたことが知られよう。もとより社会事業に取り組むスタンスに教団間で温度差があることや、事業の実施状況に差異があることはいうまでもないが、この時期、総じて仏教界は社会事業を喫緊の課題として受け止めていたのであった。

大正・昭和戦前・戦時期において、寺院が社会事業の実践主体となり、地域の社会改良や福祉増進のために経営する諸事業を指して「寺院社会事業」と呼ぶこととする。寺院社会事業の展開を、その性格や質の変化に即してみていくと、おおよそ四期に区分できるのではないかと思うが、そのうち大正期は二期目の半ば頃までに当たる。

第一期は大正七年（一九一八）から同十二年（一九二三）頃までで、その指標は始期を七年七月に勃発した米騒動に、終期を十二年九月の関東大震災においている。この間八年二月には、床次内相の地方長官に対する訓令を受けて「民力涵養運動」が始まり、さらに第一次世界大戦末期のロシア革命の影響によってもたらされた思想的外圧

## 仏教各宗における社会事業への組織的対応

| 宗派名 | 統制・保護・連絡組織 | 行政組織 | 管長告諭等 | 調査等 |
|---|---|---|---|---|
| 天台宗 | | 大一二・四　社会課 | 大六・九　管長社会事業につき訓諭 | 大一二・一　社会事業調査 |
| 真言宗 | （古義）大一五・一〇　社会事業協会<br>（智山）昭二・六　社会事業連盟<br>昭三・一二　社会事業協会<br>（豊山）昭三・四　社会事業協会 | | （古義）大三・四　慈善事業奨励規則<br>大六・九　管長社会事業につき訓諭<br>（智山）昭三・六　社会事業奨励規定<br>（豊山）大六・九　管長社会事業につき訓諭<br>大一四・二　社会公共事業奨励規則 | 大一四・一〇　社会事業調査<br>大一五・一二　社会事業調査 |
| 浄土宗 | 大三・九　財団浄土宗報恩明照会 | 大一〇・五　社会課 | 明四四・八　管長社会事業につき教令を発す | 明四五・一　救済事業施設調査 |
| 東本願寺 | 明四四・四　大谷派慈善協会 | 大一〇・二　社会課 | | 大五・六　社会事業施設調査 |
| 西本願寺 | 明三四・九　大日本仏教慈善会財団 | 大一一・四　社会課 | 大一二・三　管長社会事業につき垂示 | 大一二・七　社会事業調査 |
| 臨済宗 | | 昭一四・六（妙心寺派）社会課 | | 昭一〇・四　妙心寺派社会事業大会<br>昭一三・五　妙心寺派社会事業調査 |
| 曹洞宗 | | 大一一・一一　社会課 | | 大五・五　社会慈善事業施設調査 |
| 日蓮宗 | 大一四・七　立正社会事業協会 | 大一五・四　社会課 | 大六・八　社会事業奨励の諭達 | 大六・七　社会事業施設調査 |

※未調査の部分もあるが、各項初出のものを掲げたつもりである。

としての改造運動の波及、とりわけ「寺院改造運動」も活発化して、本期に「寺院開放」の動きは急速に高まっていった。十年十一月の第六回全国社会事業大会では、「寺院の社会中心運動の組織及其奨励方法如何」などが取りあげられている。本期は第一期寺院開放（運動）ともいうべき時期で、寺院社会事業はその有力な一形態として登場する。

第二期は大正十二年（一九二三）から昭和四年（一九二九）頃までで、その指標はさしあたり始期を関東大震災に、終期を四年（四月）の救護法の成立（実施は七年一月）に置いているが、前期以来の恐慌に昭和二年の金融恐慌、さらに四年十月アメリカに始まった世界大恐慌がわが国へと波及し、五年以降は農村部をも激しく巻き込んでいった。本期は経済保護事業と並んで隣保事業の量的増大が顕著であって（内務省社会部『本邦社会事業概要』一九三三年、四頁）、その中には大震災以降に創設もしくは増設された寺院隣保事業も少なくなかったものとみられる。

また寺院社会事業の実践主体には、その経営組織の上から三つぐらいの型のあることが知られる。第一は「単一（位）寺院型」（A型）で、特定の一寺院がその寺を基盤とし、住職の主導のもとに檀信徒および地域住民や有志の協力を得て社会事業に取り組んでいるもの。第二は「複数寺院共同経営型」（B型）で、地縁的に組織化された複数寺院がその組織力を以て社会事業を経営するもの。その際宗団が特定される場合とそうでない（不特定）場合がある。第三は「官民一致協会組織型」（C型）で、府県または市町村の主導に呼応して当該地域の寺院（仏教界）が立ち上がり、協会組織をつくって事業経営するもの。行政主導型もしくは官製といってもいい。A型の事業は規模も大小さまざまで枚挙にいとまがないが、とくに本山クラスの大寺院の組織的取り組みには注目すべき点も多い。B型の一典型として後述の名古屋の慈友会をあげることができるが、B型の変型として、免囚保護団体のような場合には、特定地域の複数寺院が共同経営する例は頗る多い。C型は必ずしも多いとはいえないが、主に昭和戦前期に設立された（早い時期では大正十二年の長野県仏教社会事業協会、そのほか昭和八年の佐賀県・熊本県、同九年の山口県・千葉県等の事例が知られる）。なお、寺院社会事業が要請される理由や根拠および存在形態に関する所論も多く、これについては次章でふれることにしたい。

## 二　椎尾弁匡の仏教社会事業思想

椎尾弁匡（一八七六―一九七一）は明治・大正・昭和の三代にわたり浄土宗を代表する仏教学者として知られ、かつ仏教の社会化に尽力し、「共生《ともいき》」運動を展開したことでも有名である。それゆえ現代浄土宗の教学や信仰運動に与えた彼の影響は多大であるが、関連して椎尾の社会事業とのかかわりについても見逃せないものがある。

たとえば、「宗教改造」「寺院改造」の動きが仏教界を激しく揺るがしていた大正九年（一九二〇）、名古屋市内（東区）浄土宗七十の寺院と檀信徒を糾合組織して発足をみたユニークな寺院社会事業の一形態である「慈友会」は、椎尾の主導によってその後各種の社会事業を展開する（詳細は拙稿「大正期の『寺院改造』運動における慈友会の社会事業」『佛教福祉』一五号、一九八九年）。その設立宣言には、第一に「本会は仏教の信仰に基き陋習を去り迷信を除き時代に適応せる社会事業を行ふ」とあり、さらに「大乗の実義を鼓吹し」とか、「成就衆生、浄仏国土を遂げんことを期す」と見えるように、あえて通仏教的な表現を用い、仏教の社会的実践として社会事業をうたっているのであった。そこで、ここでは椎尾の数ある著作の中から、『社会の宗教』（甲子社書房、一九二六年）、「浄土教と社会」（『宗教界』一四巻一―三、一九一八年）、「浄土宗義と社会事業」（浄土宗務所社会課発行『浄土宗社会事業年報』一九三四年）の三点を手掛かりに、椎尾の宗教なかんずく仏教観、仏教からみた社会事業、浄土教社会事業思想について考察してみたい。

### 仏教の社会化―人間の社会的覚醒―

宗教は人間から隔絶したもの、遊離したものではなく、「人間生活を中心とすべきもの」「人生の尋常事」（『社会の宗教』）であるとする立場から、先に『人間の宗教』を著した椎尾は、さらに人間の生活は個人にとどめられるもの（単独で成り立つもの）ではなく、社会関係の上に成り立つわけだから「人間の宗教」はまた「社会の宗教」でなくてはならないとし、同名の著書を姉妹編として世に問うこととなったのである。このように椎尾が「人間の宗教」といい、「社会の宗教」という際、その根底に一切は「社会共生」「共存共生」の上に成り立つとする仏教の縁起思想が据えられていることはいうまでもなかろう。そして、宗教の目指すべき究極は個人的な解脱ではなく、「社会的に解脱し、真の共生を完うすべきのみ」（同書、二三頁）と主張して「共生」運動を展開していったことはよく知られている。

次に仏教の社会性が問われる。その際、まず仏教が「学術の進歩とデモクラシーの発達とを根拠」（同書、三二頁）とした宗教だと規定しているのは注目される。仏教の「一乗成仏」の教えからすれば、男女老幼智愚利鈍の別なく、一切にその人格を認める「衆生平等の思想」はデモクラシーの極致ともいうべきである。成仏とは「成就仏性」のことで、「奴隷の内にも仏性を見、虫ケラ一匹の中にも仏性を見る。総じては天地山川草木一切に仏性を見んとする。是れ位大きなデモクラシーが又と外にあらうか。仏性は覚性であり、其の成就は覚醒に在り。真の覚醒は教育的開発であり、学術の発達である。即ち真の学術の発達は成就である」（同書、三二頁）とまでいっている。

大乗仏教のいわゆる「悉有仏性」の平等思想に時代思潮としてのデモクラシーを読み取り、成仏を覚醒と置き換えて当今の教育や学術の発達を語るところに、椎尾の積極的な「仏教の社会性」主張をうかがうことができる。

さて具体的には、人びとの社会生活の各方面に仏教が浸透することによって生活が覚醒されていかねばならない。その例として、家庭生活における性道徳や家庭の和合に、経済生活における布施、持戒行、無駄なき生活、正しい財の使い方、政治生活における「社会共生の道具」として正当な政治力を認めること、社会的娯楽における簡易質素・剛健勤勉の力、その他自然と人間の関係、生活の中の言語、儀礼、教義、伝道、済生事業などがあげられている。個人が社会人として真実の生活を全うする（＝主体的に生きる）ためには、いわばこのような「社会的覚醒」が必要であり、それを促す力となり得てこそ「社会的宗教」としての仏教の使命が果たされるということになる、と受けとめられよう。

**宗教の本質と社会事業**

ところで仏教の社会的実践として、社会事業に関心が集まりはじめていた当時、椎尾は宗教の本質に照らして、社会事業との関係をどのように考えていたものであろうか。この点は以下の記述によって明らかとなる。

宗教の本質は健全な人間生活の上に在る。個人的にも社会的にも不幸なる事情や境遇が、宗教に導くことも事実ではあるが、宗教の本義としては健全な個人、健全な社会に行はれて行くのが主体である。社会事業が宗教か個人の安心立命が宗教か。其の何れも宗教たることは妨げないが、其れのみに限定することは出来ない。宗教は社会生活の生活自体の中に無くてはならぬ。農家が農を、商家が商を、工家が工を営む日常生活の中に在るのが本当の宗教である。病気や疾患や失敗や然うした特殊の場合を待つてのみ現はるゝものではない。筋が通つて段々に伸びて行く人生の事実に宗教が現はれる。さもなき宗教は迷信であり、邪信である、自分は斯く確信して力説する。他の考と異り往々にして、衝突するのは是の点である（同書、二一〇―二一一頁）。

つまり、椎尾によれば、宗教は普通の人が営む社会生活（＝社会の健全体）の中に現われるもので、社会の病患（＝社会の変態）を対象とする特殊ケースとしての社会事業は、あくまでも宗教の一部分を担っているに過ぎないとされる。またここでの議論の背景には、当時、宗教の本義をめぐって、それを個人の内面的救いに求むべきか、社会事業に求むべきか、といった論争があったが、椎尾は両者のいずれをも正当とはみなさず、独自の「社会的宗教」論を展開した。「……成就衆生の社会事業でなければならぬ、社会事業の目的は結局社会事業を無くするにあり。即ち社会中堅の健全な働きに出でしむるにある」（同書、二三五頁）と社会事業の理想を語っているのも、上記の主張を裏付けるものといえよう。

**浄土教の社会的性格と社会事業**

椎尾は浄土教の立場からも社会との接点、社会事業への理念的示唆を与えている。『社会の宗教』でも「浄土教の社会性」の一節を設けて論及しているが、ここでは大正七年（一九一八）、雑誌『宗教界』に発表された「浄土教と社会」と題する論文から、浄土教がいかに社会的性格をもつ教えであるかをうかがってみよう。なお本論文は芹川博通『社会的仏教の研究―矢吹慶輝とその周辺―』（文化書院、一九八八年）に内容紹介があるので、同著を参照しつつ若干の注意を払っておきたい。

椎尾は、浄土教には厭世教、未来教、他力教、随信行、称名教としての性格がそなわっているとし、それらと社会との関連を論じた上で、最後に、全体の総括をして、浄土教が「社会的浄土の建設」を目指すものであると結論づけている。なかでも注目されるのは、浄土教は「厭世教」としての立場に、次のような独自の解釈を施している点である。

(1)深刻なる厭世観は一切の生存の根柢を破壊し、究竟の要求の実現を招致し、不断の進動を促す力である。此に於てか自己は自己の自己にあらず。家の一員たり、祖先の余蔭たり、国家の一民たり、社会の一元たり、円の中心、光の焦点のみ。家も一家の家にあらず。上下長幼の和合たり。国の一元たり、祖先の遺蹟にして、子孫の源泉たるのみ。即ち(2)自己を否定し、小我を破却して現はれ来るとき、最も強き社会の一員となる。(3)厭世的罪悪感は一切の封執繫縛を断截して、真の進歩を致す所以である。浄土建設の基準である。(4)小我を破して大我、穢土を厭ひて浄土、偽悪醜の社会を脱して真善美の社会に進むが、厭世の力である。されば(5)厭世教たるは真の社会的建設の第一歩たり。（下略）

浄土教の厭世的性格は、ともすれば非社会的、非現実的な立場に立つものとして、従来しばしば批判の対象となり、ネガティブな評価が下されてきたのであるが、椎尾はむしろ「厭世教」であることがかえって逆に現実の世界（世俗の価値）を相対化し得るから、社会的な意義をもつのだというのであろう。この点は渡辺海旭が「厭穢欣浄」思想の中に「破壊と建設」の原動力を見出したのと相通じるものがあるが、椎尾はさらに個我の否定の上にたつ社会の一員としての自己を加えている。

しばらく後のことだが、椎尾はまた昭和九年（一九三四）九月『浄土宗社会事業年報』の巻頭を飾って「浄土宗義と社会事業」と題する論文を発表している。法然浄土教の立場から直接に社会事業を論じた貴重な文献である。ここで椎尾は、「宗義の決まらぬ宗門の社会事業は雑然たるもの、雑行雑種の社会事業である。……宗門の社会事業は宗門意識の現はれでなければならない」というが、具体的にはどのようなことであろうか。

所求の浄土は報土たる極楽である。その報土極楽は四十八願によつて成就する。従つてこの極楽が何処にも拝まれることが宗徒の念願でなければならない。孤児の迷ひ泣く処、母の夫を失つて子を抱へ悩む処、貧者の借金にせめらるゝ処、それら総て訴ふるなき者の立直り得る条件はこの四十八願によつて定められなければならない。浄土教徒の営む農民道場、工業商業の国際的指導、家庭生活指導、防貧、救済等のあらゆる社会事業が皆四十八願の発露たるを考ふる時、初めて浄土宗の社会事業たることが明かになる。

つまり社会事業の問題（対象）も解決の方向も実践もすべてその根拠を弥陀の四十八願に求めてこそ「浄土宗の社会事業」たり得るという点が、椎尾説の独自なところで、今日の浄土教福祉論（奈倉道隆「浄土教と社会福祉」『日本仏教社会福祉学会年報』一〇号など）にも受け継がれている。本文では、第一「無三悪趣の願」、第二「不更悪趣の願」、第三「悉皆金色の願」、第四「無有好醜の願」、第五―十「諸神通の願」、第十一「住正定聚の願」、第十二「光明無量の願」、第十三「寿命無量の願」を例にあげている。そして、「救済のなかに真の如来の力を見出し、困苦のものを世話することの中に如来の慈光を見出すのである。かくてその事業を遂行する中に合掌歓喜の根本精神が指導力となって社会事業を一層発達せしめる」とし、社会事業と浄土信仰との相即的深化徹底が説かれているのは傾聴すべきである。

## 三　矢吹慶輝の仏教社会事業思想

世界的な宗教学者であり、かつ黎明期の社会事業界を代表する理論的指導者でもあった矢吹は、所属する浄土宗の宗教大学社会事業研究室主任として、有為な人材を斯界に送り出すとともに、請われて東京帝国大学助教授の職を退き東京市社会局長に就任している。また労働児童教育施設「三輪学院」を創設して自ら院長を務めた。こうした矢吹の社会事業に関しては、すでに吉田久一（「矢吹慶輝と社会事業」『宗教学年報』一六、一九六六年ほか）や芹川博通（『社会的仏教の研究―矢吹慶輝とその周辺』、一九八八年）らの詳細な研究があるので、本稿もそれらに多くを依拠しながら、矢吹の仏教社会事業思想について若干の整理を試みたい。

矢吹の社会事業の原点を探るには、彼が七歳の時得度した福島県桑折の無能寺という寺について、ふれておかねばならない。この寺は当初、一般の官寺とは異なる「捨世地（寺）」であって、のち「浄土律院」に指定された、いわば世俗の風儀になじまぬ捨世・持律主義の寺風を継承してきた寺院である。開山の無能は江戸中期を代表する浄土宗捨世派の念仏聖で、名利を超脱し、平等の慈悲に住して「乞食、非人、遊女、癩者」等、賤視され、差別された人びとを見逃すことなく教化に当たった人物である（第六章三参照）。得度の師（養父）は当寺第十一世矢吹良慶で、持戒堅固の徳僧として僧俗の信望を集め、無能の再来といわれた。良慶は無能寺の伝統を受け継ぎ地域民衆の守り手となり、「慈善会」を設立するなど貧窮民の救済活動にも努めている（拙稿「近世・近代浄土宗における仏教福祉思想の系譜」『大正大学研究論叢』五号、一九九七年）。こうした無能―良慶を結ぶ徳風と無能寺の伝統に加えて、明治二十七、八年頃、山形県酒田の震災慰問で「布施の行者」と呼ばれた颯田本真が無能寺に立ち寄った折、本真と出会って矢吹が抱いたその畏敬の念は、後年における矢吹社会事業の精神的背骨を貫くものであり、かつ彼自身の生き方に投影されているように思われる。矢吹の最後の教え子というべき吉田久一の、「矢吹社会事業の心情体系の基本にある戒律が、たえず論理的にも倫理的にも緊張関係を保って社会化され、近代化されて菩薩行となった。それが矢吹社会事業に重味を与えている」との指摘には肯けるものがある。ちなみに、本真は深見志運・杉山大運と続く三河律の系譜上にあるが、この系譜は無能寺系と並んで、持律内省的であり、同時に社会的実践に顕著な足跡を残している。

## 「社会的宗教」と「連帯共同」

大正期は宗教の社会化が最も高唱された時期であるが、その代表的リーダーの一人がほかならぬ矢吹であった。宗教学者矢吹は大正初頭に欧米に渡り、宗教の社会運動や社会事業を視察し、また各種文献から多くを学んで、帰国後これからの宗教のあり方として「社会的宗教」を説いた。それはたとえば「社会的変動に応ずる新時代の宗教思想或は其の運動を標榜するに用ゐらるゝ新名称」「社会的宗教は……調和共同と相互の奉仕とを教へ、単に個人生活に信仰と希望とを喚起せしむるのみならず、それ等の人をして更に新しき、より善き社会を建設せしめんとするもの」(「近代宗教思想論考」芹川前掲書)といい、「連帯共同」の思想をよりどころとするものであった。同じように社会的宗教、宗教の社会化を唱える場合でも、先にふれた椎尾弁匡が「社会生活」とのかかわり合いを重視し、教化的性格が強いのにくらべれば、矢吹の場合は、渡辺海旭とも共通して社会問題や社会事業の方に強い関心が向けられている。

そこで矢吹の社会事業思想に目を向けてみると、その根本は諸書にうかがわれるごとく、永遠なる人類の理想としての「連帯共同」の観念で、これを矢吹は近代思想に基づく科学的な社会観と仏教思想なかんずく無我・報恩思想の両方から導き出し、その結合を図ろうとしたのであった。すなわち現代の社会事業が「公共的となったのも、人道主義となったのも、国家的となったのも、民本的となったのも、将又功利的経済的実現的となったのも、皆近代思想の影響」(「社会事業と思想問題」『社会福祉古典叢書』六)だとし、「科学的社会観より近代の社会事業に与へた根本思想の一つは連帯思想である」(「社会事業概説」同書)と述べている。

一方、仏教思想の側からは、まず「仏教が無常変化（進化退化）の中に涅槃経に所謂真我大我即ち無我の生命を見出し、全縁相応の自我の生命を現はすべしと為すことが、此連帯共同の観念を宗教的に、理想的に説き現はしたもの」（前掲「社会事業と思想問題」）と、無常、無我、全縁相応の自我が説かれ、すべての生命は関係的にしか存在せしめられないという縁起・無我説をもって「連帯共同の観念」と説示している。この点は別稿「近代社会事業の根本精神」においても、ソリダリティーを連帯共同と訳し、それは仏教でいう真我主義、換言すれば無我主義、あるいは利他主義であり、互いに小我を棄てた「皆共成仏道」の理想だと述べている。およそ以上のような「連帯共同」に対する仏教的基礎づけを踏まえ、これを社会的実践に結びつける思想として矢吹が着目したのが「報恩」である。社会事業は「社会共同の責任」として行われるべきだとする矢吹は、対象となる側の権利よりも対象と共にある者の果たすべき義務の方に引きつけて、これを「広い意味での人類文化精神、報恩の勤め」だとし、「科学的には連帯共同と云ひ、宗教的倫理的には人道といひ慈悲といひ博愛といふ」（前掲「社会事業と思想問題」）とした。

**仏教社会事業思想**

ここで矢吹のいう報恩主義についてもう少し考えてみよう。先にみたように、報恩は生活を権利というよりも義務とみるということであるが、その意味が「偏務的」にのみ解釈されるのではなく、あくまでも「相関的」のものであり、社会共同の上に立った報恩でなければならない。つまり「共済共報」の考えに立つべきことが主張される（「近代社会事業の根本精神」）。このあたりまでくると、「報恩」→「共済」を提起した渡辺海旭の思想を想起させるものがある。

矢吹が最晩年に著した「仏教社会事業の現在及将来」（一九三九年）には彼のこの時期の仏教社会事業思想をうかがうことができる。ここで矢吹は四恩、六度、五戒、十善をあげ、そうした仏教の倫理や理想が日本人の社会信念の上に影響を与え、仏教社会事業の根本思想を形成してきたとし、それが第一に報恩主義として現われ、第二に義務主義として行われ、第三はこの世彼の世永遠に責任の解除のない無限責任の思想で倫理道徳を行わしめたという。報恩主義を仏教社会事業の根本として位置づけているのはわかるが、義務主義を、国のため公のためにわが身を棄てる没我主義と仏教の縁生無我の思想を無理やり結合させて説明するなど、時局を反映した内容であることは否めない。

この論文ではまた、仏教社会事業の指導精神を「心主物従の教化」つまり精神的教化に置き、その根拠を聖徳太子の四天王寺四箇院が敬田院（修行道場）を中心としていたことに求めている。そして「一体社会事業の根本は教育や教化に基かなければならないのだから、そこに仏教社会事業の特色を発揮すべきである」とし、講の組織化や檀信徒間における隣保相扶の事業などを期待しつつ、「寺に参った人に無駄にならぬ寺院たらしむることこそ仏教社会事業の根本精神」だとして、寺院中心の社会事業の普及を呼びかけた。

最後に矢吹社会事業のキー・コンセプトである「連帯共同」を、大乗仏教の利他主義、共同主義の立場から矢吹がどのように考えていたか、芹川の著作によりながら見届けておこう。『思想の動向と仏教』（一九三三年）の「大乗仏教の使命」の第三に、矢吹は利他主義を掲げておよそ以下のように説く。利他の思想を持たぬ大乗経典はない。全宇宙は持ちつ持たれつの「連帯共同の縁起関係」にあるから、自他を切り離すわけにはいかない。自分が悟るためには、共同に他人も悟ってくれなければ真の悟りは得られないことになる。大乗仏教の願と行は四弘誓願と六度だが、四弘誓願が「衆生無辺誓願度」から始まっているのは、他を先にして己れを後にするやり方で、「他人と共に共同で自分も悟るという進み方」だ。ここに大乗仏教の利他主義の特色が表われている。宇宙も人生もすべてが衆縁和合してはじめて存在するというならば、連帯共同の持ちつ持たれつが真実の姿であって、「自分の悟りは自分以外の人びとの浄化を要求する」。そこで大乗仏教は経でも宗旨でも利他を先としないものはない、というものである。縁起＝連帯共同思想を基底とした大乗仏教の利他主義・共同主義は菩薩の願と行を通して連帯共同性（自覚覚他・覚行窮満）を一層深化させると解することができよう。

## 四　長谷川良信の仏教社会事業思想

大正七年（一九一八）十月、「トゥギャザー・ウイズ・ヒム」の思想のもと、東京西巣鴨の貧民窟「二百軒長屋」に単身で移住し、翌年一月、仏教界最初の本格的なセツルメント・ハウス「マハヤナ学園」をこの地に創設した長谷川良信（一八九〇―一九六六）は、同年九月、学園出版部より日本社会事業勃興期の古典の一冊にかぞえられる『社会事業とは何ぞや』を上梓した。「学園の創業に渾身の努力を献ぐ」日々を送るこの時期に出された本書は、長谷川の実践と思想・理論とが相互に絡み合いながら歯に衣着せぬ個性的啓蒙的な内容を展開している。以下、主に本書を手掛かりとしながら長谷川の仏教社会事業思想を探ってみよう。

### 社会事業思想の核心

仏教者長谷川の社会事業への取り組みは、まず仏教者としての内面的自覚が前提となっている。宗教大学を卒業した大正四年の六月に発表した「我が徒の社会事業」（『社会事業とは何ぞや』所収、以下ことわりがない限り同書による）ではその点を、単なる「社会的自覚」からというものではなく、「内界深甚の自覚を必須」とし、かつ「仏者平生の行持」（同上）でなければならぬとする。ではいかなる思想が実践を促す原動力となるのかといえば、「正義に由る仁愛正道大慈悲と社会的奉仕（衆生恩報答）」（「マハヤナ学園創立趣旨」）、「社会的精神と申すは共同の公共心自治心―要するに感恩愛人の精神である。仏教は教えて衆生恩を説くこと最も痛切であるが、現代に此仏教精神を拝興したいと思ふ。人間は厳密なる意味に於て独り立ちの出来ぬものである。社会公衆の御蔭によつて此の生を営み而してまた社会に貢献するの特権を持つて居る。即ち報恩は人間の全生活であらねばならぬ」（「社会的精神の勃興を促す」大正六年十二月）というものであった。

社会事業のベースにある社会的精神や公共心を仏教の「衆生恩」の思想に求め、社会の恩に対する報答の行として社会事業を捉える長谷川の考え方には、恩師の渡辺海旭や矢吹慶輝の思想を受け継ぐものがある。ただ長谷川の場合、こうした仏教の報恩思想が単なる論理的帰結、机上の論理からくるものでないことはいうまでもない。仏者たるものとしての厳しい社会的実践、結核による死との対決を通しての宗教的体験などから、彼自身の内部で血肉化された思想であったということである。前後するが、それゆえに、宗教大学卒業後、東京市養育院巣鴨分院に勤務し、苦闘していた頃に書かれた「社会事業の観念」（大正四年八月）には次のようにある。

我々社会事業の徒は世の慈善家救済家の様に被慈善者被救済者といふ者を新立して見ない。彼が労働者なら吾も労働者、彼が穢多なら吾も穢多、彼が孤児なら吾も孤児である。我々は受身といふ一部人衆に拘泥せぬ。社会は重々の帝網相即相入の網の目である。能所共済二利具足でなければならぬ。

長谷川の社会事業は能所―主体と客体、救済するものも、されるものもあくまで対等かつ平等であるとし、一方的な「救済」ではなく「共済」を基調としていた。「救済は相救済互でなければならない。即ちフォアヒム（彼の為めに）ではなく、トギャザー・ウイズ・ヒム（彼と共に）でなければならない」（「現代に緊要なる救済的施設」大正六年三月）といわれるゆえんである。この長谷川の思想は縁起観に基礎づけられてのものだが、当時の社会事業を支えた「社会連帯」の理念に通じるものであった。

　ところで長谷川は、「マハヤナ学園創立趣旨」において大乗仏教理念に基づく総合的社会事業を掲げたが、一方彼は浄土宗における社会事業の牽引者でもあり、のちにその実践理念を浄土教に求めてもいる。長谷川は浄土教徒の理想である「願生」（願往生）に「個人的願生」と「社会的願生」の二義が内包されているとし、「個人と共に社会そのもの〻救ひを徹底する所」（「浄土宗社会事業概観」『浄土宗社会事業年報』昭和九年、浄土宗務所社会課）に浄土念仏の本領があるとした。この点には、椎尾の説く「個人的解脱」と「社会的解脱」の二義を想起させるものがある。そして、「こゝに本願所成の根本精神たる仏陀の正道大慈悲を回顧（顧カ）し、これを敷衍し拡充して社会浄化の諸事業を起し、以て正義と仁愛との処世規範を現実社会の一々に適用し、以て願生剋果の必須条件たらしめやうとするもの、これ即ち宗門社会事業の要諦なりと信ずるのである」（同上）と述べ、さらに社会事業が願生のための単なる「助縁」であった時代はすでに去り、社会事業は宗義上からも願生成就のための必須条件として、「念仏正行と不可分的に行持され策励さるべきこと」（同上）と位置づけされている。

### 宗教と社会事業

　宗教と社会事業の関係はこんにちでもしばしば問題となるが、宗教界ではとかく布教伝道と社会事業が未分化のまま混同されやすい。長谷川には「社会事業と宗教との一面観」（『社会事業とは何ぞや』）や「宗教に於ける教育及社会事業」（『長谷川良信選集』上巻、以下『選集』上とする）等の論文がある。そこでは宗教活動の様式に教育

・伝道・社会事業の三方面があって、それらの活動の旺盛であればあるほど宗教の社会的使命は遂行されるとし、これを「宗教に於ける社会性の開発といふ」と述べている。なかでも、布教伝道と社会事業の関係につき、「布教対社会事業私見」（大正七年十月）にうかがわれる次のような考え方は興味深い。まず両者の関係には㈠方便説、㈡即一説、㈢対立説の三つがあり、㈠は浅薄な思想で、躍動の生気を奪い去っているとし、㈡は㈠よりは進歩しているが、両者おのおの特色を埋没させて顧みない失があるとする。そして㈢の場合は、両者それぞれの独尊的、第一義的価値を顕揚し、布教自己目的説、社会事業自己目的説だから、これが最も進んだ思想であるとする。しかしその上で、この点は「二者の対立的価値あるを言ふまでであつて、二者の孤立を是とするものではない。二者が相並んで行はるるに於ては益々効果の大なるものがあらう」と。宗教界の実情を踏まえての傾聴すべき見解ではなかろうか。

**寺院社会事業論**

大正六年（一九一七）七月、はやくも「農村に於ける寺院の職能」（前掲『選集』上）を発表した長谷川には寺院社会事業に関する論説も少なくなく、『寺院を中心とする社会事業』（昭和六年九月、教学週報社）のような冊子も著している。長谷川は大正期以来戦後に至るまで一貫した寺院社会事業の代表的唱導者であり、かつ実践者であった。長谷川には、寺院は住職の私有物ではなく、その施設は本来公共性を有するものだから、これを社会の公益に役立たせるべきだとする考え方が強かった。彼は社会改良主義の立場から、わが国の社会状態に鑑み、救済施設としてセツルメントの緊要なることを早くから訴え、その寺院への適用をも提唱した。「隣保事業」と翻訳したのも長谷川であり、「私は信ずるセツルメントを忘れて百千の救済機関を設置してもそれは畢竟脈を取らないで薬を盛る様なもの」(大正六年三月) とまでいっている。その隣保事業の性格なり特徴については「畢竟隣保相扶共済互恵の精神に基づいて善き隣人として自己環境の社会文化を開発していこうとする仕事」で、「常に隣人の自覚を促がし隣人のあらゆる要求に応ずべき」であるから、多種多様な施設が要求される。したがって隣保事業は従来の社会事業とくらべれば、「彼が個別的であるのに対して是は集団的であり、彼れが収容的であるのに対して是は開放的、彼が分科的であるのに対して、是は総合的である」とし、地域における「社会事業のデパートメントストアの観」をなしているとした (「隣保事業の現在及び将来」昭和三年一月、『選集』上)。一方、現実の地域 (単位自治体) を見ると、小学校、神社や寺院、役場や警察はあるものの、「社会的中心」「総合的の社会中心機関」というものを欠いている。

そこで「社会中心機関」としての寺院の役割が見直され、寺院に隣保事業 (館) が要請されるとするのである。しかも隣保事業がその目的を達成するためには、事業の根本精神として、宗派的ならざる「宗教的態度」を持たなければならないとし、隣保事業に「宗教的訓練」(成人教育・公民教育・労働者教育のなかで必要とする) の任務を与えられているのも寺院が主役とされるゆえんである (同上)。「隣保事業こそは総じてこれ仏教的社会事業の中枢的地位にあるものとして、是れを闔宗に擬し、これを全仏教寺院に推奨してやまない所の、近代寺院の必備的機構なりと信ずる」(前掲「浄土宗社会事業概観」) とはまさに長谷川の持論であって、自らもまた実践した。

## 五　佐伯祐正の仏教社会事業思想

大正末から昭和戦前・戦時期にかけて、住職としての問題意識、仏教の現代化、寺院の地域開放、その結論としての寺院のセツルメント化の主張を、自坊の浄土真宗本願寺派光徳寺（大阪市大淀区中津）において善隣館を開設（大正十＝一九二一年）し実践した佐伯祐正（一八九六―一九四五）は、近代仏教社会事業なかんずく寺院セツルメント（隣保事業）運動隆盛期の代表的論客の一人でもあった。そして高徳寺善隣館はまさに寺院セツルメントのモデルケースというべき存在であった（菊池正治「仏教寺院の地域開放とセツルメント―佐伯祐正と光徳寺善隣館」参照）。

**宗教と社会事業**

佐伯の仏教社会事業に関する論説としてまとまったものに、反宗教運動の喧しい折、「寺院の社会的活動への一つの暗示として法城を護る人々」へ捧げられた『宗教と社会事業』（昭和六年十月、顕真学苑出版部）がある。以下本書を中心に佐伯の仏教社会事業思想を探ってみよう。

まず佐伯の宗教観すなわち仏教観についてみる。青年期の佐伯は真摯で行動力豊かな青年僧の多くがそうであったように、「単なる個人の心霊上の問題」にとどまる仏教の非現実性、非社会性に我慢ならず、「宗教は浄土のみを目あてに人間苦、社会苦を慰めようとする。なぜ人間苦、社会苦と戦はせる勇気をつけないのか」と問い、「血の湧き出る様な現実的、社会的宗教」を志向した。そこに社会事業があったわけである。後年の述懐によれば、この頃の佐伯にとっては、まだ親鸞浄土教は超現実的な教えでしかなかったようである（「わが信仰とわが事業」『社会事業研究』二三巻一〇号、昭和十年一月）。

次に社会事業に関して佐伯は、実施主体による公私の別とその事業分野について述べたのち、社会事業のいわば発展段階を、㈠消極的社会事業すなわち感情的・一時的・対個人的な慈善事業、㈡積極的社会事業すなわち社会問題認識による対社会的な社会事業、㈢総合的社会事業すなわち無産階級を対象とし、単なる救済事業にとどまらぬ、人格の交流を中心とした自覚運動、教育運動を通しての「あらゆる不幸に対する総合的救済」、と三区分し、自分の目ざす社会事業をこの総合的社会事業に求めている。しかもこの自覚運動は宗教的には「仏性乃至神性の自覚運動」であるから、「外形的救済のみに走る救済運動は仏性神性をいつまでも曇らしむるおそれがあるものではあるまいか」と、宗教とのかかわりを示唆している。では宗教と社会事業との具体的なかかわり方について佐伯はどのように考えていたのであろうか。彼は実践主体とそれに対応した事業について、以下の三つの領域を提示した。㈠宗教家と社会事業。これは少年保護の仕事のような多分に人格的事業。㈡宗教団体と社会事業。これは人格的要素プラス団体の物質的精神的努力によって可能な事業。㈢寺院を中心とする社会事業。これは寺院それ自体を中心に展開される一般的、普遍的妥当性のある事業で、最も注目すべき事業だとする。ここに至って佐伯の寺院社会事業論が問題となる。

**寺院社会事業論**

そもそも寺院は住職の私有物ではなく、公有的存在だといった主張は、「寺院改造」論以来仏教改革運動の底流をなしていたが、佐伯もまた、寺院は「公の家」「地上に於ては最も平等な家であり、唯一の社会の家」であるとし、そこから寺院社会事業なかんずく寺院セツルメントが提唱される。つまり佐伯にとって寺院を中心とする社会事業には、その根底に「セツルメント」の思想（「善隣〈隣保〉運動の精神」ともいわれる）がなくてはならないものとしてあった。「セツルメント」とは定着するとか、座るとかいう意味で「被救済対象の中に座る事が第一」だとし、「人格的常時接触」こそセツルメントの中心思想だとする。佐伯はこのセツルメントを寺院社会事業の形式や種類の次元ではなく、深く思想的次元で受けとめたのであった。なお、佐伯のセツルメント思想の形成に大きな影響を与えたのは、大正十四年（一九二五）夏から翌年春にかけての欧米セツルメントの視察旅行であったという（菊池前掲書）。

ここで佐伯が提唱する寺院のセツルメント化（隣保館化、善隣化）を要約すると、第一は、寺院は元来セツルメントとして建立され、その活動は両者とも多くの共通点をもっており、寺院建立の趣旨に従ってその任務をまじめに遂行すれば、自然とそれがセツルメント活動となり、理想的な寺院となる。第二に、寺院は住職・寺族・檀徒という人的組織と土地・建物などの物的条件に恵まれており、セツルメントを始めるのに有効であること。第三に、寺院は一般社会に開放されることが当然であり、その方策としてセツルメントが最適である、ということになる（菊池前掲書）。またその寺院利用の方法についても以下の三つの主体をあげている。㈠寺院自身が自発的にセツルメントとして動いていくこと、㈡他の第三者が寺院を社会事業方面に利用すること、㈢寺院と第三者とが協力して寺院機能を高めていくこと、である。このうち佐伯は㈠が最も望ましいが至難であるから、㈢を有効と考え、寺院と民衆との相互協力により、「共存共栄の道場」として、地域に役立つことができると論じている（「セツルメントとしての寺院の利用」『社会事業研究』一七巻五号、昭和四年五月）。かくて「隣保事業は公営の形式的社会事業でもなく資本家の手先でもなく時代の文化の先達であり、先駆者であり全大衆への時代文化の運搬者でなくてはならない。全てが『寺から里へ』でなくてはならない。死人の世話だけでなく生まれる前から死のかなたまでのよき隣人である」（「寺院を中心とする社会事業」『社会事業』一九巻二号、昭和十年五月）と記し、「即座に全国に八万の寺院隣保館をつくれ」（同上）と強く訴えているところに、佐伯の面目躍如たるものがある。

これまでみてきたように、佐伯は寺院のセツルメント化を通して、宗教と社会事業の望ましい関係を指し示してきたわけだが、彼はさらに進めてセツルメントの宗教的意義を拡大し、「広義のセツルメント」を提起してもいる。セツルメントというと、とかく貧民窟を舞台とした事業ではないかと捉えられやすい。また佐伯の社会事業も無産階級を正客とするものであったが、彼の理想はそこにとどまるものではなかった。「広義のセツルメント」とはその佐伯の理想を物語るものであった。社会事業は、いかに理想的世界が現出されようとも、それが相対的な「地上の事実」である限り、つねに必要なものである。他方、宗教はこの「人間の宿命的欠陥」に対して「死後の完全なる絶対境」を説くものである。そこで、地上のあらゆる人びとに何らかの「欠陥」（人間であることにともなう苦しみや悩みなど）があるとすれば、「寺院教会は地上にセットルされた人類へのセットルメントであり、教役者は地上のセットラー」として立ち働く。その意味では貧民区ばかりでなく、貴族の世界にも富裕区にもこのセットルメントは必要な存在となる。つまり、「寺院教会は地上に於ける唯一の浄化運動の策源地でありセットルメントであらねばならない」と佐伯がいうとき、そこに示唆されているのは宗教的セツルメントなのであった。

佐伯が、セツルメントの理想として、このような方向性を見出すに至ったことは、彼の宗教観や信仰の深化と切り離せるものではない。すでに菊池が指摘しているように、佐伯は当初においては、他力信仰という面からみればそれは不十分なものであったが、セツルメントに全身全霊を傾注する過程で、「念々に懺悔の内省」に支えられ「現在のよりよい発展と仏界（最上の理想）への旅をつづける」（前掲「わが信仰とわが事業」）境地に到達しており、称名懺悔の立場からセツルメント実践を行うまでの信仰の深まりを看取することができる（菊池前掲書）。ここに至って、佐伯の仏教社会事業思想はセツルメントの実践思想として結実をみたといえるのではなかろうか。

# 第九章　昭和戦前期の仏教社会事業思想

## 一　昭和戦前・戦時期の社会と仏教―寺院社会事業をめぐって―

### 寺院社会事業の展開過程

本期の社会と仏教をつなぐテーマとして、ここではこの時期に活況を呈する「寺院社会事業」の問題にしぼって検討を加えてみたい。先に寺院社会事業の展開過程は四期に区分できるといい、前半の第一・第二期について言及した。そこではじめに、後半の第三・第四期を取りあげ、それぞれの性格や特徴についてふれてみたい。

第三期は昭和五年（一九三〇）から同十二年（一九三七）までで、始期の指標を五年からの恐慌深刻化に、終期は日中戦争突入とした。未曾有の経済不況が襲来するなかで、政府は失業応急対策や職業紹介所の設置を行い、六年九月満州事変勃発以降の準戦時体制に入ると、離職者に対する職業補導や失業者の更生訓練に力を入れるようになる。また六、七年に高まる反宗教運動の寺院仏教への影響、七年以降の農村経済更生運動と農村寺院隣保事業の進出などが注目されよう。たとえば、本期を特徴づける農村社会（隣保）事業の進出と寺院の役割に関していえば、七年十一月の全国隣保事業協議会（中央社会事業協会主催）における各府県からの提出意見の中に、「神社、寺院を開放して農繁期託児所を開設すること」（広島県）というのが見える。もっともこの時期、仏教各宗は農繁期託児所の設置を奨励し、手引書の配布、開設補助金の交付、指導者講習会を実施するなど、本事業に積極的に取り組んでおり、農村社会（隣保）事業の中核を占めていたといえよう。

一方、反宗教運動のような外圧は、宗門や寺院生活者に対し、既成の寺檀ないし師檀の関係の世界にとどまることを許さず、資本主義社会そのものが構造的に生み出す社会問題とその解決に目を向けさせる、いわば「社会的覚醒」の重要な契機ともなったのである。そして「一寺院一事業」（浄土宗）のスローガンのもと、寺院社会事業の一層の推進が図られていった本期の動向こそ、第二期寺院開放（運動）といい得るものであった。

第四期は昭和十三年（一九三八）から太平洋戦争の終焉までとしたい。始期は日中戦争勃発後の国民精神総動員体制の強化、国家総動員法の成立（五月）と厚生省設置（一月）および社会事業法の制定（三月）を指標としている。本期は戦時厚生事業の成立期であって、戦時国家の要請による「人的資源の保護育成」とその前提としての「国民生活の安定確保」の二つからなるが（吉田久一『日本社会事業の歴史〈全訂版〉』）、そうした中で「護国安民」「銃後の奉公」が、仏教教団並びに寺院・僧侶に対して強く求められていく。十五年八月刊行の川上賢叟『寺院と社会事業』では、「時局下に於て寺院並びに吾々仏教徒が、速かに日本仏教特有の精神である『護国安民』の主張にめざめて、銃後奉公の心構へとその実践とを固めることが切実に要請されてゐるのに鑑み、之が実現の具体的方法として最も有効であり適切であると思はるゝ『寺院の社会事業化』を隣保事業を中心として述べて行き、……行き詰つたと言はれてゐる寺院経営の打開策を考へてみたい」といい、寺院における「銃後奉公」の具体的方法として、社会事業なかんずく「隣保相扶」の日本精神に基づく隣保事業の再建が要請され、さらに個の人格を基礎とするこれまでのセツルメントを「欧米の模倣的、観念的セツルメント」として否定し去るなど、全体主義的傾向を強めているのである。なお、この時期の問題としては、宗教団体法（昭和十五年四月施行）並びに寺院境内地還付法の実施が寺院社会事業に与えた影響についても注意を要する。十七年になると、大日本仏教会は厚生省・文部省の後援の下に「一寺一社会事業」を目標として、全国七万の寺院家族婦女子および寺院附属婦人会員中から適任者を一カ所五十名宛選び、保育全般にわたる講習会を計画している（『私設社会事業』一〇五号）。

**寺院社会事業論**

次に、当時の数ある寺院社会事業論について若干の整理を試みる。寺院社会事業が要請される理由なり根拠に関しては、㈠寺院社会化論、㈡寺院活用・開放論、㈢寺院再生（更生）論の三つに集約されよう。㈠は主に教団・寺院関係者がその自覚と社会的圧力を背景に、寺院の公益的立場、社会的使命や価値（有用性）を主張し、具体的実践を寺院中心の社会事業に求めるもの。この中には寺院の「大衆化」「社会的進出」「社会的中心としての寺院」などと説かれるものも含まれる。なお本論においては、寺院社会化の根拠を聖徳太子の四天王寺四箇院や行基の四十九院の事蹟等、日本仏教の歴史の中に見出す見解が少なくない。後述する大正中期から昭和にかけての歴史研究（仏教史・社会事業史）の成果が影響を与えていることはまちがいなかろう。㈡は寺院の物的・人的活用と地域開放を説くもので、これには社会資源論と公共施設論ともいうべき見解があり、主として前者は行政の立場から説かれているようである。たとえば大正期社会事業行政の中心人物であった田子一民（当時内務省地方局社会課長）の大正九年（一九二〇）八月発行『学校寺院を原動力とする社会改良』（白水社）に典型的であって、貴重な社会資源たる寺院・僧侶を「社会改造の原動力」として動員しようとする着想には、この時期の内務行政にみられる寺院活力導入策と合致する点がある。行政側における寺院への強い関心を示すものとして注意を払っておきたい。社会事業の実践主体のタイプとしては先のC型の理論的基礎をなすものといえよう。

公共施設論とは、寺院は住職の私有物ではなく、その施設は本来公共性を有するものだから、これを社会の公益に役立たせるべきだとする主張である。この見解は教団・寺院関係者から論じられる場合が多い。㈢は停滞している寺院仏教の復活再生の途を過去の歴史の教訓に学び、社会事業に求めるものである。たとえば昭和十年（一九三五）『社会事業研究』十一月号掲載の馬場明男「変革過程における寺院仏教と社会事業」がそれである。社会的・経済的・文化的に行き詰まりつつある寺院仏教の現状を手厳しく批判する一方で、近年の日本仏教史研究の成果（仏教が広汎な社会事業を行ってきたことを明らかにしたこと）に注目し、仏教の原理的立場と歴史上の事実を踏まえながら寺院再生の方途を統一的組織的な社会事業（大規模のセツルメント）に求める馬場の所説は、教団の外からの発言であるだけに傾聴に値する。内容的には大正期「寺院改造」論の系譜を引くものとみなしていいのではなかろうか。

このほか寺院を拠点（中心）とした社会事業の実践形態に関する論説も数多く、その際「隣保事業」（セツルメント）を理想型として推奨する見解が有力であった。なかでも東西における代表的な寺院隣保事業提唱者（実践家でもある）こそ、上述の長谷川良信と佐伯祐正であった。

近代における組織的・運動的・啓蒙的な性格を持つ寺院社会事業は、わが国社会事業の成立と期を同じくして、折からの「寺院改造」「寺院開放」の気運とともに登場したのであった。そこにそれまでの寺院仏教に対する厳しい自己批判を読みとることは容易であるが、それが信仰を媒介とした僧侶の社会的覚醒という内実をともなわぬ「寺院の社会的有用性」のレベルにとどまるならば、寺院社会事業は真の仏教改革運動には値しないといわなければならない。

このような視点に立って本期の寺院社会事業の成立と展開を問うてみれば、第一に活発な論議（幾多の寺院社会事業論）と多様な実践主体による事業の量的拡大は、都市と農村とを問わず社会事業問題の解決に一定の成果を挙げ得たといえよう。しかしどちらかといえば、個々の寺院の主体性や独自性よりも、広義の外圧（社会的・思想的・政策的な）に促され、かつ行政主導の性格を強め、次第に国家目的の遂行に利用されるに至ったという側面は否定できない。

第二に、そうはいうものの、寺院と社会事業とを結び付ける思想と論理の構築に、また自前の寺院間ネットワークづくりに、前後の時代にはみられないエネルギーを投入して、近代史上、「寺院社会事業」の時代を現出したことの意義は認めなくてはならない。

第三に、地域社会における本来的な寺院・僧侶の役割や機能の中に隣保事業（セツルメント）としての要素を発見し、「寺院隣保事業」という新しい寺院社会事業の形態を提唱し実践したことは、社会事業を「布教・教化の手段」として位置づける教団社会事業の限界を超える可能性を有するものであった。時代は異なるが、これからの地域福祉の時代に、地域の中で寺院の果たすべき役割を考えていく上でも、教訓になる点は少なくないものと思われる（拙稿「大正・昭和戦前戦時期の寺院社会事業について」『近代仏教』七号）。

## 二　昭和戦前期の仏教社会事業思想

### 大森公亮

浅草という宗教的・社会的・文化的に特殊な地域性を持つ場所を舞台に、明治末（明治四十三年）の水難罹災傷病者救護のため設置された浅草救護所（大正十二年、浅草寺病院と改称）に始まる浅草寺の社会事業を、関東大震災以降、飛躍的に発展させたのは、浅草寺社会部長兼病院医長の任にあった大森公亮（浅草寺山内無動院住職）の功績によるところが大きい。

大森は、東都の細民問題、とりわけ浅草におけるこの問題への対応に特別な意義を認め、「浅草は其観音慈悲の精神に基き並に浅草に於ける最古の団体なる縁、殊に問題の中心地たる浅草公園内に位置する縁により浅草に於ける社会事業をその山その寺の事業として数ふることを当然として来た」（昭和三年版『浅草寺社会事業年報』序言）という。では、その社会事業と宗教なかんずく観音信仰との関係をどのように捉えていたかといえば、「帰依なく憧憬なき手に営まるゝ事業は其本旨を失ひ、行為の伴はざる儀礼転法は力なき物真似にしか過ぎない」とし、さらに「我々は、信ずるが故に事業を営み、事業を営むが故に益々其信を深め得る」という。つまり信仰が社会事業を促し、社会事業の実践が信仰の深化徹底をもたらすとする、両者の相互性・一体性を立証した。また大森は、宗教の第一義は信であり、「社会事業はその信の当然の結果たる行為でありまして、一に信を挙げ、二に事業を挙ぐる如きものではない」と、浅草寺の社会事業が観音信仰の鼓吹による必然的帰結であることを明言している。こうした考え方に立っていたからこそ、浅草寺では細民救療のための病院をはじめ、少年保護（施無畏学園）・婦人保護（婦人相談所）・労働者保護（三軌会館）・幼少年教化（保育園・コドモ図書館）等の広範にわたる事業が展開されたわけである。しかも大森は、これらの事業が「外界の事情に迫られて応急に開始したもののみ」と自省することを忘れることなく、浅草寺の社会事業を「刻々に変遷する浅草の世相を指導」して行くべき総合社会事業に求めている。

また大森は、寺院社会事業の経営を担当している者として、「社会事業は寺院の目的の範囲内であるか否か」といった当時の議論に対しても、「実に当然の殆ど生理的現象であるから、その当否に就て如何に周囲から言はれてもこれを差控える訳には行かない」と言い切り、社会事業を教線拡充の手段化とみなして批判する風の誤りを正した。その上で、大森が「但し同じ生理的現象でも高僧先徳は散歩に出ても周囲を徳化し社会を向上せしめる。寺院社会事業も斯くありたいとは我々も念願する所」(「寺院社会事業の経営に就て」『社会事業』一九巻二号、一九三五年）と述べているのは、いい得て妙である。

**横内浄音**

地方寺院が経営する隣保事業の中でも「模範的施設」にして「宗門社会事業の基準たる地位」(長谷川良信「浄土宗社会事業概観」『浄土宗社会事業年報』一九三四年十月、浄土宗務所社会課）にあるといわれた横内の上田明照会（大正七年九月設立）の場合は、発足当初、「本会ハ法然上人ノ人格ヲ通ジテ宗教的信念ヲ確立シテ自他平等ニ歓喜ノ生活ヲ送ラントス」と定めているように、浄土宗の教えに基づく信仰修養団体であって、同会結成の引き金になっているとみられるのが、大正七年（一九一八）二月の浄土宗管長（山下現有）による時局覚醒運動の提唱である。この点は、横内に強い影響を与えた椎尾弁匡の共生会の設立も同様である。明照会が修養とともに社会事業へと活動範囲を拡大していく契機をなしたのは、同八年一月設立の子供会である。時期は下るが、昭和十四年（一九三九）度『事業概要』の「沿革」の項に、「縁起の実相に即して社会報恩の事業として自己生命の延長なる次代の完成を期すべく児童保護事業遂行を期して子供会を創む」と見えるところからも肯けよう。ここでは児童保護事業（社会事業）を縁起観に基づく報恩行として位置づけていることがうかがわれる。ちなみに、大正十二年度「(子供会）補助金申請事項」と題した文書には、「精神ノ美化ハ一日ニシテナラズ。三児ノ魂百迄テト言フガ如ク第二ノ国民タル児童ノ精神的訓育ハ最モ大切ナリ。カカルガ故ニ児童ニ対シテ宗教ヲ強フル事ナク宗教的気分ヲ以テ漸次児童ノ精神ヲ浄化セントスル目的」と記されている。その後、戦前期における横内の広範にわたる児童保護事業は刮目に値する。

ところで、修養団体としての明照会の創設理念は前述のように「法然上人ノ人格」に基礎づけられているものだが、同会は社会事業に力を注ぐようになるに従って宗派色を減じ、先ほどの縁起―報恩の思想や、大乗仏教の理念(「浄仏国土・成就衆生」)を前面に打ち出してくることが『事業概要』によって確認される。後年の筆になるものからではあるが、横内は、浄土宗僧侶として、教祖釈尊と宗祖法然への報恩行を、両祖の教旨から導き出された「浄仏国土・成就衆生」すなわち、「人間形成(成就衆生)は環境の浄化(浄仏国土)にあり」(『創立五十年史』)と定め、宗教活動と併せて、地域住民の生活の実況に即しつつ、児童保護事業を中心とした総合的な社会事業を展開したのである。

**林文雄**

宗教大学社会事業科に学んだ林は、学生時代に渡辺海旭・矢吹慶輝・長谷川良信らの薫陶を受け、早くから「無産闘志的色彩に富み……頗る異彩ある経営方針に出で」(長谷川前掲「浄土宗社会事業概観」)といわれたほどの人物である。林の事業で注目されるのは、勤労無産大衆を正客とした消費組合(協同組合)の組織化である。大正十四年(一九二五)、東京市へ就職してまもなく、同市社会局長であった矢吹の勧めで、林は大阪の四恩学園に赴任した。この学園は宗教大学出身の先輩松浦春濤・長谷川順孝らが大阪屈指のスラム街「釜ヶ崎」で行っていたセツルメントである。

林のセツルメントの特徴点は「慈善的セツルメントより、組合組織化の自主的セツルメント」(以下、引用文はすべて『四恩学園事業年報』六号、昭和五年十二月）を目指したことで、一部のリーダーによるものから組合構成員の自主性に委ねられている。そしてそれは、セツルメントが、「勤労無産階級の自主的機関であることを大衆に自覚せしめ、その覚醒と不断の研究と精神による団結が、総ての中に浸透して理想社会の域にまで高揚させば、全勤労無産階級の窮極的幸福の招来を助成するのみならず、また完全に社会進化の過程に副う所以であると信ずるがため」と見え、勤労無産大衆とともに歩もうとする林のセツルメントの理念・目的が高らかにうたわれた。四恩学園に消費組合が誕生したのは昭和四年（一九二九）四月のことであり、翌五年四月から本格的な組合型セツルメントがスタートする。

林は、組合型セツルメントの理念的モデルを原始教団のサンガ（saṃgha）協同体に見出していた。元来サンガは、古代インドにおける自治組織をもつ同業者組合、共和政体のことを指し、これが仏教に採用されて修行者の集まり、教団の称とされたわけで（『岩波仏教辞典』）、平等性・共同性の強い組織であった。林に仏教的階級否定観が強くみられるのも肯けるところで、彼によれば、原始教団は「総ての同志を容れて和合（samgh）無諍（oniuada）共同（samaggi）をその体とした。かく精神的団結として理想を憧憬し、その現実化のためにその組織・戒律を確定し、その協同組織によって大衆を導き、社会を浄化した」という。ただその精神や理想はよかったのだが、組織統制に至っては、千年来の僧団生活の固定化によって本来の普遍性を喪失してしまったのである。その意味で、林の協同組合構想は、原始教団組織の再構築に値するものであったかもしれない。

林は、仏教の教説を「総じて真実の認識による実践的目的に支配されている」とし、「具体的現実のみを対象」とするセツルメントを「正しく生命づける所に仏教の真意義が存する」とした。そしてこの「認識は実践的に実現されて初めて真の認識となる」という考え方が、すでに「八正道」に指示されているとみて、「原始仏教の根本思想の正しき理解と、浄土教を通じての実現化」の中にこそ仏教的セツルメントの存在理由があると考えていたようである。その目指すところは「全勤労無産大衆の自由と幸福」の獲得、「誰もが夢みた資本主義の奴隷から開放された新しい而かも生き生きとした人間」の創造であったが、それが仏教による「覚醒」を契機とすることによって「絶対的自由」と真の幸福をもたらすに至るとしたのであった。

**川添諦信**

大正十三年（一九二四）、佐世保養老院を創設して養老事業の先駆者の一人となった浄土宗僧川添諦信の社会事業との出会いは、次のようなものであったという。大正八年の暮のある朝、新聞を読んでいると、佐世保市内に宿もなく、着物もなく、飢えに泣く哀れな人たちが三十六人もいると報じている記事が目に止まり、いたく心を動かされた。ときに十九歳であった川添は、こうした人たちの救済を決意すると、小遣いや布施を貯金して「衆善会」を組織し、市内有志に呼びかけて金や米、衣類などの寄付を募り、三十六人の貧困者の生活援助を実践した。そればかりでなく、死亡者の供養や信仰の教導にも努め、社会から疎外されていた人びとの心の支えとなっている。このようにきわめて偶然なできごとに端を発した川添の社会事業は、上京して同宗門の先達である東京養老院の松濤神達の門を叩くことにより、やがて養老事業として実を結ぶことになる。

川添のモットーは、「率先垂範」であった。何よりも実践を尊び、まず自らが思考するところを果敢に実行した。また彼の座右の銘は「一人一願」である。人は誰しもそれぞれ一つの願いに生きる存在だということであろう。「私は終生船底に生活して世の老幼の人々を彼岸に運ぶことを念願して居る」（「倍加の力」、昭和六年度『佐世保養老院院報』）と語る川添は、彼の生涯の願いを養老事業と児童養護に凝縮させ、その福祉増進にひたぶるに邁進した。川添が山崎弁栄によって創唱された光明主義の篤い念仏者であったことも忘れてはならない。彼の念仏信仰が社会事業と相即不離であったことは、「私の行く所それは読経即養老院、念仏即養老院といふ心持ちですから非常に嬉しい」（「我が養老院」、昭和七年度『院報』）と述べているところからも察せられるが、さらに戦時色が強まる中で、「私はあの淋しい曠野に行っても少しも心淋しくない程暖かい同情の中に感激の旅をつづけました。それからずっと何となく大きな後立て、百千万の同情援護の中に活動して居る勇みを感じる。私の疲れない、力強い足取は皆この同情ある中の生活である。即ち志を以て志を呼び、孤立を援けて護持の中に立たせられる、衆縁与力の中に生きる喜び、それが私の粉骨砕身の努力であり、そのまま保育であり、養老である」（「志願同じければ道も亦同じ」、昭和十五年度『院報』）といい切っている。事業を支える幾多の「同情援護」を深く信仰的次元で受け止め、事業推進のエネルギーに転化させているところに、川添の本領がうかがわれる。施設経営についての考え方にしても、川添は「私の経営法としての苦心は悉く僧徒としての指図を受けることを第一の反省として、その仏前のお示しを受けてから次の世間経営法の概要を参考とする」（前掲「我が養老院」）と述べて、とかく世間の物差しに流されやすい経営姿勢に染まることなく、あくまでも仏教の物差しを先とするという、仏教者による社会事業施設経営の本質をついている。

**橋川正『日本仏教と社会事業』**

橋川は真宗大谷派の僧であり、仏教史家であるが、同時に社会事業史研究の黎明期に「日本仏教文化史」の視点から『日本仏教と社会事業』（丙午出版社、一九二五年）を上梓し貢献した。本書は史料の発掘と批判考証に意を用い、当時としては、実証性に富む仏教社会事業の通史的文献として最初の位置を占めるものであった。

本書の序において橋川は、従来の仏教史と仏教文化史との相違について、おおよそ次のように述べている。仏教史は、仏・法・僧の三宝の歴史であると定義した上で、仏・法宝の歴史を「教義史」、僧宝の歴史を「教会史」(個人の伝記を含む)と捉え、この三宝が他の文化現象に影響を及ぼし、交渉関係を結ぶに至って仏教的色彩をもつ文化が生まれると考える。そしてその仏教文化にも精神的・社会的・物理的の三方面があるとし、第一の精神的な仏教文化には、国家観念、国民精神、倫理思想等への影響による所産をはじめ、仏教文学や仏教美術などをあげ、第二の社会的な仏教文化としては「仏教が教育や道徳や社会事業の上に現はれたもの、或ひは政治現象の上に発動して一種特色ある文化を形づくつたものなど」があげられる。本書がこの「社会的な仏教文化」の一面を明らかにする意図をもって構想されたことが理解できよう。なお第三の物質的な仏教文化の中には、経済現象の上において多少みるべきものがある、とふれるにとどまっている。

次に橋川の仏教文化史の時代区分に注目したい。橋川は時代の推移にともなう国民と仏教との関係の変化を前提とし、日本の歴史を文化発達とその主流主調の上から、以下の四期に区分している。第一期は「原始文化の時代」ないし「固有文化の時代」(原始時代から仏教の伝来まで)、第二期は「仏教文化の時代」(十六世紀中頃まで)、第三期は「儒教文化の時代」(近世約三百年の時代)、第四期は「西洋文化の時代」(明治維新以後の時代)とそれぞれ配しており、そのうち「仏教文化一千年の時代を中心にして、仏教がわが国民の生活になり、人文の上に多大の寄与をなしたことを明らかにし、日本文化上に於ける仏教文化の地位を解明するのが、本書及び続刊さるべき研究の任務である」とする。本書で取り扱われる時代が古代・中世を中心としているのは、こうした橋川の史観に基づくものである。

橋川が日本仏教史に文化史的な方法を導入するに至った背景には、京都帝国大学在学時代に師事した西田直二郎や三浦周行の学問的影響とともに、実は西田や三浦を含めて、大正六、七年頃からの大正デモクラシーの思潮のもと、文化史の流行といった時代性が存在していたことにも注意を払わねばならない。このことはまた、本期における社会事業（史）研究の盛行とも深くかかわることがらであった。

さて本書の内容は、聖徳太子の時代から江戸時代までの「社会事業」実践者たる人物（僧侶）の事蹟を中心として構成され、こんにち仏教の社会事業史上しばしば取りあげられる著名な僧尼はすでに本書にほとんど登場しており、以後の研究にながく引き継がれていることが知られよう。そして橋川は、明治以降現代（大正期）に至る仏教と社会事業との交渉関係は、それ以前にくらべ大きな質的変化を遂げているとの時代認識とともに、他方そうした事象を研究対象とするには、また従来と異なる視点と方法が必要だと考えていたようである。

とすれば、その前史に精力を注ぎ込んだ意味はどこにあるのだろうか。橋川は「現代の社会事業を観察し、更に将来の発展を計るに当って、斯業の由って来る所を考へ、その業績及び精神を顧ることは決して徒事ではない」と、過去の歴史に学ぶ姿勢を強調し、「この点に於ては何人も公平の態度を以て日本の文化と仏教との相伴ふて発展したことを見なければならぬ。日本の社会事業には、ただ西洋諸国に於けるものの直接移植模倣以外に考慮を要すべき点が多々あらふと思ふ」と本編を結んでいる。橋川には、日本の文化と仏教とが史上相互に交渉を持ちながら仏教文化を豊かに育て、その中から日本の社会事業も形成されてきたのではなかろうか、との思いが強かったのであろう。

**浅野研真『日本仏教社会事業史』**

浅野研真（一八九八―一九三九）はフランス社会学を学び、デュルケームの紹介者として知られるが、同時にマルクス主義の立場から昭和初期に新興教育運動や反宗教運動にも力を注いで、友松円諦らとともに仏教法制経済研究所の創設にかかわり、また「日教組」の創立に貢献した。浅野の学的態度を貫いているのは、社会学徒としての眼と批判的仏教者（真宗大谷派の僧）としての社会的実践的性格であって、それが脚下の日本仏教の歴史に向けられたとき、『日本仏教社会事業史』（一九三四年、三十六歳）に結実した。

本書が上梓された年の春には、先の友松と高神覚昇がラジオで『法句経講義』『般若心経講義』を放送したのに端を発し、「仏教復興」運動が起こっている。その歴史的評価はひとまず措くとして、浅野自身はこれを「単に詠嘆的な原始経典の現代的なお説教でしかない」（「仏教社会事業の展望」『社会事業』一九巻二号）と批判的であり、本書が「真の『仏教復興』の助縁」となるよう切望した。浅野の仏教社会事業史の視点なり方法は、「何よりも先づ、その時代の社会経済の背景の究明を先行乃至随伴せしめねばならぬ」とあって、単なる現象としての仏教社会事業のケース記述や、単なる編年史的記述に陥らないよう努め、内容構成も時代別と事項別の縦横両面からアプローチし、かつ「社会事業の個人力の重視」という観点から代表的事業家を取り扱っている。そこで次に浅野の社会事業観および仏教観をうかがってみよう。

浅野はまず社会事業の発生を主客両面から観察し、客観的条件たる「社会的疾病の厳存」と主観的条件たる「広範なる民衆への愛の保有」とに求める。前者は「社会認識」を要求し、したがって社会組織への批判と改革的働きかけをともなうものだが、いわゆる社会事業は「社会改革」を企図するものではなく、むしろ「社会救治」を主として、「個々の疾病的社会現象の個別的治療」を事とした。他方、社会事業が「広範な民衆愛の具現」であることは、すべての社会的諸運動に共通するものだが、とくにその現われ方は社会事業において「最も柔和相を持」ち、「母性愛の現われ」に擬せられるとする。そして宗教が社会事業を生み出す道筋を、「宗教的民衆愛は、社会的認識を伴ふ時、必ずや、止むに止まれぬ衝動の下に、之が社会的に働き初め、所謂社会事業の発生を伴はずには置かないであらう」と説く。また、仏教の諸文献が慈悲を高調し、社会救護（社会事業）のイデオロギーを宣布してきたことにふれ、仏教が真に「上求菩提・下化衆生」を実践するならば、そこに必然的に社会的実践としての社会事業が発現されざるを得ないとする。それは宗教家の「お付合ひ」や「申訳け」のものではなく、実に「心の底から湧出する大慈悲心の『止むに止まれぬ』発露であらねばならぬ」と訴えている。

本書に登場する代表的な社会事業家の事蹟については、橋川正『日本仏教と社会事業』に負うところが少なくない。しかしまた、社会事業家としての釈尊の評価、女性事業家の発掘、明治時代への論及、廃娼・禁酒など矯風事業への着目には、独自の視点もうかがわれる。橋川の著作が仏教文化史の視点から、歴史家らしく史料に忠実に仏教者の社会事業の歴史を明らかにしたのに対し、浅野の場合は、どちらかといえば社会経済的視点と強烈な「仏教復興」への実践的問題意識が本書に投影されているといえよう。なお浅野は、同志と図って、昭和十年（一九三五）仏教社会学院を開設しているが、それは「宗門社会事業家」の養成を主たる目的としたものであった。同年には『仏教社会学研究』を出している。

**谷山恵林『仏教社会事業史』**

谷山は大著『日本社会事業史』（一九五〇年）や『日本社会事業史大年表』（一九三六年）の編者であって、社会事業史研究者として知られるが、東京帝国大学で哲学を学び、のちに矢吹慶輝に師事して社会事業史研究に先鞭をつけた。もっとも、真宗大谷派の僧として求道の人であり、三輪の同善会をはじめ社会事業の教育や現業での温かいヒューマニズムがその人柄を形成し、著作の背後に光をそえているといわれる（吉田久一）。大正大学教授でもあった。

本書は、昭和八年（一九三三）仏教年鑑社から「仏教大学講座」の一編として上下二巻の分冊で発行されたものだが、大正末以来手を染めた矢吹の指導による、上記の編纂事業や著作に取り組む過程で生まれた仏教社会事業史版ともいうべき仕事である。ちなみに近年、谷山の遺稿「平安朝に於ける仏教社会事業」が社会事業史研究会編『社会事業史研究』一五―一九号（一九八七―九一年）に発掘資料として掲載されたが、その水準の高さに圧倒される。

さて、先の橋川や浅野の著作にみられない本書の特質は、当時の社会事業研究の到達点を踏まえ、社会事業の対象と方法を明確にした古代から現代に至る体系的・網羅的通史であるところにある。すなわち、対象を貧困、疾病、犯罪の三大社会疾患とし、これに対する方法を救治、予防、建設の三大方法として、その精神的態度は「社会連帯責任の痛感に基く」ものとした。具体的な内容構成は各時代別に救貧、防貧、疾病、犯罪、教化、矯風の項を設け、明治以降は児童保護、連絡、統制、助成、養成機関が加えられている。時代別に特徴や傾向、あるいは評価が「結語」として提示されているのは、膨大な史実をおさえた谷山にして初めて為し得ることであって、随所に谷山の仏教観、歴史観が光る。

下巻では、事業の分野、質や規模において、とくにキリスト教との比較、両者の影響関係に言及しているのも注目される。橋川や浅野が扱っていない大正・昭和初期の内容も異彩を放っており、谷山は大正時代を「日本仏教史全体を通じて社会事業に最も力を用いた」時代と評価する一方、現代すなわち昭和恐慌期の仏教社会事業の衰退を嘆じて、仏教徒に「娑婆即寂光土の理想実現に尽されんことを望んでやまない」と結んでいる。この点は、谷山が社会事業の終局目的を「（貧困・疾病・犯罪等の）社会疾患の全くない社会、円満完全な社会、換言すれば最早や社会事業そのものを必要としない社会の樹立であって、娑婆即寂光土こそ社会事業の到達すべき畢究地」であるとするのに対応している。

興味深いのは、大正時代の各宗各派の社会事業の進出と仏教社会事業の勃興の要因についての谷山の観察・評価である。前者に関しては、第一次世界大戦の影響下に、釈放者保護を別としてまず浄土宗が動き出し、次いで関東大震災とともに東西本願寺が大規模に事業を展開し、曹洞宗もこれに続くといった、「四本柱」の観を指摘している点。後者に関しては、確かに社会情勢にも起因するが、「当時の寺僧等が自己の宗教的確信を求めて之を得ず、しかも寺院を経営すべき衝に当るが故に止むを得ず相次いで血路を社会的活動に求めたにも因った」と、宗教的自覚に至らぬ寺僧の、止むを得ざる社会的責務の方に着目している点、実に冷静な観察というべきであろう。

ところで、谷山は宗教と社会事業との関係について、「宗教が愛を高唱し、社会事業が愛を具現化せんとする力の発現」であるだけに両者は強く結び付き、いずれの国でも社会事業は初め宗教関係者の手によって行われた。したがって、歴史的に仏教の影響が大きいわが国の社会事業を真に理解するためには仏教徒の社会事業を抜きにしては到底不可能であると考え、さらに仏教側の自己認識と現在および将来への示唆を得るためにも、また対外的に貢献を明示するためにも、仏教徒による社会事業を歴史的に観察することは意味があるとした。

# 第十章　現代の仏教社会福祉

## 一　戦後混乱期の仏教社会事業

戦後混乱期における国民生活は、飢餓的窮乏に陥り、かつ敗戦による離職と失業の激増がこれに輪をかけた。加えて戦災孤児・浮浪児、戦没者未亡人、戦傷病者のほか、売春や犯罪が注視された（吉田久一『日本社会事業の歴史〈全訂版〉』）。深刻な生活困窮からの脱却のため昭和二十一年（一九四六）、生活保護法の制定をみた（一九五〇年、新・生活保護法）。一方、仏教教団にあっても戦災による打撃は大きく、幾多の寺院、檀信徒が被災し、また農地改革によって打撃を受けた寺院も少なくなかった。戦後の仏教は、教団側が自覚すると否とにかかわらず、しいていえば仏教伝来以来初めて、その信仰内容や宗教活動の自由を保障されることとなった。その法的根拠となるものは日本国憲法第二十条であり、信教の自由を具体的に立法化したものが宗教法人令と宗教法人法であった。

**飢餓救済・戦災孤児等の救援活動**

こうした中で教団仏教は戦後まもなくから、まず飢餓の戦災者救済活動を多面的に展開し、戦災孤児・浮浪児、海外引揚孤児・未亡人の救援にも取り組んだ。ちなみに、当時を伝える『中外日報』の記事からそのいくつかをあげてみる。

十月に入り、東京都戦災援護会と厚生省は、上野駅で浮浪者が一日平均二、三名餓死していることに憂慮し、戦災浮浪者約五百名を浅草本願寺に収容（一九四五・一〇・二五日号）。西本願寺は本山に「同朋互助門末共働事務所」を開設して「飢える同胞を救え」の全国的運動を開始（同一一・一九日号）。知恩院は大阪で飢餓の戦災者に施食（同一二・四日号）。東本願寺は第一回芋粥供養を七条署管内浮浪者約二百名に対して実施（同一二・一二日号）。愛知県曹洞宗寺院・檀信徒が戦災被災者の防寒具・布団の提供を呼びかける（同一二・二〇日号）。西本願寺は全国の門末に対して「戦災孤児救済所運動」を提唱し、最初の施設として佐賀県因通寺「洗心寮」開設（一九四六・一・二九日号）。知恩院の「一握り供養米運動」（同三・一〇日号）。曹洞宗の大乗民主会の「粥供養運動」（同四・二五、七・七日号）。東本願寺は全国門末寺院において、一カ寺一、二名の戦災孤児を引き取る「海外引揚孤児保護運動」を開始（同七・二二日号）。大阪四天王寺の悲田院は「満州開拓団引揚者」の婦人および孤児百七十九名を引き受け、収容者四百三十四名となる（同九・二六日号）など。こうして各地で仏教系の児童養護施設、救護・医療、授産等の事業が動き出していくのである。

**組織化・保育・更生保護・教誨活動など**

次いで昭和二十二、三年（一九四七、八）頃から教団社会事業の再編と活性化に向けて社会事業協会（連盟）等の組織化の動きが注目される。戦前以来の各宗単位の協会組織の再編から、宗派横断的かつ府県を超えた広域的な仏教社会事業連盟の結成に至るまでの拡がりがみられた。たとえば昭和二十四年一月には、関西の仏教各宗派が僧俗一体の「関西仏教社会事業連盟」を発会させ、府県支部組織も京都・大阪・滋賀・福井・兵庫など相次いで発足をみているし、昭和二十五年七月には「西日本仏教徒社会福祉事業連盟」が結成された。これより先、昭和二十三年六月には、戦前の仏教徒社会事業研究会と仏教社会事業連盟の再建を目指して、東京を中心に「仏教社会事業連盟」設立の動きもみられたが、他方、関西を中心とする上記の連盟が動いて「全日本仏教社会事業連盟」設立の準備が進み、昭和三十年一月「関東甲信越仏教社会福祉事業連盟」が結成された。以上のような社会福祉事業活性化に向けての仏教界の動きは、この時期の社会事業問題に真摯にかつ組織的に対応しようと試みたものではあったが、教団および地域間にも温度差があるなどして実態をともなわないまま消滅していったのは惜しまれる。

本期を特徴づけるのは、昭和二十二年（一九四七）十二月の児童福祉法公布を受けて、一九五〇年代から始まる仏教系保育所・幼稚園の設置とその指導者養成の活況である。五〇年十月には第一回全国仏教保育大会が開催され、戦前以来の「日本仏教保育協会」が再発足をみた。そして五一年の浄土宗保育連盟の設立を先駆として各宗保育連盟の設立、保母の講習会も頻繁に行われて、保育学校の開設も相次ぐようになっていった。なお、五一年社会福祉事業法が成立すると、寺院や仏教系団体が戦前から経営していた施設も徐々に社会福祉法人に改編されていった。このほか五〇年五月の更生緊急保護法並びに保護司法の制定にともない、五〇年代中頃から各教団の更生保護や宗教教誨の活動への関心が高まりはじめる。保護司や教誨師の活動には、その役割の上から、仏教者としての信仰の内実を基底とした人間観や深い人生に対する宗教的洞察が求められよう。この点、戦前と戦後を比較して、滝村雅人は「戦前の仏教教団による保護事業が国家によって利用されつつも、その内面においては仏教理念を主体的契機としていたことと比較すると、戦後の仏教更生保護事業全般にわたって、民間社会事業としての主体的契機は喪失し、どちらかというと政策の補足的補完的地位におかれてきたところに戦後の特徴がある」（「戦後の仏教者による更生保護」『日本仏教福祉概論』）と述べている。

ところで、この時期における仏教系社会福祉事業施設の実況については、文部省大臣官房宗務課の『宗教関係社会事業施設一覧』（一九五一年十二月三十一日現在）と『社会福祉統計年報』（一九五二年三月三十一日現在）の児童福祉施設・人員および同年報（一九五一年十二月三十一日現在）の生活保護施設・人員を用いて、その概要を明らかにした森永松信の業績がある（『仏教社会福祉学』）。これによれば、諸宗教の中で仏教系の社会福祉ないし社会的活動がいかに大きな役割を担っていたかが知られる（宗教系施設総数の七六・三パーセント〈三四二三〉を占めた）。仏教系寺院・教会の社会福祉事業施設では、ことに児童関係事業施設八六・五パーセント〈二一一一〉、厚生事業施設（寄宿収容、休養、母子寮、養老・授産、その他隣保事業など）六二・一パーセント〈三九五〉、文化事業施設（出版事業、図書館、花嫁学校、塾、その他前記施設分類に入らないものなど）七六・七パーセント〈六七六〉が高い比率を示している。ちなみに先の文部省の統計データから、教化事業施設と文化事業施設を除くと、総計で三三九九施設（医療、児童、厚生関係）であり、当時の日本全体の児童施設の中の民間施設四〇七〇施設と、日本全体の生活保護施設の中の法人立施設三二三施設を合計した施設数は四三九三施設であり、宗教関係のもつ施設の割合は、七七・三パーセントである。森永は、この比率から宗教教団の果たしている社会福祉活動が高く評価されてよい統計的事実といえると記しているが、同時にこのことは、本期における仏教系社会福祉事業の量的優勢を示すものでもあった。なお、頻発する災害被災者への各教団の募金を中心とした救援活動は枚挙にいとまがない。

このほか、各宗独自の再建の動きに先立ち、全仏教的な組織として、世界仏教徒連盟（昭和二十五＝一九五〇年五月）、全日本仏教会（一九五四年六月）、全日本仏教青年会（一九五一年十一月）、全日本仏教婦人連盟（一九五四年十月）などが結成されると、仏教理念に基づき平和の推進、核兵器の廃絶、人権の確立、差別の撤廃、環境保護などを大会テーマに掲げて決議し、内外にアピールする啓蒙運動を展開したことにも見逃しえないものがある

（柏原祐泉『日本仏教史・近代』『仏教大年鑑』昭和四十四年版、参照）。

吉田久一は、近著『近現代仏教の歴史』において、日本仏教が「もしも戦後改革に、多少でも主体的発言をしようとするならば、戦争中仏教が協力した戦争責任を、一千万に余る侵略国、植民地国、そして、日本の死者に対する〈懺悔〉からはじめなければならないだろう」と述べ、さらに「この戦争責任や〈懺悔〉が仏教全体の問題となったか、どうかは、戦後仏教の五〇年史が証明する」と問題を提起した。

その意味でも、平和への取り組みは戦後最重要課題となったが、仏教者として平和運動に挺身した代表的存在は藤井日達（一八八五―一九八五）である。藤井は第二次世界大戦前より日本山妙法寺を日本を含めアジア各地に創建し、開教活動を展開した。とくに敗戦後の非戦・非暴力の徹底した平和運動には「不殺生」の精神の顕揚という宗教的課題と、平和憲法による非武装という歴史的課題が統一されており、単なる抽象論でない（吉田前掲書）。藤井の、「立正安国」（『毒鼓』一九六一年）に展開される平和思想は、上記の不殺生とともに「一切衆生の仏性を敬い、一乗の強敵、闘争の怨敵の、仏性を開発せしむること」とあるように、敵味方、自他の隔りを超えて、すべての人（仏性）をただひたすら礼拝する「但行礼拝」（『法華経』常不軽菩薩の実践）の精神を基調とするものであった。

## 二　高度成長・減速経済期の仏教社会福祉

昭和三十三年（一九五八）高度成長へ離陸し、三十六年「所得倍増計画」が閣議決定すると、四十二年、予定より早く所得倍増が実現した。ＧＮＰが西ドイツ、イギリスを抜き、世界第二位となったが、四十八年にはオイルショックにより、高度成長に終止符が打たれ、四十九年実質経済成長率〇・八を契機として、減速経済に軟着陸した。この間、高度経済成長を背景に社会福祉、社会保障も戦後改革や社会保険制度の整備と発展をみてきたが、やがて減速経済の下で、「福祉見直し」論から「日本型福祉」が強調され、戦後展開した福祉国家志向は挫折した（吉田前掲書）。また社会福祉問題の中にあって、老人福祉に関心が集まったのも高度成長期においてであり、低成長移行期にはボランティア活動に期待がかけられた。

仏教界に目を転じれば、一九六〇年代に入ると、高度経済成長とともに、旧来の教団仏教を支えてきた「家」の観念も変化しはじめた。核家族を中心とする個の自立観念や男女平等観の発達、価値観の変動と多様化、新宗教の急速な発展、農地解放後の経済問題など、教団仏教の動揺を促す状況が一挙に進展した。そして、このような動揺が一種の危機感を促し、各教団ごとに一斉に教団の再生を目ざして改革運動を始めさせた（柏原前掲書）。

いまその代表的な運動をあげてみれば、真宗大谷派の「同朋会運動」（六一年）、浄土真宗本願寺派の「門信徒会運動」（六二年）、曹洞宗の「三尊仏奉祀運動」（六六年頃）、浄土宗総本山知恩院の「おてつぎ運動」（六六年）、日蓮宗の「護法運動」（六六年）、天台宗の「一隅を照らす運動」（六九年）、臨済宗南禅寺派の「総合掌運動」（六八年）、高野山真言宗の「合掌運動」（六七年、七八年から「生かせいのち運動」）、真言宗豊山派の「光明曼荼羅普及運動」（六五年）、同宗智山派の「つくしあい運動」（六九年）などである。これらの運動にほぼ共通してうかがわれるのは、檀信徒各個の信仰の確立（僧俗一体を目指すものもある）、その拡がりとしての家庭・社会教化、信仰を基底とした共同性の回復によって教団の復興を期している点ではなかろうか。ただ森永松信は、これらの運動は純粋に信仰運動として位置づけられるものゆえ、現代社会に対応する意味で社会福祉事業の必要性は認めながらも、これら教団の近代化過程の中で社会福祉事業の重要性についてはそれほど認められていないのが現状であるとしている（『社会福祉と仏教』一九七五年九月）。また柏原は、教団再生の期待を檀信徒の自覚的な運動参加に托しているのは注目すべきだが、一般的に教団仏教の構造は守旧的で、その温存の上に再生運動が付加された感を拭えないので、その運動の多くが微温的にならざるをえないのが、現状であるように察せられるとしている（前掲書）。

**部落問題対応、老人福祉**

本期における教団仏教の部落問題への取り組みを柏原『日本仏教史・近代』によって概観してみよう。この問題は、戦前期と同様に真宗の東西両派によって進められた。大谷派では、昭和二十三年（一九四八）九月、戦前の真身会が宗務所内に復活、二十九年二月には同和問題協議会を設置、三十一年九月、同和委員十九名を委嘱し、四十年三月、同和問題対策研究会を開いて大谷派同和会の設立をはかった。しかし、その取り組みは旧融和意識の継承で低調であり微温的であった。しかるに四十二年十二月、大阪難波別院輪番の差別事件が起こり、部落解放同盟からの糾弾を受けたのを契機に、一派信仰運動の一環として部落問題を位置づけするに至った。四十六年七月、ようやく同和部を機構として置き、五十二年五月、同和推進本部として一派同和運動の総合企画と実践をはかる本部を定めた。

一方、本願寺派においても、昭和二十四年六月、一如運動委員会を結成して戦前の一如会の主旨を継承したが、翌二十五年四月には同朋会（本部同朋会）を設置し「同朋運動」として再出発をはかった。昭和三十七年、「同和問題を国民全体が共同責任とするための啓発」を目指し、財団法人同和教育振興会を設立。文部省の協力を得て翌年七月には同和教育センターを完成させた。しかし、その後、西本願寺出版局発行の雑誌『大乗』に差別内容の文章が記載されるなどして部落解放同盟の糾弾を受けた。そこで四十六年四月、教団機構の中に同朋運動本部と運動事務を担当する同朋部を設け、ようやく部落問題に取り組む「同朋運動」の「教団化」をはかり、同派が推進する「門信徒会運動」との有機的関係を保って、基幹的運動として信仰運動の中へ位置づけするに至ったのである。

昭和三十八年（一九六三）七月、老人福祉法が制定された。四十五年には総人口に占める六十五歳以上人口の比率が七・一パーセントとなって、わが国も高齢化社会の仲間入りをした。本期に老人福祉施設は数多く建設されるが、いま昭和四十三年八月末現在の調査結果によれば、判明した仏教系老人福祉施設は七十二施設で、全老人福祉施設九百十八に占める比率は、七・九パーセントであった（『仏教大年鑑』昭和四十四年版）。このほか各地で設立された老人クラブの中には、寺院が集会場として活用され、僧職者が組織の中心となって活躍しているケースも数多くみられた。注目されるのは、昭和三十六年三月、わが国初の視覚障害者の老人ホーム「慈母園」が奈良県武市郡壺阪寺（南法華寺）に創設されたこと。また三十八年から大阪市仏教会が市内約二百八十の老人クラブを対象に寺院を開放して、老人のための「デイ・センター」（老人に憩いの場を提供する運動による）を開設した試みなどがあげられる。大阪市の寺院開放は、すでに大正期に同市仏教会が市と提携して実施した実績がある。

### 国内災害および海外難民の救援

昭和三十三年（一九五八）十二月、全日本仏教徒会議の決議による「歳末助け合い運動」が始まった。また災害救援活動も伊勢湾台風（三十四年）、第二室戸台風（三十六年）、北海道冷害（三十九年）、伊豆大島大火（四十年）、松代地震（四十年）、十勝沖地震（四十三年）等の際に、各教団および仏教者が立ち上がっている。ほかに西本願寺の「ヤマ（三池炭鉱）の子供を救いましょう」運動等も行われた。

経済成長とともに戦後から脱皮し、ようやく海外の難民等へ目が向けられるようになっていくのも本期である。

昭和三十一年十二月、西本願寺がハンガリー、エジプト動乱による難民救援の街頭募金を京都市内で行ったのは早い時期の活動であろう。三十三年、セイロン大水害に際し全日本仏教会が救援の物資を送り、街頭募金も行った。昭和四十年（一九六五）から、その前年に始まるベトナム戦争の戦禍に苦しむベトナムへの救援に仏教界が動き出す。たとえば四十年八月の第十三回全日本仏教徒会議（長野大会）では「ベトナム救援」が決議され、ベトナム難民救援日本仏教徒委員会が発足。四十一年四月、全日本仏教会は「ベトナム救援運動決起大会」を開き、街頭募金を実施した。同年五月には全日本仏教青年会が東南アジア交歓使節団を派遣して、各国の仏青代表と懇談し、ベトナム問題も取りあげられる。このほか、東京仏青は昭和四十四年から「ベトナムに慈悲の手を！」運動をはじめ、ベトナム救援京都仏教徒委員会がベトナムの孤児救援の募金活動を展開するなど、仏教界のベトナム救援運動も広がりをみせるが、主たる活動が国内での募金であったり、僧侶中心の組織で、一般市民を巻き込むまでに至っていないなどの限界があった。他方、アメリカのベトナム侵略に抗議しているベトナムの仏教徒を支援せず、逆にベトナム仏教徒への懐柔政策に乗り出したとの指摘（小室裕充『近代仏教史研究』）もみられる。

仏教界の国際的救援活動として、いま一つふれるとすれば、「アジア救ライ運動」である。昭和二十七年（一九五二）十一月に京都宗教連盟が母体となって「京都救らい友の会」が設立され、一九六〇年代に入ると救らい運動も活発化する。六三年六月、発足まもない全日本仏教学生自治連合はアジア救ライ運動のキャンペーンを展開し、街頭募金を行った。代表的なのは六八年からの東京都仏教連合会をはじめ、各都道府県仏教会のインド救ライセンター救助の募金活動、アジア救ライ学生連盟の救ライキャンペーンなどである。

## 専門職教育機関・学会の設立

仏教系大学には、戦前期から社会事業教育を担っていたところもいくつかあるが、一九六〇年代後半には、社会福祉学科やコースを設置している仏教系大学は、ほぼ二十校で、短期大学の福祉学科を合わせると約三十校にものぼる（前掲『仏教大年鑑』）。なかでも仏教精神を社会福祉専門職教育の理念とする社会福祉学部社会福祉学科の四年制単科大学が、五七年の日本福祉大学（日蓮宗系）、六二年の東北福祉大学（曹洞宗）、六五年の淑徳大学（浄土宗系）と相次いで創立された。

日本仏教社会福祉学会の設立は六六年十一月のことである。これより先同年六月、日本印度学仏教学会第十七回学術大会の折、「応用仏教学」部門の新設を契機に、仏教社会福祉学会設立の声が上がったことに端を発する。設立趣意書によれば、従来の文献学的ないし歴史学的仏教研究や、宗派の教理的研究から、時代の進展にともなって、仏教の社会的行動実践に関する研究や、これを一般社会に適応させるような手段・方法を重視する傾向が表われてきた。そこで「われわれは、仏教社会福祉の学術的研究を進めるとともに、社会福祉施設や社会福祉に関係づけられている多くのひとびとの経営や生活のなかに、仏教的な在り方を究明し、把握し、さらにこれを実践的に普及、啓発して、姿ないし状態そのものが仏教によって生かされてゆくように望みたい」（『日本仏教社会福祉学会年報』創刊号）と見える。設立の経緯からみても、この一文からみても、本学会は仏教学の新しい方向を目指すものであって、社会福祉の増進と一人ひとりの内面的な充実に寄与することを目的とした実践的志向性の強いところに特色があった。さらに付け加えれば、上記の目的を達成するためにも「従来の欧米的なものの脱皮から、さらに進んで東洋的なものへの躍進」が期待されたのである。

以後、仏教福祉ないし仏教社会福祉の研究は、この学会を主たる舞台として展開していくが、とりわけ一九六〇年代は、のちの研究に示唆を与えるような業績を多く生み出している。いまそのいくつかを取りあげれば、長谷川良信「仏教社会事業に関する管見」(『講座・近代仏教』第五巻、一九六一年)、森永松信『仏教社会福祉学』(一九六四年)、吉田久一『日本近代仏教社会史研究』(一九六四年)、道端良秀『中国仏教と社会福祉事業』(一九六七年)、水谷幸正「浄土教と社会福祉」(『浄土宗学研究』二、一九六七年)、孝橋正一『社会科学と現代仏教』(一九六八年)、守屋茂『仏教社会事業の研究』(一九七一年、なお守屋にはすでに「仏教社会福祉学の本質」『同朋学報』一一号、一九六四年、「仏教社会事業の基本問題」『印度学仏教学研究』一五巻一号、一九六六年などがある)などである。

### 仏教社会福祉事業の問題点

高橋梵仙は、戦後の仏教社会福祉事業は民間社会福祉事業のパイオニアであり、主流でもあるとしながら、次の三つを問題点として指摘している。第一は、仏教社会福祉事業と寺院経済との関係についてである。すなわち社会福祉事業を寺院経済の手段としてはならない。仏教社会福祉事業家は、仏道(菩薩道)の実践の結果として寺院経済の安定維持を求める精神態度を堅持すべきこと。第二は、現代の社会福祉制度の下で民間社会福祉事業は公的社会福祉事業の補完的性格が強く、民間社会福祉施設の運営が国からの委託制度として成立している。このことは、ややもすると民間社会福祉事業の独自性・特殊性までも抑圧される危険な可能性を含んでいる。よって、公的機関からの経済的制約以外の要素を無批判に受容しない個性的・独自性を堅持するよう留意し、その特色を生かすために絶えざる研修に努めねばならないこと。第三は、仏教社会福祉事業のセクト主義的傾向を廃し、一層の発展をはかるために全宗派、全寺院を打って一丸とした統一的組織(たとえば仏教福祉協議会のような連合体)を結成すべきである（前掲『仏教大年鑑』）。以上の指摘は三十余年前のものではあるが、いまなお顧慮されてしかるべき問題であろう。なお、本期における仏教社会福祉事業の実態把握を試みた森永松信の「仏教社会福祉事業調査」（一九七一年二月）の分析結果も参考になる（『社会福祉と仏教』）。

## 三　経済大国・バブル崩壊期の仏教社会福祉

オイルショック後、日本は成長の減速化により巧みにこれを乗り切った。一九八二年GNPに対し、国民所得が一万ドルを超え、八七年一人当たりのGNPがアメリカを抜く頃から、「経済大国」と称せられるようになった。「経済大国」という経済の成熟化の意味するものは、欧米と日本では相違があるが、いずれも経済倫理にとっては「空白期」であり、「冬の日」であった。その中で高齢者福祉を中心に多様な社会福祉改革が行われた。改革の理念はノーマライゼーションと、インテグレーションである。具体的改革としては、地方分権、地域福祉・在宅福祉、設置主体の多元化、担い手としてのマンパワーの強調などがあげられ、専門教育とともにボランティア活動や企業の社会的貢献も重視された。また「経済大国」化は、いずれにしても福祉がつねに経済の第二次的存在であり、さまざまなひずみも生じた（吉田前掲書）。

一九九〇年代に入るとバブル経済が崩壊し、深刻な構造的不況に見舞われ、戦後最大の災害といわれる九五年の阪神・淡路大震災がこれに追い打ちをかけた。完全失業者数は九二年後半から上昇に転じ、九九年六月の完全失業率は四・九パーセント、完全失業者数三百二十九万人となって、国民の生活不安、精神不安をあおり、ホームレスが社会問題として注目を浴びた。同時に、社会経済環境の変化にともなって、心身の障害・不安、社会的排除や摩擦、社会的孤立や孤独などの諸問題が重複・複合化して生起し、こうした問題を抱えた人びとを社会の構成員として包み支え合う（ソーシャル・インクルージョン）ための社会福祉のあり方が問われるようになる（『社会的な援護を要する人々に対する社会福祉のあり方に関する検討会報告書』二〇〇〇年十二月、厚生省社会援護局）。また、少子・高齢化の進展をはじめ社会経済変化に対応すべく、児童福祉改革、介護保険制度の実施、「社会福祉事業法等の一部を改正する法律」の成立へと「基礎構造改革」をコンセプトとする社会福祉の制度改革が進められた。さらにグローバル化の時代がはらむ地球環境の危機への対応、南北問題、海外へのODEやボランティア活動なども見逃しえぬ課題となっている。

ここでは、以上のような諸問題への仏教界の対応について、ことに本期おいてに注目される部落差別問題、海外難民救援とボランティア活動、国内災害救援とボランティア活動、ビハーラ活動の四つを中心に取りあげてみたい。

**部落差別問題**

一九七九年八月、アメリカで開催された第三回世界宗教者平和会議で、全日本仏教会理事長、曹洞宗宗務総長町田宗夫は、日本には部落差別は存在しないとの趣旨の演説を行い、部会報告書から部落問題への言及を削除させた。いわゆる町田差別発言事件である。これに対して部落解放同盟が町田および全日本仏教会、曹洞宗への糾弾会を重ねた結果、八四年、ケニアでの第四回世界宗教者平和会議で、町田と全日本仏教会、曹洞宗は陳謝し、今後部落問題に積極的に取り組むことを表明した。

これを契機に、従来から取り組んでいた東西両本願寺派のほか、全仏教界並びに諸宗教に至るまで部落問題への取り組みが始まり、八一年六月には「同和問題に取り組む宗教教団連帯会議」が結成された。八七年四月現在で、加盟団体は神道・仏教・キリスト教・諸教など合わせて三連合六十七教団に及び、それぞれに担当機関を設置して事に当たっているが、仏教界にも差別発言や差別内容文書はなかなかあとを絶たず、多数の差別戒名（墓石）記載放置も明らかにされ糾弾を受けている。いまなお人権意識が稀薄であることを示すものにほかならないが、近藤祐昭もいうように、教団や仏教者の中には、個人と社会を切り離して、宗教的平等や人間解放を個人の内面に限定し、社会生活の中にある差別や苦悩は宗教の課題ではないとする考え方が根強く存在しているところに問題がある（「仏教と差別問題―真宗と部落解放運動―」『日本仏教福祉概論』）。

この点は、宗教者特有の差別問題の捉え方を「信仰至上主義」と規定した、次の岩本孝樹の所説に通じる。すなわち、信仰至上主義は、「私は信仰者だから差別はしない」等の独善的態度として、また「差別をなくすには信仰を広め、信仰を深めればよい」といった観念的態度として、さらに「信仰者にとって第一義的な課題は信仰の問題であって、差別問題等の社会問題は、信仰者の直接的な課題ではない」と、信仰を現実から遊離させ、「差別問題はあくまで心の問題である」と差別を抽象的に把握する態度として表われる、とする。そしてこんにちの西本願寺教団における同朋運動についても、なお完全に「信仰至上主義」を克服しきれていないとし、差別の現実からの出発、「信仰至上主義」への批判の重要性を指摘した（「仏教教団と部落問題―西本願寺教団の取り組みから―」『季刊・仏教』No.50・特集〈差別の構造〉）。

**海外難民救援と仏教系ボランティア**

一九六〇年代から七〇年代までの仏教団体による海外難民救援活動は、国内における募金を主な活動とした一時的・応急的な性格が強く、その担い手も先述のとおり僧侶中心で、一般市民の参加を得るまでには至らなかった。

シャンティ国際ボランティア会専務理事の有馬実成によれば、その様相を一変させたのが七九年のインドシナ難民の大量発生であった。日本のＮＧＯ（非政府組織による民間ボランティア団体の略称）は、七〇年代後半に二十二団体、八〇年代前半で四十六団体が誕生し、難民問題がいかに日本人に大きな衝撃を与え、ＮＧＯ活動への参加を促したかがわかる。ちなみに、その後の日本の国際化や自然環境問題の深刻化といった動きとともに、ＮＧＯ結成の動きは加速し、八〇年代後半には八十六団体、九〇年代に入るや約二百団体が組織された。仏教系ＮＧＯの誕生もまた七九年の事態を契機とする（「戦後の仏教ボランティア」、池田英俊他編『現代日本と仏教Ⅳ・福祉と仏教』）。

当時の仏教系ボランティア活動には、㈠独自のＮＧＯを組織して活動を行った「曹洞宗国際ボランティア会（ＳＶＡ）」、熊本の真言律宗の一寺院が組織した「蓮華院誕生寺国際協力協会」「臨済アジア・センター神戸（ＲＡＣＫ）」などのグループ、㈡ＮＧＯとしてではなく、宗派やその外郭団体として活動したグループ。宗派としてはそのほとんどが募金活動などを行ったと思われるが、外郭団体として「全日本仏教青年会」「浄土宗青年会」「曹洞宗青年会」、臨済宗妙心寺派の「花園会」、天台宗の「一隅を照らす運動本部」等々、㈢仏教系以外のＮＧＯに、個人や一寺院として、あるいは地域の仏教会などで参加・協力していた人たち、の三つの流れがあった（有馬前掲書）。

そして徐々にではあるが、それまでと比較し一般市民の参加がはかられ、海外の現場に足を踏み入れるニードに即した活動、その専門性や組織的・継続的な展開へと進展がみられるようになってゆく。有馬は、ボランティアとは「人が直面している苦悩を自分自身の問題として受け止め支援の手をさしのべると共に、その問題解決のために行動する行為であるが、近代の日本仏教は社会の苦悩、時代の苦悩を真っ正面から直視することを避けてきた」と指摘する一方で、仏教の「縁起の理法」に着目し、その相依相待、相互依存性は、「言い換えれば、苦悩する人が存在する限り自らの幸せはあり得ないということであり、他者と共に協働しながら問題解決を図ろうとすることは、自らの幸せの実現のための努力でもある」(「仏教のボランティア2」『日本仏教福祉概論』)と現代に生かされるべき仏教ボランティアの思想を提起した。

ここで参考までに、一九九三年に発足し、目下「NGOを応援するNGO」ともいうべき存在として、活発に活動している仏教系NGO「アーユス(仏教国際協力ネットワーク)」を例に、その活動目的、事業とスローガン(理念)を紹介しておく。目的は「仏教の智恵と慈悲の精神に基づき、あらゆる生命(いのち)に目を向け、支援・実践活動を通じて平和な国際社会の建設に寄与すること」である。「アーユス」は、サンスクリット語で「いのち」を意味する。事業は四つからなり、㈠支援事業(スローガンは「菩薩行を応援する」)、㈡開発協力事業(スローガンは「菩薩行を実践する」)、㈢開発教育事業(スローガンは「菩薩を育てる」)、㈣ネットワーク事業(スローガンは「いのちをつなぐ」)である。本会の水谷浩志は、「草の根的なNGOの活動形態を取り入れることによって、仏教者の中に社会的実践者のネットワークを広げ、寺院を拠点として人々のこころ(仏性)を掘り起こしていこうとする活動手法は、仏教社会福祉活動の領域においても、新たな可能性を切り開くものと言えるのではないだろうか」(「アーユス〈仏教国際協力ネットワーク〉の活動について」『日本仏教社会福祉学会年報』二七号)と、仏教社会福祉の視点からもこの種の活動に期待をかけている。

**阪神・淡路大震災と仏教**

平成七年(一九九五)一月十七日、未曾有の大震災が阪神・淡路地方を直撃した。全国各地から幾多のボランティアが被災地に駆けつけ、さまざまな救援活動が行われ「ボランティア元年」とまでいわれた。マスコミは報道の中立性・公共性からか、宗教者や宗教団体の動向についてほとんどふれることがなかったが、実際にはかなりの宗教教団が何らかの救援活動を行ったとみられる。なかでも迅速かつ活発な動きを示したのは、組織化された動員力をもつ立正佼成会・創価学会・真如苑などの仏教系新宗教であった（国際宗教研究所編『阪神大震災と宗教』）。既成仏教教団の動きは鈍く、組織防衛的な「被災寺院の救援」「義捐金募集」などの活動に終始していたのが実状だといわれるが、仏教系ボランティア団体である曹洞宗国際ボランティア会をはじめ、臨済アジアセンター神戸、蓮華院国際協力協会、アーユス（仏教国際協力ネットワーク）など、国際協力NGOの活躍には見逃せないものがある（「特集・出家とボランティア—阪神大震災と仏教者たち—」教化情報センター21の会『現代教化ファイル』四）。

また、悲惨な震災の現場にあって、宗教者は救援活動などを宗教者として立ち向かわずに、一市民的ボランティアの一人としての活動に終始したという批判もあり、この世俗化批判をめぐって賛否両論、さまざまな意見が沸騰した（前掲『現代教化ファイル』四、『阪神大震災と宗教』など）。日本仏教社会福祉学会は、平成七年九月の第三十回大会で「仏教福祉と阪神・淡路大震災」をテーマに特別分科会を開いた（内容は『日本仏教社会福祉学会年報』二七号掲載）。各教団の震災に関する活動報告会やシンポジウムは枚挙にいとまがないが、たとえば既成教団中、被災した寺院数、寺族・門信徒の死亡者数が最も多かった浄土真宗本願寺派では、震災による経験と反省を忘れることなく、今後に生かすため、被災状況、救援活動および復興への経過を『阪神・淡路大震災の記録』（一九九八年三月発行）に収めている。

ところで、この大震災は既成教団の古い体質と危機管理能力の欠如を改めて認識させるとともに、個々の僧侶に仏教者としての社会的自覚を促し、仏教のあり方を厳しく問い直す機会ともなった。

## ターミナルケア・ビハーラの活動

わが国でホスピスやターミナルケアの問題が話題にのぼるようになったのは一九七〇年代後半に入ってからだが、日本で最初のホスピスとして静岡県浜松市の聖隷三方原病院ホスピスが開設されたのは八一年のことである。医療の現場で、ターミナルケアにおける精神的要素が必要とされ、仏教の側からこれに応じる動きが出てくるのも八〇年代初頭からである。その後、西欧キリスト教文化に出自のある「ホスピス」という言葉を、西欧とは異なる宗教や文化を背景とした日本に移入することへの危惧を感じ、古代インドのサンスクリット語で「休養の場所、寺院の院」を意味する「ビハーラ」(vihāra)という言葉を使用して、仏教ターミナルケア施設の呼称とし、「ビハーラ」を提唱したのは田宮仁であった。八五年のことである。

田宮のビハーラの提唱には三つの直接的な意図があったというが、要約すれば、㈠仏教と医療との協同、㈡仏教の主体性・独自性の明確化、㈢日本的なケアの展開、ということになろう。そして田宮は、ビハーラの三つの理念と一つの基本姿勢を以下のように提示している(「仏教の理念にたったターミナルケア/ビハーラ」『現代のエスプリ』二七四号ほか)。

ビハーラの三つの理念

一、限りある生命の、その限りの短さを知らされた人が、静かに自身を見つめ、また見守られる場である。

二、利用者本人の願いを軸に看取りと医療が行われる場である。そのために十分な医療行為が可能な医療機関に直結している必要がある。

三、願われた生命の尊さに気づかされた人が集う、仏教を基礎とした小さな共同体である(ただし利用者本人やそのご家族がいかなる信仰をもたれていても自由である)。

ビハーラの基本姿勢

一宗一派の教義や方針に偏らない、仏教の超宗派の活動である。

田宮の提唱によるビハーラ第一号の長岡西病院ビハーラ病棟が、新潟県長岡市に開設されたのは一九九二年四月である。これより先一九八八年には「仏教と医療を考える全国連絡協議会」が結成された。そしてこの前後には、各地で僧侶・医療関係者・教育者らの有志によるビハーラの会（仏教系ターミナルケアの会）が次々と誕生し、また各教団レベルでもこの方面の組織化、研修や研究、実践活動が進められた。なかでも八六年に「真宗と医療に関する専門委員会」が設置され、翌年からビハーラ実践活動研究会のスタート、年ごとに教区ビハーラの結成がみられる浄土真宗本願寺派のビハーラ活動は、教団を挙げての実践として注目される。

ところで、広井良典もいうように、「これからのターミナルケアにおいては、ノン・メディカルな、つまり医学的な介入の相対的に薄い『死』のあり方が確実に増え、言い換えれば、長期ケアないし『生活モデル』の延長線上にあるような、いわば『福祉的なターミナルケア』が非常に大きな位置を占めるようになる」とするならば、それだけ「たましいのケア」ともいうべき要素がこれまで以上に求められてくるにちがいないだろう（『ケアを問いなおす―〈深層の時間〉と高齢化社会―』参照）。こうしたケアされる側のニードに応えるためには、生とは何か、死とは何か、つまりケアする側の生死観が問われる（このことはケアされる側も同じなのだが）。ここに、古来日本人の精神生活や日本の文化に多大な影響を及ぼしてきた仏教の智慧、とりわけその生死観に着目するゆえんがある。古代以来、脈々と伝えられてきた仏教の「臨終行儀」（またその内容を記した書）には、その生死観に基づく看取る者と看取られる者との心得と作法が凝縮されたかたちで示されている（長谷川他編『臨終行儀―日本的ターミナル・ケアの原点―』、本書第六章六参照）。人間の生と死の深淵にかかわるターミナルケアのような古くて新しい課題に取り組む際には、まず何よりも自国の風土と歴史が生み育ててきた文化に学ぶべきではないだろうか。もっとも、かくいう仏教、より正確にいえば寺院仏教（僧侶）の実態は、長いこと死者の弔い、先祖供養に血道をあげて、生者の「たましいのケア」をないがしろにしてきた。それだけに時間はかかるが、仏教のターミナルケア活動、ビハーラ運動の成否は仏教そのものの興廃を占うものともなるであろう。

**地域福祉の推進と仏教社会福祉**

二〇〇〇年六月「社会福祉事業法」が「社会福祉法」に改正、施行された。本法は第一章総則第四条で「地域住民、社会福祉を目的とする事業を経営する者及び社会福祉に関する活動を行う者は、相互に協力し、福祉サービスを必要とする地域住民が地域社会を構成する一員として日常生活を営み、社会、経済、文化その他あらゆる分野の活動に参加する機会が与えられるように、地域福祉の推進に努めなければならない」と規定し、第十章に「地域福祉の推進」という章を設け、これからの社会福祉の進むべき方向を定めた。市町村は二〇〇三年四月以降、地域福祉計画を策定し、住民の多様な福祉ニーズに応えていくこととなったわけである。

それは、産業化、都市化、核家族化、国際化などの社会経済環境の変化にともない、社会における人と人との「ふれあい」や「つながり」の喪失ないし稀薄化が進むこんにち、共に支え合う地域社会の再構築が強く求められている結果でもある。そしてその実現のためには、住民の積極的な参加をベースに、社会福祉協議会、社会福祉施設、ソーシャルワーカーや民生委員、NPO、ボランティア、その他さまざまな人的・物的福祉資源の動員と相互協力を欠くことができない。民間社会福祉の先駆性、独自性、自主性を堅持し、その有力な一翼を担ってきた仏教社会福祉の活躍の場もまたそこにある。以下、若干の提言をして結びとしたい。

第一は「寺院の社会化」の推進であり、見方を換えれば、地域の社会資源としての寺院の有効利用の問題である。この点はすでに大正・昭和戦前期に教団の内外で叫ばれ「寺院社会事業」の盛行をみたほどだが（第八章一および九章一参照）、それはどちらかといえば、行政主導、教団の方針といった、他律的な要素を拭い切れなかった。寺院の社会化は、本来、寺僧としての宗教的自覚、内面的な信仰の発露として果たされるべきことがらである。その上で、中垣昌美が「仏教社会福祉が国家の補完的、代替的役割を担ったり、行政に利用されることは許されない。しかし、人と地域が輝く社会福祉のセーフティネット広場の拠点として、地域に散在する仏教寺院が有効な社会資源であることを認識し、行政とのパートナーシップを確立することは、必要不可欠な課題として迫りつつある」（「仏教社会福祉の可能性」『季刊・仏教』№51）とするのは肯ける指摘である。

第二は、寺院を地域福祉推進の拠点と位置づけることである。つまり、寺院境内に設置された施設による福祉サービスから、寺院を足場とした地域福祉サービスへの転換である。この点も中垣の所説は、自ら参画した浄土真宗本願寺派「社会福祉推進協議会」の歩みを踏まえ、寺院における地域福祉活動を詳細に論じ、活動事例を列挙しているので参考になる（『仏教社会福祉論考』第七章）。その際私は、先の「寺院社会事業」の中でも、地域に根ざし、住民との相互協力の上に、住民のニーズを基本とする総合的性格の強い「寺院セツルメント（隣保事業）」の実践と思想には学ぶべきものが少なくないように思う。

第三は、地域社会の中で寺院仏教が民間社会福祉を担っていく際の課題として、宗派横断的な協同連携が求められる。戦前の府県仏教社会事業協会は官製の性格が強かったが、戦後は仏教者が主体的に全宗派的な仏教社会事業連盟の結成に動いた。それでもなおセクト的論理をなかなか払拭できずに実体化をみるまでに至らなかった。今後の課題でもある。また地域レベルでの社会福祉活動に果たすべき市区町村仏教会の役割が期待されると同時に、近通性）に基づく仏教福祉を以て協力関係を結ぶことが肝要である。

隣寺院間の協同が欠かせない。思想・理念の上では、「宗派の別途《べつず》」（差異性）をおさえつつも、「仏教の通途《つうず》」（共

第四は、寺院住職および寺族等仏教関係者の福祉人材（含ボランティア）養成の課題である。このことは同時に、各教団の宗侶養成のあり方と不可分の問題である。すでに戦前期にも提起されたことだが、宗門大学における宗侶養成課程並びに別立ての宗侶養成講座等のカリキュラムの中に、たとえば「仏教（社会）福祉論」「社会福祉現場実習」または「福祉ボランティア実習」を設置してはどうだろうか。いま一つは、社会福祉系の学部・学科・専攻を有する仏教系大学は、そのカリキュラム上に「仏教（社会）福祉論」を位置づけるとともに、寺院関係者をはじめ広く僧俗仏教者の中から高度な福祉専門職を育て、将来の仏教社会福祉のリーダーたらしめてゆくことである。その際、当該大学と地域との連携が欠かせない。地域福祉の推進を担おうとする僧俗仏教者にとって肝要なのは、宗教的自覚ないし内面的信仰に基づく要請と、現実社会を共に生きる者として、その社会認識及び社会的責務との緊張に身を置くとともに、自らの実践を通して、社会福祉の制度・政策や援助技術の在りようを不断に問い続けていくことではないだろうか。仏教福祉思想史の物語るところである。

## あとがき

おもえば、一九九二年四月からおよそ二年有半に及ぶ吉田久一先生を囲んでの月例「仏教福祉」勉強会は、私にとって実に刺激的な学びの機会となった。会場は吉田先生にもゆかりの深い淑徳巣鴨高等学校（前身巣鴨女子商業学校）に定め、大正・立正・淑徳の各大学・短期大学関係者を中心に、仏教福祉に関心のある有志で発足を見た。この会では吉田先生の大著『日本近代仏教社会史研究』上下二巻（同著作集所収）の分担報告と先生のコメント、それに毎回ゲストを迎えて古代から現代に至る仏教福祉関連の報告をいただいた。吉田先生は遠路をもいとわれずに殆んど毎回出席されて、私たちの報告に耳を傾けられ、核心を突く数々のご助言をしてくださった。

ちょうどその頃から、二十一世紀の超高齢化社会に備えて、社会福祉専門職マンパワーの一層の拡充が求められ、全国各地で四年制大学を中心に社会福祉系の学部・学科・専攻の開設が相次いだ。この傾向が仏教系大学・短期大学に及ぶと、仏教系社会福祉学部・学科の教育現場では、教育の理念・目的及び教育方針との関わりから、カリキュラム上「仏教福祉」に関する授業科目（講義・演習）を新たに設置するところもみえはじめた。このような状況にかんがみ、先の月例会に集まった有志を軸に、吉田先生にも編集顧問をお願いし、共通に参考となるテキストづくりを目ざして編まれたのが『原典仏教福祉』（北辰堂、一九九五年）であった。なお、ほぼこの時期と重なって、私は所属する浄土宗教学院の研究助成を受けた編著『近代浄土宗の社会事業―人とその実践―』（相川書房、一九九四年）、仏教福祉に関する戦後の主要論文を収めた田宮仁・宮城洋一郎両氏との共編『仏教と福祉』（北辰堂、一九九四年）を出版することができ、加えて九四年からは浄土宗総合研究所の「仏教と社会福祉に関する総合的研究」に共同研究班代表として参加する機会を得られたことも、すべて本書執筆の前提をなしている。

一方、私は数年前から本務校の学部及び大学院と大正大学大学院で「仏教福祉」関連の講義と演習を担当するようになり、授業を進める過程で仏教福祉の思想史的研究の必要性を痛感し、いくつかの小論を発表し始めていた。そのような折の九九年正月、吉田先生から「研究者として同時代を生きた証として、あなたとの共著としたい」と、本書の企画と分担の課題を提示された。いささか荷が重いとの感は否めなかったが、終生「仏教社会事業」への思い入れと期待を抱き続けた亡父の遺志を継受する者として、吉田先生のご熱意とご配慮に応え喜んで執筆を承諾させていただいた。しかしながら、いざ手掛けてみると、原典・史資料の読み込みと先行研究の整理に多くの時間を費し、なかなか筆が進まなかった。そうしたときに吉田先生が「わたしはもう無理だけど、あなたにはまた改訂の機会もあるのだから、完成をめざさなくてもいいですよ」と励ましてくださったことは、私なりに踏ん切りをつける後押しとなった。

仏教と社会福祉の関係、つまり歴史的・社会的に規定された相対的な性格をもつ社会福祉と、普遍的・絶対的な価値に関わる仏教とが、理念と実践のそれぞれの次元でいかに切り結ぶか、そのあり様を問い、かつ福祉のあり方を下支えする思想を時代の中で問う。こうした営みが果たしてどこまで本書（私の担当部分）で達成し得たかまことに心もとない限りだが、ひとえに大方のご批判とご叱正を乞う次第である。

ところで、本書第十章は第二次世界大戦後の現代を扱っているが、私の非力と社会福祉の公的責任体制下における民間社会福祉思想の埋没ないし不透明の状況もあずかって、戦後半世紀余にわたる仏教界と社会福祉との関わりを概観するのにとどまり、仏教社会福祉の思想にまで迫るに至らなかったことは認めなければならない。ただざいわいなことに、二〇〇〇年度から三カ年の予定で共同研究「戦後仏教系社会福祉事業の歴史と現状に関する総合研究」（代表・長谷川）が文部省科学研究費補助金（基盤研究B—(1)）の交付を受けたことは、調査途上ではあるが本書の執筆に役立つところが少なくなかった。近い将来、戦後仏教社会福祉の全体像を跡付けてみたいと思っている。そこで改めてその思想を問うことにしよう。

法藏館の西村七兵衛社長、上別府茂編集長には格別のご理解を賜り、無理な注文に応えていただいた。深く感謝する次第である。

長谷川匡俊

二〇〇一年二月十五日

## 吉田久一（よしだ　きゅういち）

1915年　新潟県中頸城郡に生る
1941年　大正大学文学部（旧制）卒業
戦後、日本社会事業大学（兼任大正大学）、日本女子大学、東洋大学教授を経て現在、日本社会事業大学名誉教授
主著　『吉田久一著作集』（全７巻、川島書店、1989—1993年）、『吉田久一社会福祉選書』（全４巻、勁草書房、1993—1995年）、『現代仏教思想入門』（編・解説、筑摩書房、1996年）、『近現代仏教の歴史』（筑摩書房、1998年）、『清沢満之』（吉川弘文館、1961年）、『社会福祉思想史入門』（共著、勁草書房、2000年）ほか

## 長谷川匡俊（はせがわ　まさとし）

1943年　東京都豊島区に生る
1967年　明治大学大学院文学研究科修士課程修了
現在　淑徳大学学長、浄土宗総合研究所客員教授
著書　『近世念仏者集団の行動と思想』（評論社、1980年）、『近世浄土宗の信仰と教化』（北辰堂、1988年）、『近代浄土宗の社会事業』（編著、相川書房、1994年）、『仏教と福祉』（共編著、北辰堂、1994年）、『日本仏教福祉概論』（共編著、雄山閣、1999年）ほか



日本《に》仏《ほん》教《ぶっきょう》福祉《ふくし》思想史《しそうし》

二〇〇一年七月一〇日　初版第一刷発行

著　者　吉田久一・長谷川匡俊
発行者　西村七兵衛
発行所　株式会社法藏館
京都市下京区正面通烏丸東入
郵便番号　六〇〇－八一五三
電話　〇七五－三四三－〇〇三〇（編集）
〇七五－三四三－五六五六（営業）

印刷　リコーアート　製本　古川製本



ISBN 4-8318-2404-6 C1015